中小企业成长中的
融资瓶颈与信用突破

许进 著

人民出版社

图书在版编目（CIP）数据

中小企业成长中的融资瓶颈与信用突破/许进 著
－北京：人民出版社，2009.1
ISBN 978－7－01－007577－8

Ⅰ.中… Ⅱ.许… Ⅲ.中小企业－融资－研究－中国
Ⅳ.F279.243

中国版本图书馆 CIP 数据核字（2008）第 203179 号

中小企业成长中的融资瓶颈与信用突破
ZHONG XIAO QIYE CHENGZHANG ZHONG DE RONGZI PINGJING YU XINYONG TUPO

作　者	许进
责任编辑	姚劲华　车金凤
装帧设计	鼎盛怡园
出版发行	**人 民 出 版 社**
	（100706 北京朝阳门内大街 166 号）
网　址	http://www.peoplepress.net
经　销	新华书店
印　刷	北京瑞古冠中印刷厂
版　次	2009 年 1 月第 1 版
	2009 年 1 月北京第 1 次印刷
开　本	710 毫米×1000 毫米　1/16　印张　19
字　数	310 千字
印　数	0,001－3,000 册
书　号	ISBN 978－7－01－007577－8
定　价	38.00 元

目　录

第1章　导论 ·· (1)

　1.1　研究背景 ·· (1)

　1.2　研究方法 ·· (3)

　1.3　研究框架 ·· (4)

第2章　中小企业的界定 ································ (5)

　2.1　中小企业界定的意义 ······························ (5)

　2.2　中小企业界定的理论标准 ·························· (6)

　2.3　中小企业界定的实践标准 ·························· (10)

　2.4　我国对中小企业的界定 ···························· (15)

第3章　中小企业成长论 ································ (26)

　3.1　中小企业成长的宿命论 ···························· (26)

　3.2　中小企业成长的辩证论 ···························· (30)

　3.3　中小企业成长的双面论 ···························· (32)

　3.4　中小企业成长的企业家甄别论 ······················ (36)

第4章　中小企业成长的融资瓶颈 ························ (41)

　4.1　中小企业融资方式 ································ (41)

　4.2　中小企业融资结构 ································ (55)

4.3 中小企业融资的影响因素 …………………………………… (64)

第5章 中小企业融资的影响因素分析 ……………………………… (68)
 5.1 融资体制的制约影响 …………………………………… (68)
 5.2 政策性融资的影响分析 ………………………………… (73)
 5.3 直接融资的结构性影响分析 …………………………… (79)
 5.4 借贷市场的结构性影响分析 …………………………… (87)
 5.5 中小企业生态的影响分析 ……………………………… (115)
 5.6 我国中小企业融资难的症结 …………………………… (139)

第6章 中小企业融资的实践模式 …………………………………… (144)
 6.1 美国模式 ………………………………………………… (144)
 6.2 德国模式 ………………………………………………… (150)
 6.3 意大利模式 ……………………………………………… (156)
 6.4 日本模式 ………………………………………………… (161)
 6.5 孟加拉模式 ……………………………………………… (166)
 6.6 中国台湾模式 …………………………………………… (183)
 6.7 中国的实践 ……………………………………………… (190)

第7章 中小企业融资问题的解决思路 ……………………………… (236)
 7.1 中小企业融资实践的启示 ……………………………… (236)
 7.2 中小企业融资困境的本质是信用困境 ………………… (239)
 7.3 中小企业信用的可持续机制 …………………………… (250)
 7.4 系统提升中小企业的融资能力 ………………………… (266)

参考文献 ……………………………………………………………… (291)

致谢 …………………………………………………………………… (301)

第 1 章 导论

1.1 研究背景

目前，在世界各国和地区的经济结构中，中小企业都占有重要地位。但对中小企业地位和作用的认识，许多国家和地区都经历一段时间。

过去两个世纪的大部分时间内，强调企业规模适当和规模经济的观点，几乎占主导地位，并认为只有这样才能促进经济增长。这样，20 世纪的大部分时间内，大企业甚至是巨型企业控制了西方经济的制造业。规模经济被认为是最有效率的。在规模经济的长期影响下，西方国家重视企业的大型化发展、轻视小企业的发展，在很多国家和地区，政府都制定了一系列有利于大企业发展的政策。

但是，20 世纪 70 年代爆发了世界性的石油危机，西方国家先后不同程度地陷入经济衰退。此时的大企业受到严重打击，减产、裁员、疲惫运转，甚至破产倒闭。而与此形成鲜明对照的是，中小企业却生机盎然充满了活力。在经济不景气的大环境下，中小企业充分发挥其灵活机动的经营特点，在扩大就业、技术开发、满足人们生活需要、缓解经济危机等诸方面起到了大企业无法替代的作用。并且，随着生活水平的提高，消费的个性化、差别化已成为时尚，再加上以信息网络技术为首的高技术的开发和应用，规模经济不再是实现经济效益的唯一手段，大批量生产方式正在失去昔日的光辉，多品种、小批量的生产方式越来越被重视。世界经济进入多品种、小批量生产时代，世界正呈现出大企业变小、小企业增多的趋势。

当然，在现代经济中，没有一种完全由大企业组成的经济链条，但也没有一种完全由小企业组成的经济链条。各种不同规模的企业是相互依存的，小企业和大企业并不是互相排斥的，而是相互补充的。大企业依赖于中小企业，而中小企业也依赖于大企业。我们可以看到，丰田汽车公司这样的大制造公司，依赖于许多中小规模的供货者、承包者和代销商；美国在世界上科技创新的领先地位是以大量的技术小企业为先导的；意大利各种各样工业区内，企业规模都很小，但通过专业化分工，同样可以在一种零件、一道工序以致一个地区内实现规模经济。

随着中小企业数量激增，发展势头强劲。中小企业作为一支独立的经济力量开始被政府重视，这些政府先后调整对中小企业的政策，保护和扶持中小企业的发展。理论界也开始关注中小企业。基本立场的转变，来自于20世纪80年代后经济学家对大型企业与中小企业的对比研究。

改革开放以来，我国中小企业得到了很大的发展，中小企业已成为推动我国国民经济持续、稳定、快速增长的重要力量。目前，我国在工商行政部门注册的中小企业已超过1000万家，占全部注册企业的99%，中小企业创造的最终产品和服务价值占国内生产总值比重超过50%，创造的税收占全国税收的43%，提供的出口占60%，解决了全国75%以上的就业问题（马凯，2004）。中小企业的运营环境总体上是有改善的，比如2005年通过了允许民营企业进入某些行业的"非公36条"（《关于鼓励支持和引导个体私营等非公有制经济发展的若干意见》，新华社2005年2月25日），这是新中国成立以来首部以促进非公有制经济发展为主题的中央政府文件。但是这种改善是从比较低的水平开始的。

中小企业在国民经济中的地位和作用是大型企业不可替代的，从长远来看，整个国家将从中小企业的发展中获益。但是，中小企业成长中却面临一个最普遍和最关键的制约因素就是融资难问题。过去十几年，国内一直强调大企业，把大多数的资金安排给了大企业，从而使得很多中小企业丧失了改进技术、改造革新的机会。

目前国内的中小企业面临多重压力。从2007年下半年开始，为了控制通胀，政府对银行信贷总量进行行政控制。面对有限的信贷总额，银行作为理性的商业机构，自然会将资金贷给大企业，这就使得中小企业首先成为信贷紧缩的受冲击者。其次，由于人民币对美元的升值，那些从事出口生产的中小企业面临越来越大的汇率升值压力。再次，由于原材料和能源成本的上升，工资上涨的压力，环保等标准的提升，加大了中小企业的经营成本。2008年，许多中小企业处于关、停、半停工状态，甚至倒闭。

中小企业生存状况恰恰是国家经济的风向标。当宏观环境改变的时候，企业需要做一定的微观调整，实现从低附加值产品向高附加值产品的转变。如果通过制度改革创造一个良好的中小企业发展环境，为那些真正能够创新的中小企业提供必要的金融支持，企业才有可能做强，进而做大。

企业是一个有机体，它的成长要经历一个低技术到高技术的自然过程。本书试图从中小企业融资瓶颈分析入手，在制度建设上保护真正创新，支持中小企业成长。

1.2 研究方法

我国正处在体制和经济结构转型期，中小企业成长表现出许多特殊性。同时，由于企业融资发展历程不同，资金融入主体、融出主体、融资市场、融资环境等都与市场经济国家有着很大的差别。随着改革的深入，确切地说，是从20世纪90年代后期开始，伴随着地方政府的全面退出，乡镇企业改制的基本完成，国有企业的"抓大放小"，中小企业发展出现新情况，中小企业的"成分"发生了很大变化。由于大企业主要是国企，因此本书的中小企业主要指的是民有、民营中小企业。

本书的研究涉及管理学、金融学、经济学、企业理财学等多个学科领域，理论联系实际，主要以规范研究和实证研究为主，运用比较研究方法，进行融资体制、渠道和方式的比较研究，运用历史与逻辑分析方法，论述了融资体制的变迁；同时，也应用了文献研究、问卷调查、市场调研和定性、定量分析的方法。

文献的来源主要为中英文书籍、中英文期刊论文、各种统计年鉴、互联网搜索；问卷调查的设计来自论文的假设系统和逻辑推理，主要面向政府、金融机构、企业调查对象。

在具体的研究方法上，采取点面结合，实行统计分析和典型案例分析相结合，问卷调查、电访（电话、电子邮件）调查、实地调查相结合的办法，对重点企业专门调研。

1.3 研究框架

本书始终从中小企业这个市场微观主体出发，围绕中小企业融资难这一现象，从政府、金融机构、企业等几个方面展开论述，试图提出适合市场经济运行的研究和建议。

全书分为理论篇和实践篇，研究内容主要涉及五个部分：第一部分主要是对国内外的研究状况进行综述并作简要评价；第二部分对中小企业成长及其成长中的融资进行理论分析，试图探讨影响中小企业成长的融资因素及其互动机理，为下一步研究我国中小企业成长的融资问题分析和建议提出奠定理论基础；第三部分围绕上文的逻辑结构阐述我国中小企业融资现状，并对现状进行分析、提出问题的症结所在；第四部分对中小企业融资实践进行总结和比较研究；第五部分针对上文阐述的现象和提出的问题，以信用建设为切入点，从政策性融资、金融性融资和中小企业自身几个维度探讨改善中小企业融资难状况的建议，试图嫁接起中小成长中的融资问题与市场机制的联系纽带。

全书结构如下图所示：

```
理论篇
    第一章 导论
      ↓
    第二章 中小企业界定
      ↓
    第三章 中小企业成长论
      ↓
    第四章 中小企业成长的融资瓶颈
      ↓
    第五章 中小企业融资的影响因素分析
      ↓
实践篇
    第六章 中小企业融资的实践
      ↓
建议篇
    第七章 中小企业融资问题的解决思路
```

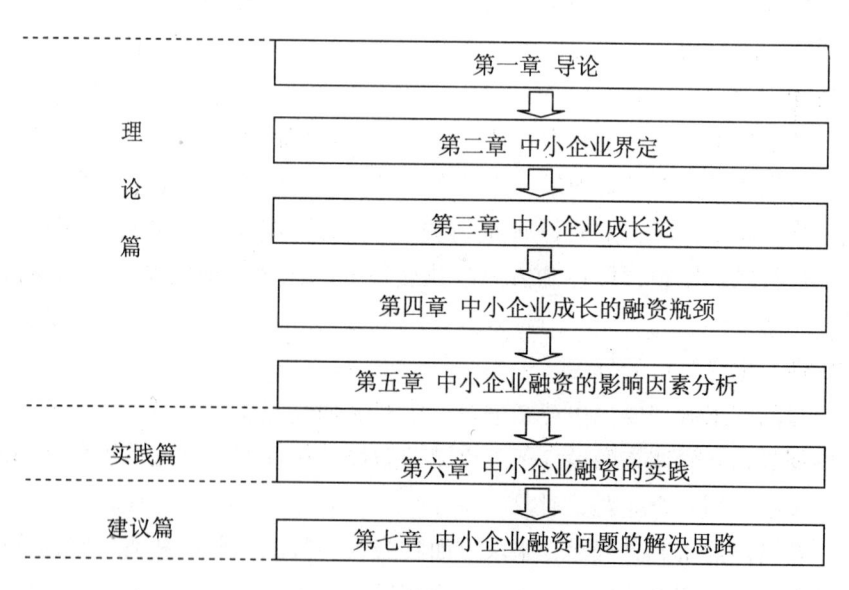

图 1-1 本书研究结构图

第 2 章　中小企业的界定

2.1　中小企业界定的意义

中小企业，其英文表述为 Small and Medium- sized Enterprises，简写为 SMEs。如何界定中小企业是理论界和实践领域共同关心的问题。这一方面是制定中小企业政策的客观需要，另一方面是为了科学探测和总结中小企业的经营特点及其内在规律。

首先，界定工作直接影响到中小企业业主的自身利益和广大中小企业的发展。中小企业业主很关心政府对中小企业的界定。一般情况下，中小企业的界定标准与中小企业政策（包括融资政策、服务体系等）紧密相关，这在很大程度上决定了中小企业是否能够得到帮助。

其次，中小企业的界定是政府制定中小企业政策的依据。中小企业因为规模实力的限制，无法直接与大企业竞争，中小企业的健康发展需要来自政府的支持和全社会的帮助。为此，首先必须明确哪些企业属于中小企业范畴。从政策实践角度看，中小企业界定标准服务于政府扶持中小企业发展的政策目标，中小企业界定是政府管理和扶持中小企业，包括制定中小企业的各项政策的重要前提，其目的是为政府管理和扶持中小企业提供一个明确的对象和范围。因此，在制定解决中小企业问题为目标的中小企业政策时，不论是中小企业扶持政策的内容还是其执行体系，首先必须对政策对象的范围做出明确的界定，需要确定中小企业的划分标准，即将多大规模的厂商纳入中小企业扶持体系内。例如，在即将对中小企业所存在的金融问题进行政策干预时，首先必须确定哪一规模层次的中小企业，存在何种程度的问题，然后实施相应的政策，这样才能保证政策的实施效果。所以说，中小企业的划分标准是否恰当，将直接关系到扶持政策的成效。

第三，中小企业的界定是开展中小企业研究的基础。中小企业与大企业在经营管理等许多方面存在着明显差异。如果没有比较准确科学的界定，便无法系统地对广大的中小企业开展研究，研究结论也无法准确地反映中小企业的特点，更谈不上指导中小企业管理实践。中小企业界定的理论标准在界定准则、指标分类和结构、指标设置和内容等方面，对实践标准有原则性和方向性的指导，使实践标准的制定更为全面、科学、准确和有效。

通过分析得知，确定中小企业的标准至关重要，它关系到政府制定优惠政策时，考虑到哪些层次的企业作为扶持对象，如果标准过宽或过严，将直接影响政策要达到的效果。

2.2 中小企业界定的理论标准

从理论角度看，由于企业多样性的存在，整个企业群体无论从什么视角看，差别和分层是客观存在的，因此，在理论上应当存在一个中小企业界定标准，这个标准应当给出中小企业的一般概念和界定准则。事实上，确定中小企业划分标准是研究中小企业问题的一个难点，中小企业始终是一个相对的、比较模糊的概念，无论从理论上还是从实践来看，给它下一个确切完整的定义，都存在着一定的困难。国际劳工组织的一项调查表明，在50多个国家中就有75种中小企业的定义。这是因为：第一，不同国家和地区的经济发展水平不一致，中小企业所处的经济发展环境也不同，难以就中小企业的界定标准达成一致；第二，即使处于同一国家和地区，由于经济发展状况的变化，有关中小企业的界定和划分标准也会发生相应的变化；第三，企业本身的发展是一个动态的、复杂的过程，包含多方面的因素和条件，很难用一个统一的、完整的标准将这些因素囊括进来。

纵观世界许多国家和地区在界定中小企业方面的理论研究和实践，一般都遵循了以下两条原则：相对性原则、定量指标和定性指标相结合的原则。

一、相对性原则

中小企业是相对于大企业而言的，它是一个相对的概念，相对性原则是界定中小企业的一个很重要的原则，它主要表现在以下三个方面：第一，时间的相对性。任何国家或地区对中小企业的界定标准都是随着经济发展和社会变化而不断修订的；第二，行业的相对性。一般地，随着行业的不同，界定中小企业的标准也不一样，这是由行业各自的特点所决定的；第三，地域的相对性。不同的国家或地区由于经济规模大小的差异，对中小企业规模的量化界定标准是不同的。

二、定量指标和定性指标

定性的指标，一般是从经营学的角度，以表征企业经营本质特征的指标即质的指标作为划分标准，主要包括企业的独立性、企业所有权、经营权的归属，企业在所处行业中的地位等；定量的指标主要包括企业雇员人数、实收资本额、总资产数额、总营业额等量化的指标。不同的国家/地区在同一指标上的具体数量的规定不同，具体的标准与相应国家/地区对中小企业扶持的态度和力度有很大的关系。

目前，国外大部分国家界定中小企业都只采用定量标准，并且仅采用单一定量标准的国家居多。只有美国、英国、德国同时采用定量标准和定性标准。国内对"中小"的含义主要是从规模角度去理解的，例如："小"是规模的概念，可以通过企业的生产要素和经营结果反映（蒋伏心，1999）；所谓中小企业就是指独立经营、形式多样、规模较小，在市场上不具有支配地位的经济单位（包锡妹，2000）；企业资源的占有和配置在本行业内部不占优势的企业为小企业（余惠芬，2000）；所谓中小企业，是指相对于大企业来说经营规模比较小，在本行业中不居于市场主导地位的经济单位（林民书，2000）。有的观点认为，中小企业界定应以地位标准为主，规模标准为辅。所谓"地位标准"是指根据企业在市场上的地位对企业进行分类。这种界定标准的设定主要是基于以下事实：规模大的企业往往容易取得市场支配地位，如果它们滥用市场支配地位，就会形成垄断,对市场运行和经济发展极为不利(袁礼斌,2000)。很明显,这种观点的实质就是以规模论企业。也有的观点认为,中小企业界定要坚持定量标准与定性标准相结合。定量标准可规定在从业人数、资产总额、年销售收入三项指标中选择两项。定性标准的三项核心指标应当是:独立所有、自主经营和较小市场份额(林汉川、魏中奇,2000)。还有的观点认为,我国中小企业的界定标准应当包含一组指标。其中,质的规定应该以企业在所处行业中不占主导地位为主,量的指标应采用从业人员数、营业额和资本额等指标(舒萍,1998)。

上述对中小企业界定标准的研究有其合理的方面,但同时也应看到,在这些研究中,无论是定性还是定量指标,都基于企业规模的概念和视角基础之上。企业的规模不仅是一个量的问题,而且在许多情况下,一个企业到底属于什么规模的确是不明确的。例如,1966年,美国政府的小企业管理局裁定美国汽车公司是小企业,并有权以特殊的和很优惠的条件借款。当时,美国汽车公司在规模上占美国所有制造公司的第六十三位,并且是世界上最大的一百家制造公司之一。其销售额达十亿美元并约有三万职工。但是,政府的裁定并不是完全没有道理。美国汽车公司在美国的汽车工业中的确只能算是一个侏儒。其销售额不超过该行业中最大的企业通用汽车公司销售额的二十分之一。美国汽车工业中规模排在美国汽车公司前面的克莱斯勒汽车公司规模有它七倍那样大。美国汽车公司在美国汽车市场中所占的份额不超过百分之三或四,小到难以维持的程度。

还有,传统上用一个企业职工人数的多少来衡量其规模。但是,有一些企业的职工人数虽然不多,却是相当大的一家公司,并且必须按照大公司来经营。其复杂性超过了它的规模型,如果不把它们算作大企业,至少也要算作中等企业。日本一家生产检验大规模集成电路图形缺陷设备的公司,从业人员只有32人,年销售额却达到25亿日元,人均产值是一般大企业的3倍,产品国内市场占有率达90%(舒萍,2000)。这家从规模来看最多只能算小企业的公司,其外在影响和市场地位却并不亚于甚至超过一般的大企业,因而从竞争力角度看它又应当是一个大企业。从普遍意义上讲,这种现象在中小高新技术企业已是司空见惯的。

还有些企业,从人数上来说应该算是一个庞大的企业了,但其基本管理要求很低,没有超出可以管理的界限,也只能算是一家中等企业。此外,还有销售额尺度。销售额虽然被人广泛应用,但很容易使人误入歧途。有的企业从销售额来看可能很高，但从战略及结构来说，它无需有复杂的控制手段、参谋部门或其他类似大企业的附属物，其实只是小企业，或至多是中等企业。即使同一行业中的各家公司，销售额也并不总是能可靠地表明规模的大小。例如，美国的一家大橡胶公司通过完全归它自己所有的零售商店出售其产品的大部分。因此，其销售额是以其产品、特别是汽车轮胎的零售价格来计算的。可是，美国的另一家大橡胶公司实际上并不向公众直接销售其产品，它或者把轮胎作为新车的部件卖给汽车公司，或者在"私人品牌"下把轮胎通过加油站出售。因此，其销售额以制造商价值来表示，这在橡胶工业中要比最终消费者所付的价格少一半。按照销售额来看，第二家公司要比第一家公司少得多，但按实际的产量和投资回收率来看，却比第一家公司要多得多。

  这些例子表明，企业的规模是一个整体概念而不是指企业的某一个方面。为了决定一个企业是大企业还是中小企业，必须考虑多方面的因素：雇用人数、销售额、附加价值（在实用的情况内）、产品种类的复杂性和多样性、介入市场的数量、工艺技术的复杂性等。同时还要考察企业所属行业的结构、所占市场的份额以及许多其他因素。这些因素中的任何一项都不能单独地起决定性作用。德鲁克讲，真正能表明企业规模整体概念的应该是管理和管理结构。小企业至多只要求一个人专门从事高层管理工作而不从事其他任何职能工作。能相当可靠的指出一个企业是小企业、中等企业或大企业的标志只有一个。在真正的小企业中，处于顶层的那个人用不着参考书面资料或征求同事的意见就能知道组织中担任关键职责的那几个人。他知道这些人的背景、以前担任的工作和成绩表现。他知道他们能做些什么以及他们的能力限度——至少他认为自己知道。他一般还知道他们的下一项工作可能是什么。这当然就意味着担任关键职责的人很少。不论他们的职衔或职称是什么，他们不会超过十二到十五个人。这是一个人真正能了解和熟悉的最高人数。在中等企业中，第一把手已不能单靠自己就真正认识和了解企业中真正重要的每一个人了，而必须征询一下自己最亲密的两、三个同事并以集体的名义而不是以个人的名义来回答有关这方面的问题。如果一个企业中处于顶层的少数人集团不征询其他人的意见或参考图表资料，就难于了解企业中有哪些关键任务、他们在哪里、从哪里来、在做些什么、可能到哪里去，那么这个企业就是一个大企业。这种衡量标准并不是绝无错误或完全精确的，但它却把重点放在企业规模的唯一真正特点上,即企业所要求的管理机构。

2.3 中小企业界定的实践标准

中小企业界定的理论标准是在一般性上表达中小企业界定应当遵循的准则和框架,并不涉及具体复杂的政策目标、行业特点和企业差别。因此,仅仅研究理论标准是不够的,必须在理论标准的指导下,进一步研究对政策制定和实施有操作意义的政策标准,即实践标准。实践标准按政策层次的不同又可分为宏观政策标准和部门政策标准。前者是中小企业界定标准,后者是中小企业分类标准。部门政策作为微观政策应是宏观政策的具体体现,故而部门政策的对象应在宏观政策确定的中小企业范围之内,只不过是按部门政策的特殊目标和业务要求选出适合部分。它充分体现了理论与实践相结合、普遍性与特殊性相结合、原则性与可操作性相结合的精神。

不同的国家/地区在同一指标上的具体数量的规定明显不同,具体的标准同相应的国家/地区对中小企业扶持的态度和力度有很大的关系。欧美国家对中小企业的扶持相对消极,主要致力于确保市场机制的自由运作、维护公平竞争的市场环境、消除中小企业发展面临的障碍等,所以对中小企业的界定相对严格、弹性不大;而亚洲各国和地区,尤其是日本、韩国和我国的台湾等,主张积极扶持中小企业,相应地,对中小企业的界定相对宽松、富有弹性。

表2-1 美、日、欧盟和中国台湾中小企业最新界定标准一览表[1]

国家/地区	最新中小企业界定标准
美国	雇工人数不超过500人
日本	制造业等:从业人员300人以下或资本额3亿日元以下 批发业:从业人员100人以下或资本额1亿日元以下 零售业:从业人员50人以下或资本额5000万日元以下 服务业:从业人员100人以下或资本额5000万日元以下

---

[1] 《美、日、欧盟等中小企业最新界定标准比较及其启示》,载《管理世界》2002年第1期。

(续上表)

国家/地区	最新中小企业界定标准
欧盟	雇员人数在 250 人以下并且年产值不超过 4000 万欧元，或者资产年度负债总额不超过 2700 万欧元、并且不被一个或几个大企业持有 25% 以上的股权。 其中：雇员少于 50 人、年产值不超过 700 万欧元，或者资产年度负债总额不超过 500 万欧元并且有独立法人地位的企业为小企业。
中国台湾	制造业：经常雇员人数在 200 人以下或资本额在 8000 万元新台币以下。 矿业与土石开采业：经常雇员人数在 200 人以下或资本额在 8000 万元新台币以下。 服务业：经常雇员人数在 50 人以下或营业额在 1 亿万元新台币以下。

资料来源：根据美国国会：《美国小企业法》，2001 年版；日本中小企业厅：《日本中小企业白皮书》，2000 年版；Activities in favour of SMEs and the Craft Sector，European Commision，1998，P15；于宗先、王金利：《台湾中小企业成长》，台湾中国经济企业研究所 2001 年版等资料编制而成。

通过对表中美国、日本、欧盟和中国台湾中小企业最新界定标准的比较，可以发现它们当前采用的中小企业界定标准都有各自的特征，现分析如下：

2.3.1 美国

美国当前小企业①界定标准最突出的特征是简单明了。

目前在美国有关小企业的定义中，一般使用一种比较简单的划分方法，即雇工人数不超过 500 人的企业为小企业。这种简单明了的界定标准有利于在各个不同的部门形成统一认识，协调行动。但也有其缺点，它不能反映不同行业的不同特征，也限制了政府制定政策时的灵活空间。因而实践中有些部门有可能采取相应变通措施，如规定服务业中雇工人数不超过 100 人的企业为小企业以符合服务业的行业特征，有时采用"一个企业只要在其行业内不占统治地位就是小企业"这样的定性界定标准以增加政

---

① 美国企业的划分只有大、小两类。

策的灵活性等。

美国小企业当前的界定标准是有一个形成过程的。美国1953年颁布的《小企业法》规定，小企业界定标准为"私人所有、独立经营并且在所经营的行业中不占支配性地位"。这一定义没有定量指标，使得操作起来任意性太大。后来美国小企业管理局规定资产额在1000万美元以下或从业人员在500人以下的企业为小企业。从业人员这一数量指标较为明确，但资产额这一数量指标在实施中存在以下障碍：（1）小企业尤其是家族式小企业，企业资产与家庭财产难以区分；（2）无形资产进入总资产的情况下，评估的技术可操作性差；（3）资产总额常随企业经营环境、负债状况和销售难易等因素而起伏不定；（4）信息不对称条件下，一些业主为使自己的企业加入小企业行列获得优惠条件而可能隐瞒其资产量，而事实上这些企业不应在小企业之列。出于以上原因，小企业管理局对原来的界定标准作了修订，规定雇员人数在500人以下或营业额不足500万美元的企业为中小企业。营业额指标尽管比资产额指标更易于获得，但仍然要受到通货膨胀因素的影响。于是出现了与小企业局界定标准并存的美国经济发展委员会的标准，即凡符合以下四项指标中两项或两项以上指标的企业为小企业，这四项指标是指企业的所有者同时也是经理、企业的资本是由一个或几个人提供的、企业产品的销售范围主要在当地以及与同行业的大企业相比规模较小。

美国小企业管理局和经济发展委员会的界定标准不尽一致，有时会引起混乱，于是美国便形成了目前比较一致的单一界定标准，即规定雇工人数不超过500人的企业为小企业。

2.3.2 日本

日本政府早在1940年就对中小企业有了简单明确的规定，即从业人员在100人以下的企业为中小企业。后来随着时间的推移，企业平均从业人员增加，于是1946年日本将从业人员标准提高到200人以下。由于单一界定标准限制政策活动空间，1950年开始日本采用从业人员和资本额复合标准，并且将从业人员提高到300人以下。

1950年界定标准比以前界定标准有所进步，但仍没有考虑不同行业的不同特征，于是1963年日本《中小企业基本法》开始分行业制定中小企业界定标准，对行业划分采用了"制造业等行业、批发业、零售业和服务业"的四分法。与1950年界定标准相比，1963年标准又是一个质的飞跃，但随着经济的发展，1963年标准仍需进一步调整。1999年标准（沿用至今）对各行业的资本额标准都有较大提高，从业人员标准基本未变（只是服务业由50人以下调高到100人以下），这是因为日本企业平均资本额大大增加，而平均从业人员变动不大（服务业除外）所致。

日本当前中小企业界定标准具有两个特征，分行业制定界定标准和采用复合界定标准。由于不同的行业资本有机构成不同，技术特征各异，中小企业界定标准对此应有所体现。日本对制造业等行业、批发业、零售业和服务业分别制定了中小企业界定标准，比如从业人员标准在以上行业中分别为300人以下、100人以下、50人以下和100人以下，这样就考虑了不同行业的具体情况，较为合理。日本中小企业界定标准的另一个特征是采用了复合标准，即从业人员和资本额的复合，而且符合任一个条件的企业便可视为中小企业，这样就增加了政府制定政策时的伸缩余地。日本这种中小企业界定标准尽管不如美国的中小企业界定标准简单明了，但更能反映经济现实，又增加了政府的灵活性，因而应该是更为合理的做法。

2.3.3 欧盟

欧盟当前中小企业界定标准具有3个特征，即复合性、将小型企业界定标准单独列出和在一定程度上考虑企业的法人地位。

欧盟当前中小企业界定标准的复合性特征不同于日本中小企界定标准的相应特征。日本规定凡符合从业人员条件或资本额条件之一的便可界定为中小企业；欧盟则规定凡符合"雇员人数250人以下并且产值不超过4000万欧元"或"资产年度负债总额不超过2700万欧元并且不被一个或几个大企业持有25%以上股权"条件之一的为中小企业，同时每一个条件其实又都是两个次级条件的复合，并且需同时具备两个次级条件。这样看来，欧盟中小企业界定标准的复合性尽管增加了政策伸缩空间，但由于受同时具备两个次级条件限制，其灵活性要小于日本的做法。

欧盟当前中小企业界定标准的第二个特征是将小型企业界定标准单独列出，这样就可以制定专门针对小型企业的扶持政策，从而在一定程度上增加了政府政策的选择空间。

欧盟当前中小企业界定标准的第三个特征是在一定程度上考虑了企业的法人地位，体现在"不被一个或几个大企业持有25%以上股权"和"有独立法人地位",这样就将一些大型企业（集团）的全资子公司、控股子公司和分公司排除在中小企业行列之外。

欧盟现行的中小企业界定标准也是经历了一个过程。欧盟前身欧共体1989年对欧洲中小企业界定为：企业职工人数在500人以内，固定资产值不超过7500万欧元，被大企业所持有的固定资产比重低于1/3的企业。这一界定采用的是复合标准，并且需3个条件都具备，相当严格，而且资产值这一指标操作中存在3大障碍（如前所述），因而许多欧盟成员并不愿采用。后来许多欧盟成员国规定了自己的标准，有的是简化标准（如荷兰），有的以雇员人数为标准并将中小企业作进一步细分（如法国、意大利和西班牙）等，还有的采用分行业界定标准（如德国）。为改变这种各自为政的状况，1996年欧盟委员会制定了新的界定标准，即雇员人数单一标准，并对中小企业作进一步细分。到1998年，为增加政策灵活性，欧盟再次采用复合标准（但不同于第一阶段的复合标准），这一标准沿用至今。

2.3.4 中国台湾

我国台湾从1967年开始制定中小企业界定标准，采用分行业（"制造业、矿业与土石开采业和服务业"三分法）界定法，并使用了复合标准，其中制造业和土石开采业采用经常雇员人数和资本额的复合，服务业采用经常雇员人数和营业额的复合。这样界定中小企业既考虑了不同行业的不同特征，又增加了政策伸缩余地，因而1973年3月、1977年8月修订时界定方法未变，只是指标数值随着经济和社会的发展而有所提升。制造业、服务业自1982年7月至1995年9月中断采用经常雇员人数标准13年，矿业与土石开采业自1978年2月至1995年9月中断采用经常雇员人数标准17年，这主要是因为这段时间台湾劳工在企业间流动性大为增加，减少了经常雇员人数标准的准确性，但量的指标（资本额、营业额）一直采用，并逐步提升。

从1995年9月开始，界定方法又采用了复合标准，主要是考虑到单一标准限制了政策的灵活性，而且劳工在企业间的流动也趋于正常，同时，价值指标数值随经济的发展而提高。2000年1月界定标准与1995年9月界定标准做法一样，仅是价值指标数值有所提高，这同样是因为随着经济的发展，企业平均资本额和营业额增加所致。台湾当前中小企业界定标准总体上说与日本相应界定标准的特征接近，都是具有分行业特征和复合性特征。台湾中小企业界定标准中对行业的划分与日本不同，日本采用的是"制造业等行业、批发业、零售业和服务业"的四分法，而台湾采用的是"制造业、矿业与土石开采业和服务业"的三分法，比较而言，日本的划分方法更为合理一些。就复合性而言，日本各行业的复合标准都是从业人员和资本额的复合，台湾略有不同，制造业和矿业与土石开采业采用了经常雇员人数和资本额的复合，服务业则采用了经常雇员人数和营业额的复合。

2.3.5 小结

以上分析表明，由于各国经济发展水平、文化背景及划分中小企业的目的各有差异，不同的国家所采用的界定标准是不同的。即使在同一国家内，由于企业所处的行业不同，所处的时期不同，界定方法和标准也不相同。总体而言，美国、日本、欧盟和我国台湾的最新中小企业界定标准各有特色，也都有不足之处。欧美各国都采用较宽松的中小企业划分标准，以便在制定并执行扶持政策时有所弹性。相对地，亚洲各国尤其是日本以及我国的台湾地区，因为政府对中小企业一般采取积极的态度，所以在规定中小企业划分标准时较为严格。

总而言之，中小企业界定标准的动态性、灵活性、针对性、可操作性是各国/地区应该追寻的方向。从世界各国在设置各自的中小企业划分标准时所选择的指标及其基准看，较为相似的特点：在突出有产业部门的生产技术特点所决定的差异性基础上，选取较为直观易得的指标（企业的资本投入数额与所容纳的劳动力数量）作为中小企业这一概念的划分标准。很多国家在设定数量标准前，都对企业的性质进行严格的限制，其目的在于强调中小企业的独立性，将中小企业与大企业的子企业和持、控股企业区别开来，这对于国家实施扶持性质的中小企业政策尤为重要。

2.4 我国对中小企业的界定

2.4.1 我国中小企业界定的历史

在我国，理论界对企业的划分一直也是含混不清的。一方面提中小企业,另一方面又突出大中型企业,这就为理论指导实践带来了诸多盲区,使有些不该享有优惠政策的企业浑水摸鱼,而使一些该享有优惠政策的企业嗷嗷待哺。

我国对小企业的界定先后经过几次调整。建国初期曾按固定资产划分企业规模。1962年,改为按人员标准对企业规模进行划分:企业职工在3000人以上的企业为大型企业,500～3000人的企业为中型企业,500人以下的企业为小型企业。

从历史背景看,我国中小企业成分复杂。随着经济发展和经济体制改革的不断深入,特别是市场主体的日益多元化,使我国中小企业概念从投资主体角度来看更加复杂化,存在较大的制度性风险,以至我们仍旧难以对其有明确统一的划分标准。

1978年,把划分企业规模的标准改为"年综合生产能力"。1984年,对非工业企业的规模按照企业的固定资产原值和生产经营能力设立了划分标准。1988年,对1978年的标准进行了调整和补充,按不同行业的不同特点规定了参照标准。1992年又对1988年的划分标准作了补充,增加了对市政公用业、轻工业、电子工业、医药工业和机械工业中的轿车制造企业规模的划分标准。1999年再次修改,将销售收入和资产总额作为主要考察指标,分为特大型、大型、中型、小型四类,其中年销售收入和资产总额均在5亿元以下、5000万元以上的为中型企业,销售收入和资产总额均在5000万元以下的为小型企业。参与划分类型的企业原则上包括所有行业各种所有制形式的工业企业。2001年在最后提交给全国人大讨论的中小企业法草案中,有关中小企业定义的问题还是被搁置了。但是,这个问题很重要,因为它是确定中小企业扶持内容的首要问题;而且,今后还要避免使用不同的中小企业概念和定义,因为这可能导致各地区之间竞争机制的扭曲。

2003年,为了增强《中小企业促进法》的可操作性,为今后更好地贯彻实施《中小企业促进法》,为各级政府、中小企业服务机构明确扶持和服务对象,为进一步制定和落实中小企业的各项优惠政策,出台了《中小企业标准暂行规定》(见附1)。

附1:中小企业标准暂行规定

一、根据《中华人民共和国中小企业促进法》制定本规定。

二、中小企业标准根据企业职工人数、销售额、资产总额等指标，结合行业特点制定。

三、本规定适用于工业、建筑业、交通运输和邮政业、批发和零售业、住宿和餐饮业。其中，工业包括采矿业、制造业、电力、燃气及水的生产和供应业。本标准以外其他行业的中小企业标准另行制定。

四、中小企业标准为：

工业，中小型企业须符合以下条件：职工人数2000人以下，或销售额30000万元以下，或资产总额为40000万元以下。其中，中型企业须同时满足职工人数300人及以上，销售额3000万元及以上，资产总额4000万元及以上；其余为小型企业。

建筑业，中小型企业须符合以下条件：职工人数3000人以下，或销售额30000万元以下，或资产总额40000万元以下。其中，中型企业须同时满足职工人数600人及以上，销售额3000万元及以上，资产总额4000万元及以上；其余为小型企业。

批发和零售业，零售业中小型企业须符合以下条件：职工人数500人以下，或销售额15000万元以下。其中，中型企业须同时满足职工人数100人及以上，销售额1000万元及以上；其余为小型企业。批发业中小型企业须符合以下条件：职工人数200人以下，或销售额30000万元以下。其中，中型企业须同时满足职工人数100人及以上，销售额3000万元及以上；其余为小型企业。

交通运输和邮政业，交通运输业中小型企业须符合以下条件：职工人数3000人以下，或销售额30000万元以下。其中，中型企业须同时满足职工人数500人及以上，销售额3000万元及以上；其余为小型企业。邮政业中小型企业须符合以下条件：职工人数1000人以下，或销售额30000万元以下。其中，中型企业须同时满足职工人数400人及以上，销售额3000万元及以上；其余为小型企业。

住宿和餐饮业，中小型企业须符合以下条件：职工人数800人以下，或销售额15000万元以下。其中，中型企业须同时满足职工人数400人及以上，销售额3000万元及以上；其余为小型企业。

五、本规定中，职工人数以现行统计制度中的年末从业人员数代替；工业企业的销售额以现行统计制度中的年产品销售收入代替；建筑业企业的销售额以现行统计制度中的年工程结算收入代替；批发和零售业以现行统计制度中的年销售额代替；交通运输和邮政业，住宿和餐饮业企业的销售额以现行统计制度中的年营业收入代替；资产总额以现行统计制度中的资产合计代替。

六、本规定适用于在中华人民共和国境内依法设立的各类所有制和各种组织形式的企业。

七、企业类型的确认以国家统计部门的法定统计数据为依据，不再沿用企业申请、政府审核的方式。

八、本标准自公布之日起施行，原国家经委等五部委1988年公布的《大中小型工业企业划分标准》及1992年公布的该标准的补充标准同时废止。

国家经济贸易委员会
国家发展计划委员会
财　政　部
国　家　统　计　局
二〇〇三年二月十九日

这次中小企业标准是根据企业职工人数、销售额、资产总额等指标，并结合行业特点而制定的，适用于各类所有制和各种组织形式的企业，体现了不同所有制形式的中小企业将享有同等的待遇。

从《中小企业标准暂行规定》可以看出，我国中小企业界定标准主要是根据工人数、销售额、资产总额等定量指标，缺乏从企业财产所有权和治理结构等方面进行的定性指标划分。所谓的定性指标，也主要是从企业的所有制性质来考虑。过去由于认识上的失误，我们简单地在社会主义和公有制之间划上等号，并且忽视我国生产力发展的实际水平，片面地追求一大二公，排斥和限制非公有制经济成分的生存，从而使企业规模不仅仅成为生产要素密集程度的反映，而且也是公有制程度的反映。

2.4.2　我国中小企业发展历程的特点

一、我国中小企业的民有化趋势

现在，中小企业概念与民有经济概念在很大程度上是重合的。发展中小企业实际上就是发展民有经济①，民有经济的主要载体是中小企业，因为：

（一）通过深化企业改革，绝大多数国有中小企业会通过各种形式转为民有。县以下今后不会再办多少国有企业了。伴随着地方政府的全面退出，乡镇企业改制的基本完成，中小企业所有制性质发生了比较明显的转变，非国有制中小企业已经占据了总数的近70%。国有中小企业虽然目前还有30%，但已逐步从市场中退出。

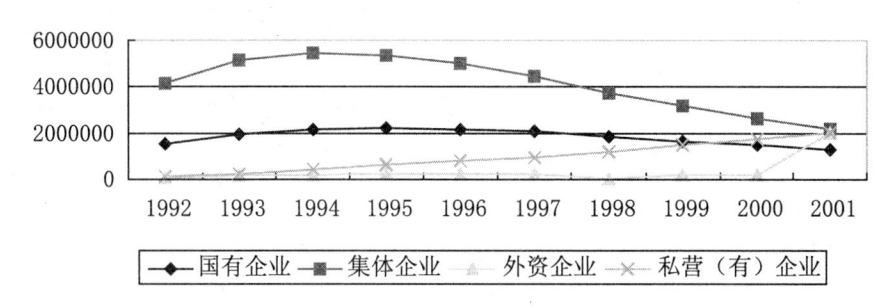

图2-1　1992~2001年各类所有制企业户数发展情况

数据来源：《工商管理行政管理统计汇编》。

近几年正是各地国有、集体企业改制的高潮。一些私营企业介入改革，积极配合国有企业改革，一大批国有企业、集体企业通过改制变成新

---

① 我国理论界曾出现过国营经济和国营企业、集体经济和集体企业（又称为二国营），随着改革开放，我国经济体制改革中出现了个体私营经济和私营企业、乡镇企业、民营经济和民营企业、家族企业、外商投资企业等概念，但有些概念是含义不明确、不规范的学术概念。其中，"民营"这个概念最早是对国有企业实行民营方式而言的，随着改革的不断深入，非国有经济得到了迅猛发展，为避免戴上私有经济的帽子，所有的非公有制经济和非公有制企业就被统称为民营经济和民营企业（周绍朋，2003）。其实，"民营"是针对管理体制而言的，并不能科学地反映企业的财产制度。从字面上看，"民营"与"国营"相对，"民营"一词的本质规定是"营"，执行主体是"民"，强调一种与资产经营有关的经济形式，不涉及财产所有权关系。针对这种情况，本论文提出"民有经济"的概念，将其界定为国有经济、集体经济以外的一切经济，即非国有经济。"民有"不同于"私有"，而是一个比"私有"更宽泛的概念。"民有"的实质在于主要"为民所有"，并且由"民"掌握着控制权、自主经营，强调"民"在资产股份中要占有较大份额、由"民"掌握控制权。就民有经济的微观主体而言，它主要是以民间（民有）资本为主构成的，也就是说，"民有"并不强调必须全部由民间资本组成，也可以有其他资本参与，如可以允许少量的国有资本参与，但重要的是必须由民间资本掌握控制权。这样，民有经济就包括私营（有）经济和外资经济等，私营（有）企业是民有经济中实力较强的。其中，私营企业的组织形式主要包括独资企业、合伙企业、有限责任公司和股份有限公司。这种界定能够充分利用已有的一些统计资料（如《中国统计年鉴》上的数据资料），以便于进行有关研究（本论文大部分情况下所引用数据以私营企业作为中小企业的代表）。

的民有企业（见图 2-1）。根据 2002 年中国私营（私有）企业研究课题的调查报告，有 8% 的被调查企业回答它们已兼并或收购破产的国有企业，有 13.9% 的企业准备兼并或收购国有企业，有 2.8% 的企业已承包或租赁效益差的国有企业，有 6.6% 准备承包或租赁效益差的国有企业（见表 2-2）。

表 2-2　改制企业的原来类型分布

	国营企业	城镇集体企业	农村集体企业	改制企业合计	样本总数
分类型改制企业数（个）	212	351	274	837	3256
改制企业类型构成（%）	25.3	41.9	32.7	100	—
改制企业占被调查企业总数的比重	6.5	10.8	8.4	25.7	

资料来源：《2002 年中国私营企业调查报告》，载《乡镇企业、民营经济》2003 年第 3 期。

（二）集体企业通过改制绝大多数也会改为民有，著名的"苏南模式"已不再是集体为主了。同时，还有一些私有企业摘掉了"帽子"。80 年代和 90 年代初，私营企业主对于多种所有制经济并存的政策尚有疑虑，同时在贷款、税收、购销以及人事管理等各方面还存在着对私营企业的一些歧视性做法。因此，相当一部分私有企业寻求挂靠单位，或挂靠乡镇集体企业、或挂靠学校为"校办企业"、或挂靠民政部门为"福利企业"等，可谓花样翻新。戴帽子现象是私营企业在特定历史时期为了融入其生存背景采用的特定手段，但是也带来了产权不规范、不清晰的问题。近几年来，随着私营经济法律地位的提升，政策环境已大为改善，因此，又有许多私营企业要求脱帽还原，明确企业产权。

（三）现有私有企业、个体工商户大多是中小型企业。私有企业全国平均每户只有十几个从业人员，注册资本 50~70 万元，大企业很少。

（四）现有的 450 万户的股份合作制企业几乎全部是中小型企业。

根据观察，那些成功的并且正在改变着我们市场结构的企业几乎都不是官办企业，它们大多是从民间创业并逐步发展壮大起来的。另外，从战后世界 IT 产业经济的发展来看，民间企业始终是主角。这些民间企业的企业家才能或创业精神改变了世界经济的发展格局。可以说，启动蕴藏在我们这个经济中的"民间力量"的时代已经到来。

而且，一些研究早已发现，民间力量才是制度创新和技术创新的主体。因为，在制度越来越完善的时候，大企业和大银行也开始逐步失去了活力，因为它们变得越来越依赖于现有的制度，不再开拓生存的空间。对于一个落后的和正在发展中的经济来说，经济结构是十分不稳定的，不仅如此，经济结构的变迁本身甚至就是经济增长所要实现的目标。在这种情况下，我们所需要的不是尽善尽美的制度，而是制度的开放性和制度的创新空间。但是，制度上的"落后"可能同时也是一种机会和优势，因为它恰恰有助于民间力量的成长和创新活动的增长。

二、我国中小企业的产业结构以轻型化为主

从国家工商行政管理统计中可以看到，中小企业的主营行业在发生变化：采掘业，尤其是制造业的户数比重一直在下降，第二产业中的商业、饮食业、服务业户数比重在上升。

一个企业选择某一个行业固然有很多原因，但最重要的是行业资金进入门槛和行业资金回报率（即资金利润率），前者取决于行业的规模和容量，后者则随市场需求而变化。比较1997年和2000年两次调查数据（见表2-3），可以发现各行业的资金利润率都在下降，一些行业下降得很快，这充分说明一个高利润的卖方市场已经迅速过去，有限的需求使得业内竞争加剧。而且，中小企业的生产、经营利润空间已经越来越小；一些行业的入门资金越来越高，使得一些企业缺乏进一步发展所需资金，不得不退出，而新来者进入就更加困难了。

表2-3 部分行业资金利润率的变化（%）

	农林牧渔	采掘业	制造业	建筑业	运输业	商业饮食业	房地产业	服务业	卫生	教育文化	科研技术
1996	17.1	31.8	15.5	15.2	14.1	10.1	16.9	11.4	39.7	23.5	54.4
1999	8.9	6.8	12.1	11.7	11.1	3.1	11.1	10.0	19.8	16.8	10.5

资料来源：《中国私营经济年鉴》，中国统计出版社2001年版。

20世纪80年代非国有经济集中在轻工业领域发展，90年代后期依然如此。在重工业内的中小企业户均资产规模仅0.1亿元，远远低于国有企业户均资产1.2亿元的规模。当然，从20年的发展趋势判断，中小企业在

重工业中的比重还是缓慢上升的,企业规模也在扩大①;外商经济一般集中于技术、资本密集度较高的轻工业发展;第三产业成为私营(有)企业的主导产业。比较五次调查、跨度为 12 年的主营行业变化可以看出,制造业和商业饮食业比重依然最大,分别为 38.3%、21.4%。制造业基本上呈逐年递减的趋势,近年来其比重下降得很快,说明有相当大一批从事该行业的私营(有)企业由于行业竞争过于激烈而倒闭或转业。从表 2-4 中还可以看出,第一产业所占比重虽小,但增幅较大;从事建筑业、交通运输、科研技术的私营(有)企业所占比重有所增加。

表 2-4　五次调查私营(有)企业的主营行业变化(%)

	农林牧渔	采掘业	制造业	建筑业	交通运输业	商业餐饮业	社会服务	科研技术	其他
1989	-	2.9	66.4	3.7	1.2	20.5	3.8	-	1.5
1992	-	3.0	59.4	2.9	1.2	26.2	4.3	1.7	1.3
1997	1.9	1.5	41	2.3	1.0	42.9	7.1	-	2.3
1999	2.3	1.1	36.8	2.8	1.1	42.5	8.8	-	4.6
2001	5.6	1.3	38.3	5.9	2.5	21.4	5.6	2.1	9.9

资料来源:《2002 年中国私营(有)企业调查报告》,载《乡镇企业、民营经济》2003 年第 3 期。

采掘业资金利润率迅速下降,制造业相对较高的资金门槛,都说明这两个行业的经营遇到了相当大的困难,房地产业较高的企业投入资金,正好反映了被"套牢"的尴尬。商业、饮食业利润下降到最低水平,正说明消费能力是有限的,但其进入门槛在各行业中仍然相对较低,因此近年来商业、饮食业的数量比例相对稳定。建筑业和运输业尚有利可图,但进入门槛较高的,都呈稳定状态。

中小企业的这种产业布局倾斜,反映了以利润最大化为目标的中小企业产业布局偏好和进入各产业的能力。可以预计在今后几年内,将会有相当数量的中小企业进入卫生、教育、文化、科研技术领域,因为这些行业准入门槛相对较低而资金回报率较高,反映了其背后存在较强劲的市场

---

① 夏小林:《非国有经济结构布局及政策》,载《乡镇企业、民营经济》2002 年第 12 期。

需求。

三、我国中小企业区域结构：主要分布在东部和城镇

我国半数以上私营企业集中在东部地区，并继续呈稳定、快速发展的态势。2001年，东部地区共有私营企业138.79万户，占总户数的68.42%；中部地区为36.02万户，占私营企业总户数的17.76%；西部地区为28.05万户，占私营企业总户数的13.82%（见图2-2）。其中，江苏、广东、浙江、上海、山东和北京六省市共有私营企业109.05万户，占私营企业总户数的53.76%。

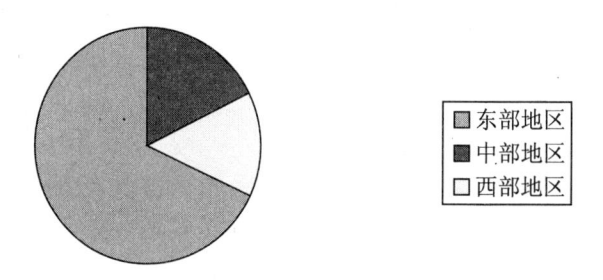

图2-2 2001年底私营企业的区域分布情况

从城乡分布看，私营企业大部分分布在城镇，且城镇私营企业的增长速度快于农村。到2001年，农村私营企业数所占比例下降到36.34%，城镇私营企业比例数上升到63.66%。

绝大部分被调查企业的总部及其生产或经营场地主要集中在城镇，在农村的比例依然很小，只有10.3%和12.4%，其中，中小城市所占比重最大，基本达到了1/3（见表2-5）。

表2-5 2001年底私营企业城乡分布情况

	企业总部所在地（%）	企业的最大生产或经营场地所在地（%）
大城市	25	24.5
中小城市	34.8	32.9
镇	23.7	23.6
农村	10.3	12.4
开发区	6.1	6.5

资源来源：《2002年中国私营企业发展报告》，社会科学文献出版社2003年版。

近些年来，在我国中小企业集聚的地区，逐步形成了各具区域比较优势的中小企业族群，比如北京中关村的信息产业群、浙江和广东的传统产业集群，既发挥了区域内的比较优势分工，又形成了区域内的产业化分工，很好地利用了资金的积聚效应。今后，还要实现城乡联动、东西联动。

四、我国中小企业的组织形式主要是有限责任公司

私营企业的组织形式有四种，即独资企业、合伙企业、有限责任公司、股份有限公司。由于有限责任公司的投资者承担有限责任，而个人独资企业和合伙企业投资者承担无限责任，所以有限责任公司组织形式在私营企业的十年发展进程中是中小企业的主要投资形式；合伙企业总数下降，独资企业发展缓慢。

近年来，中小企业为了克服发展局限，努力突破自身组织边界，发展与大企业的共生组织模式，出现了企业集团、系列分包、企业联盟等典型形式，形成了中小企业集群。但是，集群内除了少数骨干企业外，大多数企业因受到资金等因素的限制，质量难以保证。特别是一些中小企业信用意识较差，已经干扰到集群内的正常运作，影响到集群的整体形象。而且，集群基本维系着20世纪80年代的低技术、劳动密集型轻纺产业结构的状况，而新一轮国际产业分工趋向于电子通信、汽车、造船等资本技术密集型的机械与高新技术产业领域，显然，我们的中小企业集群难以适应国际产业结构调整的形势。如果要加入全球生产价值链，提升在全球产业分工体系中的地位，中小企业集群这种组织形式还需要吸收资金，提高整个组织的技术和管理水平。

五、我国中小企业进入二次、三次创业的转型升级阶段

许多中小企业已经步入规范、快速发展的道路，在完成了原始积累之后面临第二次创业，还有大量起点高、技术含量大的高科技企业正处于创业时期。随着改革开放的逐步深化，中国从一个卖方市场变成了消费者主导的买方市场，竞争日益加剧，利润日渐趋薄。与此同时，外国大型跨国公司相继进入中国，挟资金、技术、管理优势，全面渗入各行业。目前，中国主要产品市场上已经形成了国有企业、外资企业、私营（有）企业三分天下的基本格局。根据企业的生命周期理论，企业达到生命周期的某一

阶段以后，必须经过跳跃式发展才能获得进一步发展。在内外交困的形势下，中小企业要生存和发展，要谋求基业常青，就要进行二次、三次创业，利用契机提高企业的层次，改变不利于进一步发展的思维定势和做事方法。

我国中小企业的转型重点是发展科技创业型、都市吸劳型和社区服务型的中小企业。随着国有资本逐步从中小企业中退出，今后我国中小企业将形成以民间资本为主体、以创造就业机会和促进创新为主要目的的中小企业群体，以及为大企业技术产品或服务配套的关联型中小企业。更高层次的开发需要人才、技术的支持，而这些都离不开对资金的需求。

2.4.3　我国中小企业的分类

从产业升级的角度看，目前我国的中小企业可以分为四大类：第一类企业是不符合产业要求的，成为政府历次执行产业政策时淘汰的对象。第二类属于传统产业，大部分由于地域或工艺的限制不可能发展成大企业，例如面包房、地方特色手工艺加工企业。第三类是80年代后新兴的产业，到目前还处在中小规模，这些企业在本质上仍属于传统产业。第四类是高新技术产业，属于风险投资产业，正在源源不断的进入从小到大的创业过程，有发展潜力。

第3章 中小企业成长论

在大量的文献资料中，涉及到中小企业的论述很多。本书在大量经典文献资料的基础上，对一些相关理论观点进行了归纳、整理，目的在于识别影响和决定中小企业成长的关键因素。

3.1 中小企业成长的宿命论

3.1.1 中小企业衰亡说

早在企业发展的初期阶段，亚当·斯密就对企业规模的发展趋势做了分析。他认为，由于劳动分工和专业化的发展，企业规模呈不断扩大的趋势，而且大企业有利于提高劳动生产率。马克思在其不朽之作《资本论》中，深刻揭示了企业规模扩大的发展规律。在19世纪的工业化过程中，德国历史学派的经济学家基本上持"小企业消灭论"的观点[①]。20世纪初，马克思主义的后继者曾根据统计方面的数字得出结论，中小企业将逐渐消失。典型的代表是考茨基的"潜在失业论"，即伴随着资本有机构成的提高相对过剩人口的产生，潜在的失业者将以小企业者的形式出现。

虽然上述论点已无法解释我们现实生活中中小企业大量存在的现象，但毫无疑问的是，建立在技术革命基础上的大规模经济在效率上是领先的，大规模生产优于小规模生产，其具体表现就是大企业在市场竞争中常常比中小企业更具有优势。

---

① 百濑惠夫、伊藤正昭：《现代中小企业论》，白桃书房1980年版，第14页。

3.1.2 中小企业主导说

自机器大工业体系建立以来，特别是在各国的工业化过程中，大企业规模发展趋势似乎给了人们这样的印象：大就是高效率，大就是先进，与之相对应，小就是低效率，小就是落后。直至70年代中期，由于世界生态环境的恶化、石油危机导致的经济危机以及新技术革命的兴起等因素的影响，人们对中小企业的认识发生了较大的变化。

经济学家维纳（Viner）从产业组织理论分析了中小企业存在的原因，其核心观点认为小规模经营是最优规模[1]。

中村秀一郎指出，由于需求结构多样化，多品种小批量的生产体制取代了大批量的生产体制，产业结构也从资本密集型转向技术、知识密集型，人们对"规模经济"的迷信从根本上发生动摇，大规模时代已经终结，中小企业将出现结构型大发展[2]。

末松玄六在《中小企业经营战略》一书的序言中写道："我认为越小的企业，利润率、投资效益等生产率越高……中小企业应该坚持自主原则，在劳动、知识集约化和商品、服务差别化上下功夫，才是确保生存能力的有效途径。"

英国经济学家舒马赫1973年在其题为《小的就是美好的》一书中，揭露了资本密集、资源密集型产业的通病，对一味追求大规模的生产方式提出了尖锐的批评，提出应该对中小企业的生存发展加以保护。

美国未来学家托夫勒在1980年出版的《第三次浪潮》中，认为第一次浪潮的特征是长期生产数百万件同一标准的产品，第三次浪潮生产的却是个别的、定做的产品，适应这种形势，大量的中小企业将发展起来。

美国作家 J. 纳斯比在其《大趋势》一书中突出强调了小企业、小组织在未来社会中的作用，他主张调整企业组织结构，使之形成越来越小的、包含较多的创业型和参与型单位的组织。

罗伯特·哈沃德（Robert Howard, 1990）考察了硅谷高科技中小企业崛起的原因之后指出，相对于中小企业而言，大型企业对于技术和市场的反映显得缓慢迟钝。工业生产的关键单元不再是单个的企业，而是分散化的企业

---

[1] 张玉利：《小企业成长的管理障碍》，天津大学出版社2001年版。
[2] 中村秀一郎：《大规模时代的终结——多元化产业组织》，钻石社1970年版，第80页。

网络。决定一国工业竞争力的关键因素不是企业规模,而是产业组织①。

从提出这些观点的历史背景和立论依据看,这种中小企业主导论有其科学的一面。例如,随着企业规模庞大化,确实会产生体制僵硬、人的创造性难以发挥和生态环境的恶化等问题。但是,如果仅以大企业的短处去与中小企业相比,我们自然会得出"小优大劣"的结论。我们应该看到,如果没有大企业和大组织建立的大型化、集中化基础,小企业和小组织的小型化、分散化会被贫穷和饥饿束缚。

3.1.3 中小企业生存说

科斯、斯蒂格勒、麦克利兰、威廉·桑德伯格等学者从经济学、管理学、社会心理学等方面,对中小企业为什么能够生存与发展这一客观事实进行了解释。

美国著名经济学家马歇尔(A. Marshall, 1890)运用生物的生长规律对中小企业的生长和发展进行了分析,提出了有名的"森林比喻"。他认为,森林中的大、中、小树木并存于社会经济现象中的大、中、小企业并存是一个道理,企业的成长好比树木的生长,大企业总是不断兴盛和衰落,小企业总是会不断出现,茁壮成长②。

罗宾逊(E. A. Robinson, 1931)在《竞争产业的结构》一书中,论证了企业规模不能无限扩大,如果超过了一定规模,必然出现收益递减、费用递增的后果。他指出最佳经营规模未必只有大企业能够实现,中小企业也能够实现规模适度化。

科斯在1937年就运用交易费用这一概念解释企业为什么会存在。由于交易费用的存在,中小企业存在其合理的一面。中小企业的决策趋向相对一致,使得其他厂商更容易与之建立稳定的合作关系。

张伯伦(E. H. Chamberlin, 1963)则分析了中小企业存在的客观基础和条件。在垄断和竞争并存的条件下,大企业不可能消灭中小企业,产品的差别性和市场的不完全性使中小企业获得了自己的空间,得以生存和发展③。

---

① Robert Howard, Can Small Business Help Countries Compete?, Harvard Business Review, Nov – Dec, 1990.
② [英]马歇尔:《经济学原理》上卷,商务印书馆1983年版,第325~326页。
③ Chamberlin, Theory of Monopolistic Competition, Harvard University Press, Cambridge, Mass, 1963.

著名的经济学家斯蒂格勒从灵活性的角度出发认为，考虑到市场需求波动因素的存在，小企业比大企业具有更大的灵活性，因为随着产量的波动，大企业的单位产品成本的变动速度大于小企业单位产品成本的变动速度。

经济学家弗兰克·凯耐克（Frank H. Knight）提出，不确定性是创建企业——也就是小企业存在的主要原因。那些愿意冒风险的人则宁可创办自己的企业，以更大的风险去换取更大的收益，所以作为一种应付不确定性的有效途径，中小企业应运而生。90年代中期，大卫·奥德查（David B. Audretsch）将知识创新这一概念引入企业形成理论。他认为知识创新与企业家创建中小企业密切相关。

3.1.4 小结

以上理论主要是从产业组织理论等经济学角度出发来论证，但经历了一个从企业单位到人这一个体的研究转变。还有一些管理学家则从战略管理理论的角度论证，市场结构存在大量的缝隙，从而为中小企业提供了生存空间。

巴恩（Bain）最早提出[①]，在产业集中度较高的行业，中小企业与大企业相比具有进入优势。凯瑟琳·哈里根[②]指出，纵向整合能力在环境发生剧烈波动时就会转化为企业的负担，所以现存大企业将降低自身的纵向整合能力，这就为战略灵活、适应性强的中小企业提供了更多的行业进入机会。佐尔坦·阿克斯等人从产品差异性的角度出发认为，尽管大企业具有规模经济的优势，小企业如果采取集中策略，将有限的资源投入特定的细分市场，完全可以弥补这一劣势[③]。著名战略管理学家迈克尔·波特认为大企业在阻击中小企业进入者时面临一些困难，又可能放弃反击行动。在现实社会中，大企业还可能受到一系列来自政府的管制压力，这在一定程度上也会阻碍报复行动的实施[④]。

[①] 张玉利：《小企业成长的管理障碍》，天津大学出版社2001年版。
[②] Harrigan, Kathryn R., Strategic flexibility, A Management Guide for Changing Times, Lexington Books, 1985.
[③] Acs. Zoltan J., and Audretsch. D. B., Innovation and Small Firms. Cambridge：MIT Press, 1990.
[④] 迈克尔·波特著，陈小悦译：《竞争优势》，华夏出版社1997年版。

勃·卡尔松①则从另一个角度论证了中小企业具有的战略灵活性。他认为，中小企业利用通用的生产设备，人员的灵活性，可以以较小的代价实现产品转移。在创新方面，中小企业由于组织结构更加灵活，内部激励机制更有效，在一定程度上可以弥补规模经济的不足。

还有一些学者从人文科学的角度分析了中小企业存在的理由。哈佛大学的心理学家大卫·迈克利兰②对企业家特质作了大量研究工作，认为成就欲与创业行为存在正相关的关系。愿意承担风险和自信成功是一种企业家普遍存在的个性特征，正是因为企业家这样特殊的社会群体的存在，才构建了中小企业存在的社会基础。

还有的学者认为，完全依赖市场机制的自发调节，并不能实现资源的有效配置，政府扶持和发展中小企业政策的介入是必然的。可以说，政府的政策支持是中小企业得以存在和健康发展的不可或缺的重要条件。

上述各种中小企业理论对中小企业的存在和发展进行了解释，并且为世界各国政府扶持中小企业发展提供了理论依据。不管是西方发达国家，还是亚洲新兴工业化国家，都非常重视中小企业的发展，采取了各种措施来扶持中小企业。它们对中小企业的扶持政策也十分相似，包括在金融上保证中小企业的资金供应，在技术、教育和管理上指导中小企业，提高其素质等等。

3.2 中小企业成长的辩证论

世界上很多知名的大企业，比如微软和惠普，在早期都是"个体户"，惠普甚至是从车库里发展起来的。同时，中小企业与大企业之间的关系也很复杂，既有竞争也有合作。总的说来，可以归纳为以下三点：

3.2.1 从小到大关系

多数大企业是由中小企业发展而来的。大量中小企业的创业、生存、

---

① Carlsson B., Flexibility and Theory of the Firm. International Journal of Industrial Organization. Vol. 7. 1987.

② McClelland, D., Personality, Paperback Company, 1980.

竞争和发展是孕育大企业的温床，在政府适当退出和鼓励民有经济加快发展的时期尤其是这样。在市场经济条件下，政府只负责维持一个公平竞争的市场秩序，所有的问题都要企业自己解决，所有的企业都要面对公平竞争、适者生存、劣者淘汰的市场竞争规律，大企业经营不善也会破产倒闭，需要不断有从中小企业中迅速成长起来的更有竞争力的大企业来取代。规模经济历来是人们否定中小企业的重要理论依据，但在产业升级的重点转向服务行业的时候，随着人民生活水平的提高，消费的个性化、差别化已成为时尚，再加上高技术的开发和应用，规模经济不再是实现经济效益的唯一手段，大批量生产方式正在失去昔日的光辉，多品种、小批量的生产方式越来越被重视。因而，大量的种类繁多的商业性服务都比较适合采取中小企业的规模和组织形式，这使小企业的发展展现出光明的前景。在这期间，小企业正是从无到有不断地发展壮大而成为大企业的。美国近年出现的微软、英特尔、思科、耐克等著名大公司都是由中小企业发展起来的。当然，中小企业的成长绝不仅仅是依靠自身积累来完成的，它们更多的是通过融资，采取兼并与收购的方式来壮大自己。

3.2.2　合作互补关系

大企业与中小企业是合作、互补的关系。中小企业常常依赖于大企业，而大企业又依赖于小企业。中小企业灵活利用企业外部资源获得生存发展的最一般形式，就是与资源丰富的大企业结成一种分工协作关系，依靠大企业的生产管理技术、市场效应能力和其所提供的相对比较稳定的中间产品或服务市场，求得生存和发展。在此，中小企业与大企业处于一种"互利共生"的关系中。例如，典型的情况是，存在着通用汽车公司、大众汽车公司或丰田汽车公司这样一些大制造公司，而它又依赖于许多中小规模的供货者、承包者和代销商。西尔士—罗贝克公司、马克思—斯宾塞公司和日本的百货公司联号这样的大零售企业依赖于许多小制造商，而后者又依赖于大零售企业来获得市场。此外，近年来出现的企业集群现象也是这种关系的最好体现。总之，在现代经济中，没有一种完全由大企业组成的经济链条，但也没有一种完全由小企业组成的经济链条。各种不同规模的企业是相互依存的。

3.2.3 相互竞争关系

大企业与中小企业之间是相互竞争的关系。资源欠缺在很大程度上限制了中小企业在市场中的生存发展方式。在那些市场需求规模小，需求变化速度较快，大企业不便进入或大企业不屑进入的市场，中小企业将其拥有的有限资源投入到这种限定性较强的市场中，进行独立的生产经营活动。这是中小企业在市场中的一种独立生存发展方式。中小企业不仅仅是"机会导向型"的，而且也是"问题导向型"的。作为与大企业相对的一个实体群，中小企业与大企业之间在各行业存在着广泛的竞争。有关中小企业，特别是小企业正在被大企业排挤出市场的讲法是完全不符合事实的。有创新性的成长公司全都是从小企业开始的。而且，一般来讲，小企业比大企业干得更好得多。例如，近年来出现的"小鱼吃大鱼"、"快鱼吃慢鱼"就是这种关系的生动写照。这种竞争关系活跃了经济、促进了技术进步和产业升级。

3.3 中小企业成长的双面论

在大多数成熟的市场经济体中，中小企业不但是就业的主力军，而且是创新的主战场，是经济的活力源头。但是，中小企业总体上是脆弱的，与生俱来的一些特点和问题不利于其在市场竞争中获取有利位势，制约其正常孕育、发展和扩张。

3.3.1 中小企业在经济发展中的作用

中小企业对于经济发展和社会稳定具有非常重要的地位和作用，突出表现在以下几个方面：

一、市场经济的活跃主体

由于高度的灵活性，中小企业易于使它们的产品和运营模式迎合市场需求。它们的灵活性与市场需求的多样化、个性化相匹配。中小企业由于经营灵活，能适应外部环境的变化，创新潜力大，能不断开发市场需要的新技术、新产品和新型的服务，成了各国经济新的增长点。

二、技术创新的主导力量

在创新活动中，大小企业各有所长。美国一些机构的调查，在创新活动较活跃的行业，小企业在计算机和流程控制仪器方面创新成果较多，大企业在医药和摄影设备方面创新成果较多。从大量的文献资料和统计调查结果来看，中小企业创新绩效优于大企业，主要体现在以下几方面：第一，本世纪的许多重大发明与创新成果来自中小企业和发明家个人，而不是来自大企业；第二，小企业的创新效果好。一项由美国国家科学基金资助的研究项目，在研究结果中证实，小企业仅仅得到 3.5% 的联邦政府提供的 R&D 资金。从 1 美元研究与开发资金所产生的创新成果来看，小企业是中型企业的 4 倍，是大企业的 24 倍。从整体上看，中小企业的创新无论数量还是水平都不次于大企业，尤其是随着新经济的到来，基于知识的经济更多地依赖于个体研究者和企业家。事实上，近年来，大量小企业进入高新技术产业，依靠其灵活的经营机制、大胆的冒险精神创造了许多奇迹，如微软、苹果公司、网景公司等，已经成为小企业通过创新发展为世界级大公司的范例。

三、提供就业的主渠道

中小企业的劳动密集程度比大企业高，尤其是服务业和单个小批量生产的制造业；中小企业的工资成本普遍低于大企业；加之中小企业的资本有机构成低，因此，以相同的资金投入，中小企业就能比大企业提供更多的就业岗位。有数据表明，世界各国约有 60% 左右的就业机会是由中小企业提供的（见表 3-1）。美国 20 世纪 90 年代新增就业所需的工作岗位主要是由中小企业提供的，日本的中小企业提供了 80% 的非农就业机会，亚太经合组织 21 个经济体的中小企业平均消化了 85% 的就业人员。

表 3-1　部分国家中小企业在国民经济中所占的地位（单位:%）

	美国	英国	德国	法国	意大利	澳大利亚	比利时	日本	韩国	巴西	阿根廷	亚太经合组织
中小企业数	99	99	99.6	99	95	94.5	85	99.1	99	98.5	90	95

（续上表）

	美国	英国	德国	法国	意大利	澳大利亚	比利时	日本	韩国	巴西	阿根廷	亚太经合组织
中小企业就业人数	60	46	68	66	56.6	44	52	78	69	60	60	85
增加值	40	42	52.4	66	50	34.2	—	51.3	47	21	50	30

资料来源：国务院经济发展研究中心李善同根据各国中小企业资料整理，表中数据均为20世纪90年代的数据，日本的产值比例数是按销售额计算的。

3.3.2 中小企业发展的自身局限性

中小企业的特点以及派生出来的弱势地位主要表现在以下一些方面：产出规模小，对市场的影响能力非常有限，往往只能被动地接受市场的变化，并且经常意味着不稳定的雇佣关系、较低的工资、糟糕的工作条件和对环境严重的破坏；经营的稳定性不强，经营历史有限，使得它们的信用级别不够，很难获得投资者和债权人的认同；中小企业的信息收集、整理和分析能力有限，开展网络关系和接近信息的能力有限，使得决策缺乏可靠的依据；中小企业自身研发能力有限，吸引优秀人才的能力较弱，缺乏人力资本等等。在所有的这些不足之中，融资、R&D、营销、人力资源、信息管理是中小企业面临的最困难的问题。

为此，中小企业需要从政府那里获得支持。政府需要继续从制度、结构上做出努力。许多国家的实践也证实"个体户"之所以可以一步步发展成为今天的大企业，主要的原因是这些中小企业拥有良好的运营环境，特别是拥有良好的法律和金融环境支持。但是，政府推动这一过程需要时间，这对中小企业来说是难以承受的等待，有时候代价昂贵。因此，中小企业仍需要抓住大量的机会，突破现有的各种资源局限。一方面，积极争取政府支持；另一方面，自身要奋发图强，锻造企业的战略联盟，提升自身能力，以获得成长。

3.3.3 我国中小企业的作用

在20世纪的后几十年里，我国中小企业对国家经济的贡献是有限的。改革开放20多年来，我国中小企业发展很快。中小企业在保证全国经济适度增长、缓解就业压力、方便群众生活、推动技术创新、促进国民经济发展和保持社会稳定等方面发挥着重要作用，没有中小企业的发展，就不可能有改革开放以来的中国经济发展的奇迹。

结合我国改革开放、产业升级换代的特殊历史阶段，中小企业的作用具体表现如下：

一、改造国有企业的一个重要媒介

随着财政赤字预算的增加，政府将被迫出售政府的股份。这样，一部分国有企业和集体企业就渐渐演化为非国有的股份公司。

二、在县域经济中，中小企业处于主体地位

1978年以来，中小企业主要立足于所在地的市场和资源，因地制宜发展生产力，对合理利用当地资源，优化地方产业结构，发挥地方优势，发展地方经济，促进小城镇建设以及科学、文化、教育等各项事业的发展起到了重要的作用。中小企业是扩大就业门路和繁荣地方经济的重要手段。

三、培育未来中国企业家的沃土

中小企业经营者在生产经营活动中具有身兼数职的特点，既是决策者、指挥者，又是经营管理者，同时还是产品研制、开发生产的参与者。这种集多功能于一身的角色，使中小企业经营者能够得到多方面的实践机会。在激烈市场竞争中的丰富经历使其能够不断积累经验、总结教训，在企业得以发展壮大的同时，自己也不断地成长。例如，青岛海尔、杭州娃哈哈、深圳保安等从集体企业、校办企业、乡镇企业等中小企业迅速成长起来的大企业，在企业规模获得腾飞的同时，也造就了一大批懂经营、善管理的企业家队伍。

四、中小企业是承担产业升级换代任务的主力

在产业升级的重点转向服务行业的时候，大量种类繁多的商业性服务都比较适合采取中小企业的规模和组织形式，它们不仅为产业升级、提高商业效率和居民生活质量提供大量各类产业型的服务产品，为国民经济的增长做出重要贡献，而且还为产业结构调整过程中产生的大量剩余劳动力提供了就业机会。而且，在新经济时代，很多新兴的龙头企业，都从中小

企业发展而来,例如海尔、长虹、联想等企业。

另一方面,国家竞争力还有待于从市场中摸爬滚打出来的中小企业的进一步提升。进入世界500强的企业,其规模的形成是通过市场竞争形成的,也可以说是经过市场竞争筛选的结果;而我国进入世界500强的企业虽然规模不小,但都是国有企业,其生产经营具有相当程度的垄断性,其规模不完全是市场竞争的结果,其中相当程度是政府行政力量的作用。因此,中国进入世界500强的企业有一定的"水分"。所有这些都说明,中小企业对于产业的升级换代、国民经济持续快速发展,以及达到比较高的国际竞争力具有重要的意义。

3.4 中小企业成长的企业家甄别论

3.4.1 企业家是稀缺的"生产要素"

最早给企业家定义的是法国经济学家萨伊。管理大师德鲁克认为,企业家精神不仅表现为一种创新能力,而且还表现为一种管理的能力。作为这种精神的载体——企业家,能把一群人组织起来从事持续而有生产性的创新,把他的新思想和发明转化成为成功的企业。可以说,失败的企业各有各的失败原因,但是成功的企业有一点是共同的,那就是它们的成功都依赖于企业家精神。

企业家精神是一种敢于创业和创新的冒险精神。正如熊彼特总结的,企业家的工作是"创造性的破坏"。企业家推陈出新。创新是企业家精神的特殊手段。凡是能改变已有资源创造财富的潜力行为就是创新行为,购买力则是企业家创新的结果。

企业家是一个企业在创业和壮大阶段的最重要的因素。但是,这种企业家精神不是唾手可得的,是我们经济中最为稀缺的"生产要素"。任何稀缺的东西总是意味着一种分布。成为企业家是企业家自己甄别自己的结果,更准确地说,是企业家对自己的选择,这就是创办和拥有自己的企业。通过创办企业,企业家才真正成了企业家[①]。有研究表明,欧洲在相

---

① 张军:《金融多样化与经济增长》,载《上海金融》2002年第5期。

当长的时间内停滞不前的原因是，欧洲的官僚政府没有培养企业家，换句话说是没有企业家生存和发展的环境。

经济的增长离不开企业家的创业活动，而企业家的产业活动离不开金融的多样化支持。一国经济只有不断地将经济中出现的那些成功的企业及其创业家包容进来并给予金融的支持，它才能有合乎逻辑的发展。

3.4.2 中小企业是培养企业家的摇篮

约翰·舒特认为，中小企业的经营者往往会遇到各种各样的困难，许多管理工作都要靠自己解决，若经营者缺乏创造力和冒险精神，不善于经营管理，思想保守，怕冒风险，许多中小企业是根本建立不起来的，就是办起来了也不会顺利发展的。在这样的环境里，经营者能够在中小企业中得到全面锻炼，有利于培养企业家。而且，企业大多是从小企业发展起来的，从这个意义上看，中小企业办得越多，越兴旺发达，涌现的企业家就越多。所以说中小企业是培养企业家的摇篮，当代许多大公司的知名企业家大多有办小企业经历的事实就是证明。

大企业的短见和规避风险是大规模组织的通病。短见意味着回避创新。出于安全的考虑，大企业总是倾向于守成。创新意味着要敢冒大的风险，而大多数现存的大企业都难以打破现有的常规生产来容忍创新和冒险。而且，大企业往往不能容忍企业内部的离经叛道者，而事实上，这些人常常是那些具有创新精神的人。大企业的科层组织和管理结构倾向于造就一批遵循"人云亦云"的员工，他们的存在反过来使企业的官僚们通过使员工卑躬屈膝来操纵公司。所以，一个庞大的保守组织，拥有大象般笨拙的体态，与外部的高度动态的世界无法协调，因此无法为了长远的机遇而牺牲近期的利益。如果想实现"大象也能跳舞"的梦想，那么该组织就需要拥有超常态的企业家精神，比如通用的 CEO 韦尔奇。这一点也正好证实了为什么在大规模的产品创新和概念创新中，产业巨子和专家很少能走在前面，为什么每一个突破性概念都是初入门道的创业者而不是行业的大人物创造的。

对于中小企业来说，要想在现有的产业结构中寻求机会，就必须创新。现实中，除了大企业和大银行之外，推动经济增长更多的是中小企业和民间金融活动，他们比大企业和大银行所主宰的经济更有活力和效率。他们之所以有如此优势，是因为它们不在"体制内"，因而不受规范制度的约束。当经济活动受到制度的制约而变得非常保守的时候，那些"不循规蹈矩"、爱冒风险的企业家精神总是创新的源泉。这种企业家的创新和创业作为一种力量对推动经济持续增长具有深远的意义。

3.4.3 企业家需要金融甄别制度

企业家是一种稀缺的资源，并不是指企业家是具有天赋才能的极少数人。本书认为，所有的人都具备企业家的潜力，只不过大家得到培育和展现这种能力的机会不同。有一些人得到了机会，表现出了这一才能，但是更多的人根本没有这样的机会。于是，那些获得机会成为企业家的极少数人使得大多数人认为，企业家是一个不同于常人的极有才能的人。

既然是这样，那么，社会依赖什么样的机制来发现具有创新精神的企业家，以及如何有效地选择和培育这些企业家呢？

纵观世界历史的长河，金融制度存在的合理性不仅仅是因为它能为潜在企业家提供资金支持，而且更重要的是，它还要能够区别出真正的企业家来。所以，金融制度不仅仅是融资制度，还应该是甄别企业家精神的制度，即将资金分配给最有能力的人来有效地使用，就变成融资制度的基本出发点。

一、银行制度与企业家精神

除非一个企业家有充足的个人财富，否则，他需要成功筹集到足够的资本才能进行创业活动。即使有企业家才能的人，总是可以通过个人财富的积累或通过向他人借款来实现自己的创业梦想，但经济增长完全依赖个人财富的缓慢积累将是不可想象的。

但是，银行制度一般是为有钱人服务的，贷款的利率是以借款人的财富为基础来确定的。所以，考虑到有企业家才能的人可能缺乏财富这个问题的存在，这样的银行制度会无法顾及有企业家精神但没有财富的那些企业家。就像大企业比小企业更容易从银行获得信贷的支持一样，这已成为银行的商业惯例：一个小企业、一个想创业的人几乎不可能从大的商业银行那里得到信贷资本的支持。信贷的发放存在着严重的歧视政策和对大企业和有钱人的偏好。

大多数情况下，银行倾向于对信贷实行配给而不是按信贷需求者的财富状况来"定价"。"信贷配给"的存在说明，银行不仅要甄别企业家，而且要甄别投资项目，不仅要把资金贷给真正的企业家，而且希望这些钱不要用到高风险的项目中去，所以银行的目标是很矛盾的，既要以盈利为目的，又要以安全为宗旨。从这个意义上讲，银行制度的存在对发现和遴选企业家精神所发挥的作用仍是相当有限的。特别是，随着银行制度的不断健全和规模的不断扩张，银行对安全目标可能更加看中。所以，银行制度从整体上说，还是服务和依赖于现有的大企业而生存下来的。

经过分析不难发现，银行其实是一个非常保守的制度，它的存在以及生存的逻辑似乎与企业家精神背道而驰。企业家创业活动是一个风险比较大的活动，而企业家的精神往往就体现在对风险的偏好方面，但银行以财富为基础的选择机制最后形成了一个非常保守的制度。可以说，对于企业家的创业活动来说，银行制度几乎是一个不能指望的制度。

二、直接融资制度与企业家精神

如果一个企业需要筹集资金来进行创业活动，而且在银行那里无法获得信贷支持，还有什么选择？

从今天的常识看，企业似乎应该进行直接的"社会集资"活动，也就是不经过银行这个中介而直接从民间获得个人的资金支持。当然，可以有不同形式的融资方式。比如，民间的直接借贷活动、企业发行债券来筹集资金与发行股票来筹集资金。就后者来说，还包括接纳他人入股、与他人合伙经营和建立有限责任公司、成立证券交易所以及公司在证券交易所上市等特别的融资方式。在它们当中，有些方式还是一种信用关系，而有些则完全是一种民间和个人的"投资"行为，其中公司制度的产生是非常重要的直接融资方式。

从历史上说，民间的借贷，被视为比银行信用关系更早、更"古典"的形式，在今天仍对银行信用有一个"拾遗补缺"的作用，所以即使在银行业高度发达的今天，民间信贷还有存在的必要。直接融资至少与银行制度这种间接融资制度一样悠久（西克斯的《经济史理论》）。随着商业经济的发展，银行信贷无意全力帮助市场，结果迫使市场发掘本身的潜力，自找出路来承担金融上的风险，最后发现许多办法行之有效，这些办法成为现代各种不同的金融制度的基础。这种投资意义上的直接融资活动，就是现在狭义的"资本市场"。

如果一个企业家可以通过直接的公司融资而不是通过银行来获得创业

资本的话,那么,首先,融资的风险降低了。银行是拿存款人的钱发放贷款的,所以银行要把贷款的风险作为首先考虑的问题。无论如何,银行要承担信贷风险,向存款人负责。对于直接融资,出资人是自己承担自己的风险。风险集中在一个人身上,自然不会有安全的问题。其次,改善了资金的配置效率。像购买股票或入股企业这种直接融资活动,它们是个人的自愿行为。因此,如果有直接融资的渠道,那么进入直接融资市场的人应该都是愿意冒风险的人,保守的人都把钱存入银行了。

所以,直接融资市场的存在把具有不同风险偏好的人加以区分开来,这应该被理解为融资制度的创新。有了直接融资活动,资金的配置更有效率了,因为在银行那里得不到贷款的企业家现在可以进行创业活动了。

但是,最重要的一点是,直接融资充当甄别企业家的功能。因为,有了直接的融资制度,创业型的企业家解决了资金问题,进而可以通过选择创办自己的企业而不是选择管理别人的企业来证明自己的企业家才能的。

三、融资制度的多元化与企业家精神

融资制度的创新和不断的多元化具有重要的意义。这不仅仅是因为制度的多元化更好地满足了企业家对资本的融资需求,更重要的一点还在于,制度的创新和多元化本身起到了甄别企业家精神的社会选择过程的作用。

风险资本的出现就是现代金融制度的进一步创新。有了这种创新,像盖茨这样的新型企业家才能恰到好处地成长起来。这种融资制度的创新与企业家精神的实现是一个历史发展中社会经济制度互动的过程。

第4章 中小企业成长的融资瓶颈

经过上一章的分析，本书认为中小企业成长的本质是企业价值最大化，企业成长的金融本质是企业融资。企业是一个有机体，它的成长要经历一个从低技术到高技术的自然过程。如果有一个良好公平的运行环境，企业家自然会向高科技的方向发展。否则，企业和企业家的许多选择行为是应景的理智行为，但会造成企业自主创新能力不强、产品附加值过低的问题。运行环境中必须要有创新所必要的金融支持。

4.1 中小企业的融资方式

4.1.1 可以选择的融资方式

从理论上讲，中小企业的融资方式有多种。依照不同的标准，融资方式也不同（见图4-1）。若根据储蓄与投资的联系划分，融资方式可以分为内源融资和外源融资，其中，外源融资中按照是否经过银行等金融机构为中介进行融资，又可分为直接融资和间接融资；根据融资期限的长短，可分为长期融资和短期融资；若根据资金来源对象的不同，归纳起来主要有政策性融资、银行、资本证券市场、民间借贷等几种。随着世界经济的发展，中小企业面对的融资渠道出现了一些新的变化，但市场渠道应该是重点拓展的对象。

```
                                        ┌─ 留利资金 ─┐
                              ┌─ 内源融资 ─┼─ 沉淀资金  ├─ 权益性 ─┐
          ┌─按照储蓄与投资的联系┤           └─ 内部集资 ─┘  融资    │
          │                   └─ 外源融资                         │ 融资
中小企业   │                        ↓                               ├ 结构
融资方式  ─┤  按照是否经过金融机构中介 ┌─ 直接融资 ──┐                │
分类      │                          └─ 间接融资 ──┴─ 债务性融资 ──┘
          │
          │                   ┌─ 长期融资
          ├─按照融资期限长短 ─┤
          │                   └─ 短期融资
          │
          │                   ┌─ 政策性融资
          │                   │  金融机构
          └─按照资金来源对象 ─┤  资本市场
                              └─ 民间借贷
```

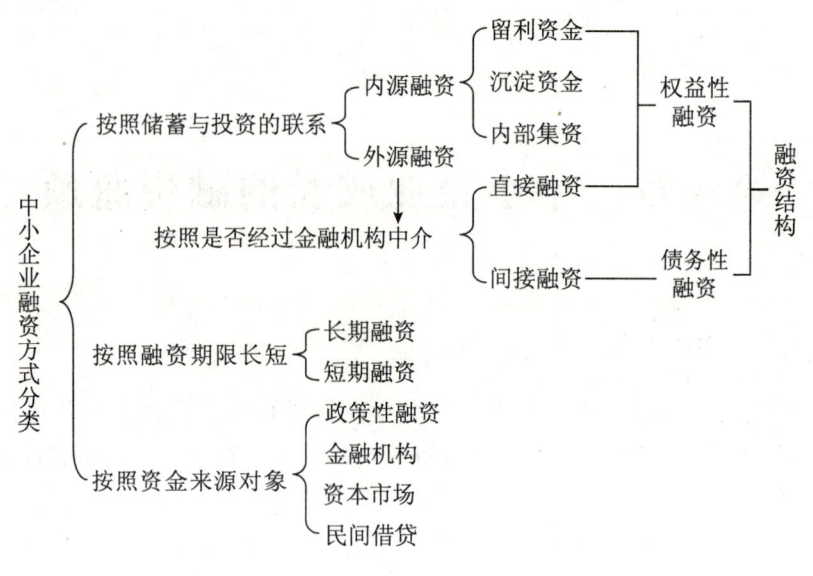

图 4-1 中小企业融资方式分类

一、传统融资方式

传统融资方式以注重企业财务状况为特点，按照不同的分类标准，可供中小企业融资选择的方式有以下分类：

（一）内源融资与外源融资

企业融资是一个随着经济发展由内源融资到外源融资的交替变换过程。一个企业的建立，主要依靠内源融资。当企业得以生存并发展到一定水平时，利用外源融资可以扩大生产规模，提高竞争力。当企业资产规模达到一定程度时，企业往往会从融资成本的比较中选择一种高层次的内源融资方式。就内源融资与外源融资的关系来说，内源融资是最基本的融资方式，没有内源融资，也就无法进行外源融资，内源融资在企业融资中处于重要地位。

中小企业由于其特殊情况，内部积累非常有限；而企业的发展壮大必须依靠外源融资来解决资金需求。

1. 内源融资

内源融资又可称为内部融资，是指企业在其生产经营过程中，从其内部融通资金，以扩大再生产，主要包括折旧和留存收益，有些国家和地区还存在企业内部集资的现象。内源融资的实质就是企业所有者向企业追加投资。

(1) 留利资金融资

利用留利资金融资（弥补被没收的财物损失；弥补企业的年度亏损；提取法定盈余公积金；提取公益金）的优点是：可以增强企业实力，增强企业用其他方式筹资的能力；可以相应减少债务资本，降低财务风险；不需支付代价，资金成本低。可以说，留利资金融资是企业融资方式中成本最低的一种。利用留利资金融资的缺陷是：部分留利资金的转化形式，如公益金、盈余公积金等的使用，要受国家有关规定的制约。

(2) 沉淀资金

沉淀资金实质上就是折旧基金转化为积累基金。利用沉淀资金的优点是：可以使企业获得长期稳定的资金来源；利用沉淀资金融资的数额很高；不构成企业的债务负担。利用沉淀资金的缺陷是：利用沉淀资金融资的不利之处，主要在于企业运用沉淀资金于生产经营中时，如果到折旧期结束时不能按期收回沉淀资金，则将大大影响企业的固定资产更新技术改造。

(3) 内部集资

内部集资是指企业为了满足生产经营的需要，向其职工（包括管理者）募集资金的行为。向职工借款融资方式构成企业的债务负担。具体做法：事先征得职工同意后，扣除职工一定时期内的部分或全部工资；向职工发售企业债券或内部股票。其中内部股票并不是严格意义上的股份公司的股票，而是企业向职工借款的一种凭证，它不能上市流通，而且通常有一定期限。内部集资的优点是：调动职工工作热情；手续简单，筹资成本不高；能在企业处于困境时起救急的作用。内部集资的缺点是：因规模比较有限，只能作为企业融资一种次要的、辅助性的融资方式。

2. 外源融资

外源融资中按照是否经过银行等金融中介机构进行融资，又可以分为直接融资与间接融资。

（二）直接融资与间接融资

对中小企业的发展而言，内源融资明显不足，迫切需要外部资金融通。外部资金融通主要包括直接融资和间接融资。直接融资是企业通过融资工具（股票、债券），在资本市场上直接筹措资本，它具有直接性、长期性和不可逆性的特点；间接融资是企业以金融中介机构为媒介筹措资金，它具有间接性、短期性和可逆性的特点。

1. 直接融资

相对于大企业来讲，中小企业很难直接从资本市场上取得发展所需资金，尽管股票融资对中小企业长期发展、资本结构合理化和降低市场风险更有好处，但中小企业从公开股票市场上的融资规模是非常有限的。

近年来，中小企业的股票直接融资规模也在迅速扩大，直接融资的重要性不断提高（直接融资主要局限于科技型的中小企业，而且在世界范围内的发展也不一样）。这主要得益于高科技产业发展所带来的巨大的盈利机会。目前，发达国家资本基本上都对中小企业网开一面，中小企业也拥有可利用的证券市场。

2. 间接融资

由于中小企业自有资金少、知名度不高，所以通过资本市场直接发行债券、股票融资比较困难，这就决定了中小企业比大企业更加依赖间接融资。可以说，间接融资在中小企业成长、发展、壮大过程中发挥着重要的作用。间接融资方式有金融机构贷款、票据贴现、融资租赁、基金融资等，这些方式各有利弊，中小企业要根据情况灵活配合使用。

（1）金融机构贷款

贷款是指企业为满足自身生产经营的需要，同金融机构（主要是银行）签订协议，借入一定数额的资金，在约定的期限还本付息的融资方式。根据不同的标准，贷款可以有不同的分类。

按期限长短，贷款可以分为短期贷款、中期贷款和长期贷款；按有无担保品，贷款可分为信用贷款和担保贷款；按资金来源，可分为政策性银行贷款、商业银行贷款和保险公司贷款等。政策性银行贷款是指国家政策性银行向企业发放的贷款，商业银行贷款是指由各商业银行向企业资助提供的贷款，保险公司贷款是指由保险公司向企业提供的贷款，贷款期限一般比银行贷款长，但利率较高，对贷款单位的选择也较严，通常采取的形式是保险单贷款和抵押贷款两种。

向金融机构借款进行融资的优点在于：贷款种类较多，便于企业根据需要进行选择；弹性大、灵活性强。贷款在使用期内，如经营状况发生变化，可与有关金融机构协商，增减借款数量或延长、缩短借款时间，便于企业降低融资成本。贷款利息计入企业成本。合理利用贷款，可在财务杠杆作用下，提高权益资本的收益率，获得资金较为迅速。当企业需要融资时，只需向银行提出申请，审批同意签订借款合同后，资金即可划到企业结算账户。如果企业利用证券融资，则融资过程较为复杂，设计申请、审批、发行、销售等一系列程序，所需时间较长，融资费用相对较低。企业还款时只需按规定的利率付息，除此之外，没有其他融资费用。如果企业通过发行股票、债券等进行融资，那么，一方面，企业要支付较高的股息、利息才能吸引投资者；另一方面，在证券发行、销售时，还需支付较高的手续费。

贷款的缺点是：没有融资主动权。企业申请贷款的种类、数量、期限、利率，都得由银行对企业借款申请审核后决定，处于被动地位；融资规模有限，不可能向证券融资那样一下子筹集到大量资金；到期必须归还，财务风险较大。另外，有时银行还会在借款时规定一些资金使用方向上的限制，从而影响企业的投资活动；受国家政策影响强烈。当中央银行实行扩张性货币政策时，银行会扩大信贷规模，企业取得贷款比较容易；当中央银行实行紧缩性货币政策时，银行会收缩信贷规模，企业取得贷款则相对困难。

（2）票据贴现

商业汇票持票人将持有的未到期商业汇票交付银行，银行把该商业汇票到期金额减去扣除的贴现利息支付给汇票持有人，这种行为称为票据贴现，其实质是向银行申请一笔短期贷款。贷款利息就是被扣除的贴现利息，贷款本金为商业汇票到期金额减去扣除的贴现利息。如果商业汇票到期后，受票人拒付或无力兑现汇票，贴现银行可行追索权，向原汇票持有人要回贴现的资金。

企业利用贴现方式融资的优点是：由于有实质经济交易为基础，安全性高，银行比较欢迎，手续上也较为简单、快捷；将未到期的商业汇票贴现，使得企业能够提前将这些资金用于生产经营，从而提高了资金使用效率，加快了企业的资金周转。

贴现方式融资的主要缺点是：融资规模限于商业汇票金额以内，融资规模有限；如果汇票到期，受票人无力偿付，贴现银行向企业行使追索权，很可能使企业出现资金周转困难。

（3）融资租赁

所谓融资租赁，是指出租人（所有人）在一定时期内把租赁物借给承租人（使用者）使用，承租人按租约规定分期给付一定的租赁费，出租人保有租赁物的所有权,承租人享有使用权。合同期满后其设备是留购、续租或退回租赁公司,可以事先商定或临时协商。在租赁融资中,企业获得了设备的使用权,实际上相当于获得了购买设备的资金。融资租赁是以融物的形式达到融资的目的,实质是一种融资借款活动。

融资租赁的优点是,能够筹集到数额巨大的长期资金。企业只要交付少量租金就可以获得设备的使用权,相当于花较少的成本筹集到数额巨大的长期资金,为企业生产经营服务;利用融资租赁能争取引进技术设备的时间,有利于企业的技术改造,增强产品的市场竞争力;与利用商业银行融资再购买设备相比,租赁融资的期限较长,有的更可长达15年以上;更重要的是,融资租赁采取表外负债的形式,租金列为经营成本,不影响企业的信誉和承租人的股票、债券上市,不影响承租人进一步融资的能力。

缺点是:租赁费用较高,租金总额一般高于直接购买设备的总造价;由于承租人对租赁的设备只有使用权而无所有权,所以不利于企业对租赁设备进行技术改造,而且租赁设备也不能作为借款的抵押品;税率变动使出租成本增加时,应由承租人承担;租赁期限内,原则上不许解除合同,这在一定程度上限制了企业的灵活经营。

(4) 基金融资

基金融资中最主要的是共同基金(Mutual Fund),它是金融信托的一种,是指由不确定多数投资者不等额出资汇集成基金(主要是通过向投资者发行股份或收益凭证方式募集),然后交由专业性投资机构管理,将资金再投资于金融市场上多种金融工具以增加收益的一种新型金融证券形式的投资基金。共同基金是一种间接的投资工具。其投资收益归原有的投资人所有,即获得的收益由原投资者按出资比例分享,而投资机构本身则作为资金管理者获得一笔服务费用。共同基金的投资方向主要是各种上市公司的股票、公债、企业债券、金融债券等有价证券。在国外,也有将基金投资于期货、期权或黄金等贵金属,但多数属于短期收益的投资。基金证券和债券、股票共同点在于都是金融投资工具,但股票反映的是一种产权关系,债券反映的是一种债权债务关系,而基金证券反映的是一种信托关系。共同基金并不能直接为企业融资所用,但却是企业融资的重要来源之一。

利用这种基金融资,可以取得各种无偿或贴息资金,有利于企业利用低成本资金进行科技创新,提高企业产品的附加值和科技含量,提高竞争力。缺点是贷款项目必须符合一定条件,获得贷款难度较大。

(5) 典当贷款

典当融资是一种古老的融资方式。人们急需用钱时,可以把物品以低价当掉,取得资金,在约定的时间内重新赎回,过期则由当铺老板随意处置,其实可以看做是一种抵押贷款。今天的典当融资已经成为中小企业融资的新渠道。通过典当融资,可以在较短的时间内取得急需资金,以解燃眉之急,比较适合中小企业资金需求急、数量小的特点。但这种融资方式主要解决的是中小企业的突发性流动资金需求,而且典当价格往往大大低于实际价格,筹集的资金比较有限。

(三) 股权融资与债权融资

通常情况下,外源融资是通过金融媒介机制的作用,以股权融资和债权融资的形式来实现。股权融资和债权融资相比,在融资成本和融资风险方面具有较大差别。

1. 股权融资

股权融资可以分为吸收直接投资和股票融资两大类,每一大类中又可以根据不同的来源,分成若干小的类型(见图4-2)。

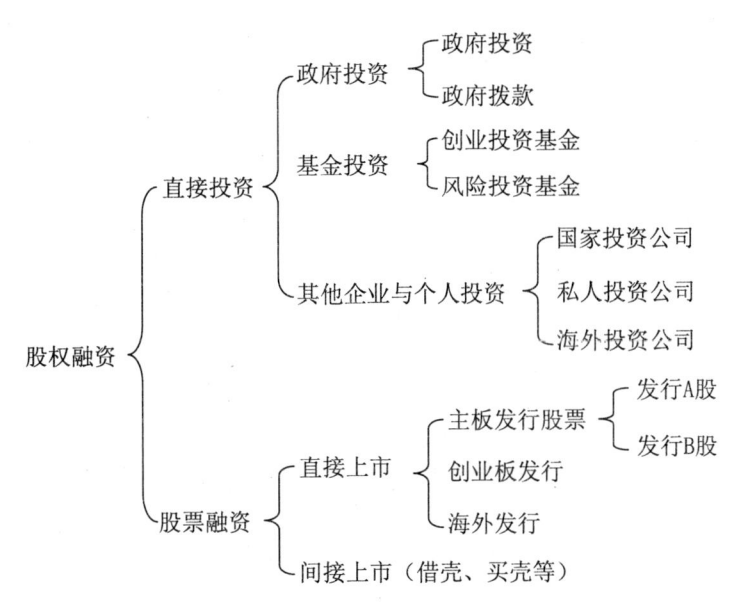

```
                        ┌─ 政府投资 ─┬─ 政府投资
                        │           └─ 政府拨款
                        │
              ┌─ 直接投资┤─ 基金投资 ─┬─ 创业投资基金
              │         │           └─ 风险投资基金
              │         │
              │         │                    ┌─ 国家投资公司
              │         └─ 其他企业与个人投资─┼─ 私人投资公司
   股权融资 ──┤                              └─ 海外投资公司
              │
              │                      ┌─ 主板发行股票 ─┬─ 发行A股
              │         ┌─ 直接上市 ─┤                └─ 发行B股
              │         │            ├─ 创业板发行
              └─ 股票融资┤            └─ 海外发行
                        │
                        └─ 间接上市(借壳、买壳等)
```

图4-2 股权融资类型

吸收直接投资,是中小企业融资最便捷的方式之一,是指投资者通过向某一企业注入一定量资金,以达到占有该企业股权,参与或控制该企业生产经营活动的融资方式。直接投资一般可分为:政府投资、基金投资、其他企业与个人投资等三种形式。

股票融资,又可分为直接上市和间接上市。直接上市是企业根据企业自身所具备的条件,按照股票发行程序申请发行股票,获取批准后发行股票,并在证券交易所上市交易。股票按照股东权利和义务分为普通股和优先股。间接上市的主要原因是避开企业所在地监管机构和证券市场所在地监管机构的双重审查,方式是收购已上市的公司。由于许多原因,中小企业达不到直接上市标准,因此通过收购已上市公司的部分股份,实现控股上市公司,并将本企业的优质资产置换到上市企业后继续融资。

2. 债权融资

债权融资是有偿使用企业外部资金的一种融资形式。主要是以企业自身的信用或第三者的担保,取得资金所有者资金使用权利,并承诺按期还本付息。

债权融资可以分为银行借款、债券融资和租赁融资三大类,每一大类中又可以根据不同的标准,分成若干小的类型(见图4-3)。

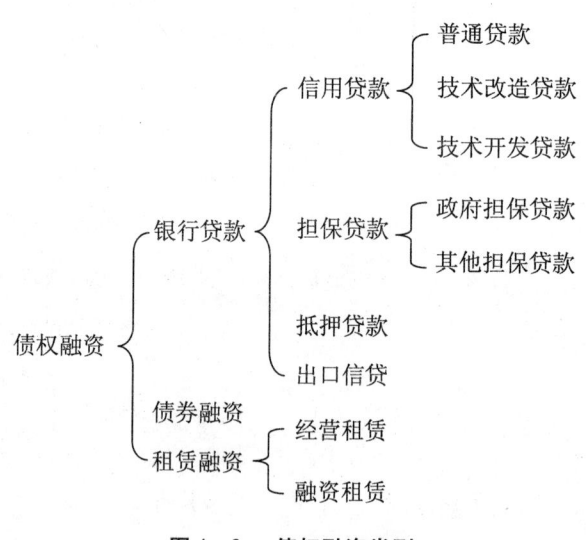

```
                              ┌─ 普通贷款
                    ┌─ 信用贷款 ─┼─ 技术改造贷款
                    │          └─ 技术开发贷款
            ┌─ 银行贷款 ─┤
            │        │          ┌─ 政府担保贷款
            │        └─ 担保贷款 ─┴─ 其他担保贷款
债权融资 ─┤
            │        抵押贷款
            │        出口信贷
            │
            ├─ 债券融资
            │              ┌─ 经营租赁
            └─ 租赁融资 ─┤
                           └─ 融资租赁
```

图4-3 债权融资类型

在银行贷款方面,中小企业由于信用额度不高,普遍缺乏信用贷款,主要以担保贷款和抵押贷款为主。

发行债券是企业筹集长期资金的常用方式。无论是何种方式的债券,其发行方式有两种：一种是私募发行，即面向少数特定投资者发行；另一种是公募发行，是由承销商组织承销团将债券向不特定投资者发行。

融资租赁是典型的设备租赁所采用的基本形式。中小企业利用融资租赁，可以进行设备更新、技术改造，这是因为融资租赁对企业的信用要求较低，租赁设备的手续通常比正常贸易简便、快捷而且管理工作简单；融资租赁能延长资金融通期限，加大中小企业的现金流；而且，融资租赁可以使中小企业避免通货膨胀的不利影响。

（四）长期融资与短期融资

从筹集资金使用的长短，可分为长期融资和短期融资方式。

长期融资方式指所筹集资金使用期限超过一年或可以永久使用，它包括权益融资、银行长期贷款、长期债券等。

短期融资方式指所筹集资金一般只能在一年内使用，如银行贷款、短期债券、商业信用和其他负债等。

相对于长期融资而言，短期融资具有成本低、限制少、灵活性较大的优点。对中小企业来讲，一般很难获取长期融资。

（五）政策性融资、银行信贷、资本市场、民间借贷

1. 政策性融资

政策性融资是指那些多由政府创立、参股或保证的，不以盈利为目的，专门为贯彻、配合政府社会经济政策或意图，在特定的业务领域内，直接或间接地从事政策性融资活动，充当政府发展经济、促进社会进步，进行宏观经济管理工具的金融活动的总称。其机构一般称为政策性金融机构。政策性资金具有政策性、优惠性、数量有限的特点。很多政府的中小企业政策性金融机构的基本立足点都在于弥补中小企业融资能力的不足。

但是，政策性融资的"引导投资功能"能否顺利得到体现存在相当大的变数。这其中有一个最基本的假设前提就是，政策性金融的投资行为，能有效疏通所支持的行业或部门的"发展阻力"，改善投资环境，提高这些行业或部门的投资回报水平，真正增强民间资本对行业及行业内的中小企业的投资信心。否则，会产生"挤出效应"，导致因政策性金融支持而排挤民间资本投资；也可能导致"替代效应"，在一些高投入、低收益的"社会公共部门"行业和部门，替代民间资本的投资。

2. 银行信贷

商业银行是企业融资的主要渠道。

3. 资本市场

资本市场的融资，同银行融资渠道相比，具有期限长和不偿还本金的特点，但是要求比较高的投资回报和充分的资产流动性。中小企业规模太小，发行股票和债券的上市成本太大，流通盘子太小，价格容易受人操纵，不利于市场的健康发展，这些都成为了中小企业在资本证券市场直接融资的障碍。

4. 民间融资

民间融资是个人与个人之间、个人与企业之间的融资，包括借贷、集资和捐赠，形式多样。民间融资是最原始的融资方式，也是个人投资创办企业的主要融资方式。特点是缺乏最基本的法律保障，只能在关系密切、互相了解和信用关系良好的个人之间以及个人与企业之间进行。在金融市场发达的地区，商业银行、资本证券市场和商业信用基本上可以满足个人投资和创办企业的资金需要，政府也有专门的就业基金，帮助个人创办企业解决就业问题，因此对民间融资的需求很少。

二、创新的融资方式

融资创新业务的出现是对融资方式的补充和推动。90 年代以来，国际资本流动发生了很大的变化，国际资金市场上的融资方式和手段发生了新变化，出现了一些新型融资工具，归纳为三大类：私募基金融资、商品与贸易融资、战略联盟式融资。这对中小企业融资方式的创新无疑也具有重大的推动作用。

与传统的融资方式不同的是，创新的融资方式更加看重的不是企业的财务状况，而是企业的产业发展前景、良好的产品结构、良好的合作关系等。在开放的市场经济条件下，金融市场的不断发展会使新的融资方式不断出现。在可预见的未来，一体化将进一步推动融资业务的创新，将出现实体性的跨国、跨地区大规模金融机构兼并，遍布全球的分支网络，全球金融市场将更紧密地联系，金融产品将更加标准化、更加流通化。中小企业的融资市场无疑将进一步拓宽。

（一）私募基金融资

"私募"（Private placement 或 Private offering）作为一种资本募集方式，

是与"公募"（Public offering）相对应的概念。私募基金是指通过非公开方式，面向少数个人或机构投资者募集资金而设立的投资基金。由于私募基金的销售和赎回都是通过基金管理人与投资者私下协商来进行的，因此它又被称为向特定对象募集的基金。私募基金的资金来源具有明显的灵活性，既有机构、也有个人，呈现出多样化和多渠道化的特点。

私募基金可以分为私募产业投资基金和私募证券投资基金。私募产业投资基金以风险资本投资为代表，而私募证券投资基金主要以对冲基金为代表。

作为私募基金中的风险资本，对20世纪三个重要的科学发现（即：可编程序计算机、晶体管、DNA）的最终商业化起了至关重要的作用。现代高科技产业的发展也离不开私募基金。传统的金融市场有两块：一块是商业银行的贷款，一块是证券市场的股本融资和债券。然而，这两个市场都是服务于成熟企业。银行贷款需要担保、资产抵押以及良好的经营业绩；证券市场对企业业绩的要求往往更为严格。这些条件对于处于高新技术商品化开发过程中的中小企业来讲过于苛刻。这些中小企业在发展初期，由于投资风险高，而且也没有有效的投资评估手段，从传统的融资渠道难以获得发展所需的资金，资金成为制约小企业迅速发展的重要因素。但它们潜在的高增长性却吸引了投资家的介入，私募基金与高科技自然地结合在一起。

私募基金大大加快了科技成果向生产力的转化速度，推动了高科技企业的发展，可以说，私募基金对高新技术产业的发展起着举足轻重的作用，并且对企业创立和发展起到了重要作用。世界知名高科技企业的发展，都与风险投资有或多或少的联系。如在信息技术产业中，数据设备公司是在波士顿的美国研究发展公司的支持下成长起来的，而美国研究发展公司是美国高技术风险投资基金的先驱；著名的半导体公司英特尔公司就是在风险资本家罗克的支持下发展成世界电子工业的巨人的；此外，康柏（Compaq）计算机公司、戴尔（Dell）公司、Sun计算机技术公司、苹果电脑公司和世界闻名的软件厂商微软公司、莲花（Lotus）公司等同样是在风险资本的支持下成长起来的。

因此，一个适应高新技术投资需求的资本市场产生了，即风险投资市场，又叫私募资本市场（与股票市场成为公募市场相对应）。这样，就有两类股票市场可供中小企业股票上市融资。对于大多数中小企业来讲，最具吸引力的是初级股票市场,即非挂牌股票市场。这个市场的上市条件比较宽松,对经营时间的要求较短,要求向公众出售的股份比例少,对企业的利润要求也不高,股票上市的成本也比较低。适应技术进步以及产业组织形式的变化,近年来,在发达国家兴起了为高科技中小企业提供市场融资便利的"二板市场"。"二板市场"专门为那些规模小、历史短但成长性、盈利性好的中小型高科技企业提供直接融资渠道。

私募产业投资基金的目的不是控股。资金失去流动性就意味着失去了生命,所以无论成功与否,退出是私募产业基金的必然选择,否则无法进入新一轮投资。退出方式包括公开上市、出售和清算。企业一旦上市,意味着得到了资本市场的肯定和持续筹资的途径,私募产业投资基金的桥梁作用就此完成,带着高额回报退出公司的股权和管理。硅谷的成功模式就是"科技+私募产业投资基金+纳斯达克(NASDAQ)"。目前,私募产业投资基金最常用的一种退出方式是出售。

相对于私募产业投资基金而言,私募证券投资基金表现出一种明显的独特性。它一般以对冲基金为典型。金融工程学通常把对冲基金定义为"在汇市、股市、期市等多个金融市场持有头寸,依靠对将来金融工具价格变化的预期寻求获利的投机性基金"。

(二)商品与贸易融资

商品与贸易融资(commodity and trade finance,亦称 commodity asset backed finance 或 commodity–linked finance),是境外一些商业银行或贸易商在与商品交易所、仓储公司等机构合作的基础上,给从事原材料生产、贸易的企业提供的,以借款者的商品为基础,以商品交易为纽带,金融机构间接或直接介入生产与贸易某些或整个过程的多元信用特征的新型融资方式。它以商品本身具有的价值为基础,以完全拥有未来商品的物权为前提。就国际性的商品与贸易融资而言,它包括预付款融资、仓单融资、结构性融资、项目融资、加工贸易融资、期货融资等形式[①]。

比如,BOT(建设—经营—转让),它是项目融资的一种,主要用于基础设施建设中。资金来源主要是银行等金融机构提供的无追索权的贷款。还有,三来一补,即来料加工、来样加工和来件装配三种形式;一补

---

① 陈晓红等:《中小企业融资创新与信用担保》,中国人民大学出版社 2003 年版。

则是指补偿贸易,即在信贷基础上进口设备,然后以回销产品或劳务的价款,分期偿还进口设备的价款及利息。三来一补,从贸易角度看是国际贸易的灵活方式,从金融角度看,则是企业进行国际融资的重要有效方式。我国著名的企业鄂尔多斯羊绒集团就是通过三来一补的形式,在短短的十几年时间里,从无到有,逐步发展到现在的规模;资产证券化,通常是金融机构或非金融性机构以流动性较差的资产作抵押,在市场上发行债券筹资,从而增加资产的流动性。资产证券化是一种信用体制创新,不同于传统的间接融资和直接融资的第三种信用制度。这种融资方式是中小企业发展的助推器:一方面,资信良好的金融中介做发行人或担保人,使中小企业的融资目的易于达到;另一方面,资产证券化融资采用转让资产的方式获得的资金,不在资产负债表上显示融资费用,出售资产所获得的资金也不表现为负债,从而不影响企业的资产负债率,这也是中小企业至关重要的一项财务指标。

从实践效果看,企业从事商品与贸易融资应具备一些先决条件。首先,企业要重视产品质量,这是进行商品和贸易融资的首要条件;其次,市场需要也是商品与贸易融资的一个重要条件,在大多数情况下,只有生产企业的产品对外已经有固定的销售渠道和稳定的市场份额,融资才可以进行;第三,讲信用对于商品与贸易融资至关重要,若企业履约不讲信用,将给贷款银行或担保银行造成呆滞账,使后续的商品与贸易融资难以进行。但是,这些条件决定了商品与贸易融资只能解决企业的货币需求,而不可能解决企业的创业资本来源,也不能解决服务业的融资问题,创办新企业和服务业的融资需要应该寻求其他的融资渠道来解决。

商品与贸易融资作为一种"融资快餐",已开始成为企业获取流动资金的一种重要的补充渠道。如果中小企业的信用比较好,又有银行信用做后盾,利用该种融资方式进行短期融资仍然是一种比较好的选择。不同于注重企业财务状况的传统融资方式,商品与贸易融资注重的是企业从事的商品交易本身的细则以及交易项下的担保,即对企业商品的交易结构比对其财务状况更感兴趣,所以不论企业大小均可以通过商品与贸易融资方式融通资金。这无疑给贷款无门的中小企业开拓了一条新的融资思路。

(三) 战略联盟式融资

战略联盟的概念是由美国 DEC 公司总裁简·霍普兰德和管理学专家

杰·内格尔提出来的。战略联盟是指两个或两个以上的企业间或者特定的事业部、职能部门之间，为了实现某种共同的目标，通过公司协议或联合组织等方式而结成的联合体。广义的战略联盟还包括合资等股权形式在内的任何形式的企业间正式和非正式的协议，这种协议既超过正常交易，又达不到合并的程度，形成虚拟企业。虚拟企业是由众多的企业相互联合形成的一种合作组织形式。企业间的战略联盟可以节约资本的投入，并能有效地利用外部资源。从这一角度看，战略联盟正式体现了扩大资源利用范围这一现代管理思想。

对中小企业而言，并购最核心的目的是为了融资。中小企业可以通过发展自身的同时，将部分具有竞争力与盈利能力的资产卖给大企业、大集团，一方面，促成中小企业成为大企业密不可分的一部分，与大企业形成战略联盟；另一方面，中小企业可以利用并购中获得的资金开展新的研发工作，保持其差异性。另外，中小企业可以利用LBO杠杆收购，通过借债来获得另一企业的产权，又从这一企业的现金流量中偿还负债。

并购虽然也能够用较少的资本支配更多的资本，但毕竟还需要资本。事实上，由于资本的有限性，中小企业融资并不仅仅通过资本纽带来建立企业之间的联系，中小企业融资可以采取虚拟价值流的形式来实现资本的节约，不一定都采取控股或参股的战略联盟经营方式，可以采取非股权的经营方式。这种非股权的经营方式可以有效地节约资本，比较典型的方式是日本的下承包制。在中小企业资金缺乏的前提下，这种战略联盟具有更重要的意义。

三、融资方式间的关系

上文详细列举了可供中小企业选择的各种融资方式。实际上，各融资渠道之间都有着一定的内在联系。随着企业由小到大的不断成长，不同的融资来源的变化关系可能是替代的关系，也可能是互补的关系。

（一）天使融资与风险投资是互补关系（Berger and Udell, 1998），因为天使提供资金是预期未来能有风险投资。反过来，得到天使融资的企业更容易得到风险投资，因为前一融资结构向后者传递了一个积极信号。风险投资进入企业也是基于对企业上市交易的预期。

（二）风险投资与公开上市是互补关系，原因和上面一样，虽然公开上市不是广大中小企业可利用的融资渠道，但这一内在联系仍然成立。

（三）金融机构贷款与内部人融资、天使融资和风险投资是互补关系。因为只有内部人提供足够的资金，外部的天使和风险投资又向企业提供融资（对于大部分的中小企业而言，它们得不到外部股权融资），外部债权人才会得到积极的信号；表明企业未来的发展与企业自身的利益紧密相关，同时经过了外部股权人的各种检查，并置于其监督之下。这表明企业确实有成长的潜力，不然外部股权人是不会把钱白白投进去的。基于此，金融机构更愿意向这类中小企业贷款。

（四）商业信用融资和银行贷款之间是替代关系。商业信用融资高，当企业与银行关系巩固和加强后，它会减少商业信用融资，更多依赖于银行贷款。需要指出的是，这种关系是发达国家普遍存在的，但在发展中国家则不一定有普遍性。许多发展中国家商业信用仍不发达，还需大力发展。

（五）政策性融资与其他融资形式之间是互补关系。在市场渠道仍然十分有限的前提下，更好地发挥财政渠道的"抛砖引玉"、"杠杆调节"的作用，可以引导和培育市场渠道的加快发展。

4.2 中小企业的融资结构

企业成长与企业资本结构密切相关。

4.2.1 融资结构与企业成长性的关系

Penrose 是研究企业成长驱动因素的先驱，她认为中小企业成长是一种内生成长，是企业生产性资源的增加和利用能力的增强，而大企业则更多采取并购成长的方式。

自 MM 理论以来，资本结构与企业成长性的关系一直是理论界研究的热点。修正的 MM 理论（莫迪格莱尼、米勒，1963）认为企业的负债越多，公司价值越大，而公司价值的增加意味着公司的成长，因而修正的 MM 理论可以理解为负债有助于企业成长。迪安吉罗和马萨利斯的权衡理论认为，最优资本融资结构由预期边际破产成本和免税的预期边际效益决定，也就是说，当免税的效益大于债务带来的破产成本时，负债可以提高公司价值，即促进企业成长，反之则相反。莫耶斯和汤布尔直接研究了企业成长性与资本结构之间的关系，他们认为，企业的负债比率高，其破产风险也会相应地提高，一旦公司破产，公司将完全丧失成长机会，因此，负债会减缓企业的成长。邬爱其等总结了国外学者近期对企业成长的研究成果，认为现有研究主要从制度安排、产业演化、技术和知识、转轨经济、信息披露等六方面分析了企业的成长性。然而，几乎没有学者注意到对资本结构对企业成长质量的影响，Ari Hyytinen 和 Mika Pajarinen 的研究或多或少考虑到了以上两个因素，他们使用融资计划模型（financial planning model）定义了过度成长企业，认为过度成长企业需要依赖外部融资，而企业信息披露质量影响企业的外部融资能力，从而影响企业成长性。

"啄序理论"（Myers, 1984）认为企业在成长初、中期主要依赖债务融资，通过债务融资，股东可以在高成长性项目中获得更多的好处（Leland, 1994）。特别对我国的企业而言，资本市场的门槛过高，即便一部分上市公司有机会股权融资，债务融资仍然是其获得资金的主要渠道。但是，债务融资会带来企业的信用风险（石晓军等，2004），企业信用风险控制能力的欠缺会增加信用风险发生的几率，使企业无法实现持续成长。

4.2.2 中小企业融资结构的特点

与大企业相比，中小企业的融资结构具有自己的特点。

一、中小企业很难获得债务或权益性资金

与大企业相比，中小企业的固定资产比重较大企业低，特别是那些技术型中小企业，即使创立几年也难有自己的固定资产，这是由于技术设备沉没成本高、人力资本所占比重高所致。它们都没有足够的资产从传统的债务性金融中介机构，比如银行，进行贷款担保，也几乎没有什么权益性市场为中小企业提供资金。

二、间接融资是中小企业融资的主要方式

初创的中小企业还面临一个额外的问题，那就是缺乏信用记录。大企业通常面对的只是较低的融资成本，因为大企业能够提供较多的资产，并且能从现有业务中获得较为稳定的收入。凭借这些优势，大企业可以进入资本市场寻求权益和债权融资，并以较低的成本、较低的风险获取收益。

同大企业相比,实际可供中小企业选择的融资渠道比较有限,而且中小企业的融资成本高、融资风险大。一般来讲,中小企业自有本金较少、规模较小,靠利润留成等来积累的内源融资明显不足,迫切需要外部资金融通。外部资金融通主要包括以金融机构为媒介的间接融资和在资本市场上直接发行股票、债券的直接融资。由于中小企业自有资金少、知名度不高,所以通过资本市场直接发行债券、股票融资比较困难,这就决定了中小企业比大企业更加依赖以金融机构为媒介的间接融资。因此,间接融资是中小企业融资的主要方式,在中小企业成长、发展、壮大过程中发挥着重要的作用。

4.2.3 中小企业融资结构的影响因素

现有的许多文献对企业融资结构的考察,偏重于从融资结构与企业成长性的关系入手,即探讨的是融资结构对企业行为的影响,比如,融资结构与企业市场战略的关系、融资结构与企业产品或要素投入市场的关系等。很少有文献研究企业行为对企业融资结构的影响,特别是缺乏企业融资行为对中小企业融资结构影响的研究。

尽管 MM 定理在一定假定条件下论证了融资结构与企业价值二者的无关性,以后的理论都是通过放松假定条件对这一结论进行修正。在现代融资结构理论看来,节税效应、破产成本和代理成本效应是企业选择融资结构,尤其是财务杠杆比率的约束因素。

由于节税作用,负债融资可以增加企业价值,负债越多价值增加越大,这是负债的第一种效应。然而,财务拮据成本和破产成本期望值的现值和代理成本现值同时又造成公司价值的减少,负债越多,减少额越大,这是负债的第二种效应。负债比率小时,第一种效应大;负债比率大时,第二种效应大。上述两种效应相互抵消,企业融资结构中的负债数量应适度。特别是由于不对称信息的存在,企业应保留一定的负债容量以便有好的投资机会时发行债券,避免以太高的成本募股筹资。

在企业的现实运行中,融资结构是一个更为复杂的范畴,它的形成受制于多种因素的相互作用。在市场经济中,企业融资结构是资金需求者和资金供应者之间相互选择(博弈)的均衡结果。了解企业融资结构成因,必须首先分析融资供求双方的行为,特别是导致这种行为的外部条件(市场条件、政府因素),企业的融资行为不仅受制于一个国家的融资体制状况，而且还受到企业内部诸多因素的制约（见图4-4）。

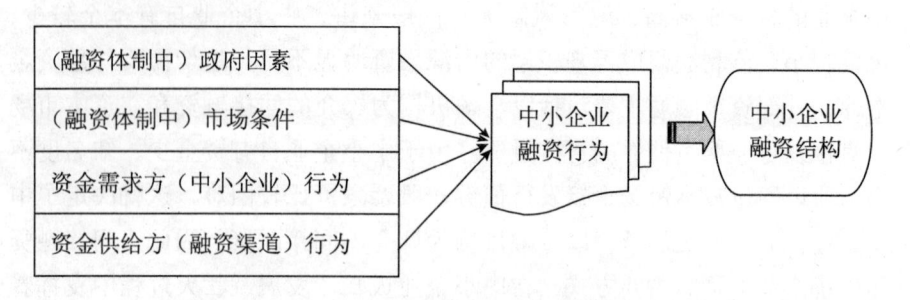

```
（融资体制中）政府因素  ┐
（融资体制中）市场条件  │→ 中小企业 ⇒ 中小企业
资金需求方（中小企业）行为 │   融资行为    融资结构
资金供给方（融资渠道）行为 ┘
```

图4-4　中小企业融资行为的影响因素

本书借助此分析框架，试图对中小企业的实际融资行为做出基本解释，探讨中小企业融资行为对中小企业融资结构的影响。

4.2.4　我国中小企业的融资结构及其特点

一、我国中小企业的融资结构

由于缺乏关于中小企业全国性的统计数据，要说清楚我国中小企业的融资结构（见图4-5）是一件很困难的工作。因此，本文只能通过一些零星的统计资料、一些地方的抽样数据以及若干企业的调查资料来说明我国中小企业融资结构问题。

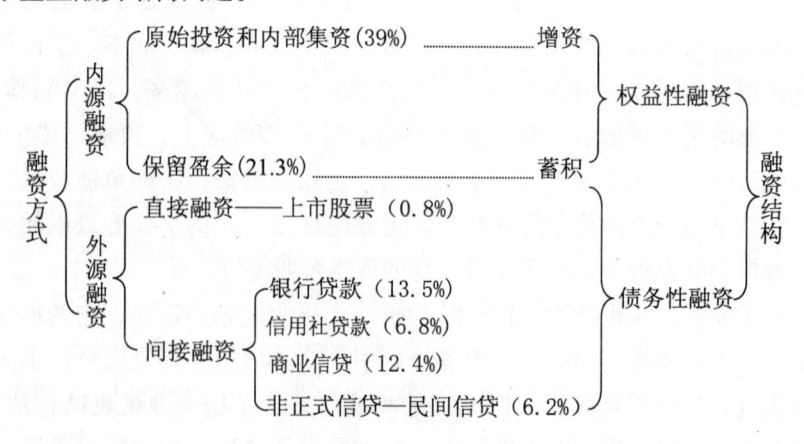

```
                ┌ 原始投资和内部集资(39%) ──── 增资 ┐
         ┌ 内源融资 ┤                                ├ 权益性融资 ┐
融资方式 ┤         └ 保留盈余(21.3%) ──────── 蓄积 ┘              ├ 融资结构
         │         ┌ 直接融资——上市股票 (0.8%)                   │
         └ 外源融资 ┤         ┌ 银行贷款（13.5%）                  │
                   │         │ 信用社贷款（6.8%）     ── 债务性融资 ┘
                   └ 间接融资 ┤ 商业信贷（12.4%）
                             └ 非正式信贷——民间信贷（6.2%）
```

图4-5　我国中小企业融资结构

说明：括号内的数据是中小企业的各资金来源所占百分比，来源于向352家企业的主要管理人员的问卷调查，调查地点是北京、天津、河北省和浙江省。李扬、杨思群：《中小企业融资与银行》，上海财经大学出版社2001年版。

我国中小企业的融资结构比较单一。就股权融资而言，天使资金、风险基金和共同资金等，基本上都不存在；就债务融资而言，我国中小企业所能得到的信贷资金种类非常单一。

中小企业融资结构反映出的是融资结构失衡和融资渠道不畅。以美国为例，我国中小企业融资结构与美国的中小企业存在巨大差别（见表4-1）。我国中小企业的发展资金，绝大部分来自于内源融资——自有资金（主要包括业主资本和内部留存收益）；而外源融资——公司债券和外部股权融资等直接融资占比不到1%，银行贷款占比为20%。在20世纪90年代，美国中小企业的资金来源中，内源融资（业主资本）大约占30%左右，显著低于中国中小企业的比率；而外源融资中，金融机构贷款占到42%，股权融资占到18%，债券融资也达到5%，这些都明显高于中国中小企业的相应比率。

就间接融资而言，中美两国中小企业所得到的银行贷款的比例存在巨大差距（20%对42%），似乎表明我国中小企业的银行贷款存在巨大难度。然而，我们需要注意的是，两国融资结构中的"其他"项也存在着巨大差距（中国的19.1%对美国的3%）。造成这一反差的根源，在于一方面在我国现实中，中小企业从非正规金融部门进行的融资，并未记入正规金融活动的统计中；另一方面，占美国中小企业融资结构42%的银行贷款中，大部分来源于在其金融体系中大量存在的、专门为中小企业提供融资服务的地方性的中小银行（A. N. Berger等）。

就外源融资中的直接融资而言，我国中小企业的直接融资——即债券和股票融资之和，不到整个融资的1%，而美国中小企业的直接融资总量占到了总融资的23%，二者相差了22个百分点，可谓差距巨大。这一差距明显反映了中国中小企业的直接融资渠道不畅。

表4-1 中美中小企业融资结构比较

	自有资金	银行贷款	发行债券	股票融资	其他
中国中小企业	60%	20%	0.3%	0.6%	19.1%
美国中小企业	30%	42%	5%	18%	3%

资料来源：根据世界银行所属的国际金融公司的调查数据（2001）计算整理。

二、我国中小企业融资结构的特点

在新的形势下，中小企业融资除了基本特点外，开始出现一些新的情况和新的特点，中小企业融资结构更多地表现为结构性矛盾，具体表现在以下几个方面：

（一）从内、外源融资结构关系看，存在着对内源融资的过度依赖和外源融资相对不足的矛盾，中小企业以内源融资为主。

一般说来，在企业成长的不同阶段，内外源融资的策略是有所差异的。初创时期，企业规模小，经营不稳，加之信息不对称等因素，外部融资较困难，企业经营主要依赖内源融资。但随着企业规模的扩大和资金需求量的增大，外源债务性融资逐渐成为主导的融资形式。

但这些年来，我国中小企业的融资情况比较特殊，无论初创期，还是成长期企业；无论是中小企业的产业升级换代，还是二次、三次创业，中小企业的进一步发展过程中，均高度依赖内源融资（见表4-2）。从资金结构看，不仅原始资本金，而且日常经营性资金绝大多数也源于内部集资。中小企业成长主要依赖内源融资。

表4-2 我国中小企业的主要融资方式

	自我融资	银行贷款	非金融机构	其他渠道
短于3年	92.4	2.7	2.2	2.7
3~5年	92.1	3.5	0.0	4.4
6~10年	89.0	6.3	1.5	3.2
长于10年	83.1	5.7	9.9	1.3
总计	90.5	4.0	2.6	2.9

资料来源：Neil Gregory, Stoyan Tenev, and Dileep M. Wagle. 2000, China's Emerging Private Enterprises: Prospects for the New Century,《IMF季刊》2001年3月。

但是，自有资金难以满足企业资金的需求，80%左右的中小企业认为融资困难已严重阻碍了它们的发展。

（二）外源融资存在着对债务性融资的过度依赖与权益性融资市场开发相对不足的矛盾。

债务性融资和权益性融资作为企业融资的两种基本形式在中小企业的成长过程中有着同样重要的作用。长期以来，人们对债务性融资相对比较熟悉,而对权益性融资则显得有些陌生。外源渠道的权益性资本,人们往往较多地想到公募方式(如创业板市场)。其实,非正式权益性资本市场或称私募市场、天使融资市场,如OTC市场、第三市场、第四市场等也能起到很好的作用。

在各种间接融资中,银行仍然是中小企业融资的重要渠道,但各地有所差别。

东部地区由于当地多为民有企业,民间资金也较为充裕,因此企业自有资金比重较高,来自民间的资金也较多,对银行的依赖程度相对较少。例如温州市①,企业的资金构成中,自有资金占40%,银行贷款占40%,民间借款占20%;台州市企业外来资金中银行贷款和民间借款大约各占一半。少数效益好的企业已经有足够的自有资金,不仅银行所定的"信贷额度"用不完,甚至个别企业根本不需要银行的贷款。中西部地区中小企业近几年虽然改制范围也有所扩大,但由于企业基础比较薄弱,自有资金的比重仍然较低;城乡居民收入水平不高,社会闲散资金也比较少,因此对银行的依赖程度较大。例如中部地区的湖南浏阳市,金融机构贷款总额约占企业融资总额的82%。

(三)从金融支持的组织机构特征看,存在着作为金融资源最大拥有者的国有银行的"退出"压力与中小金融机构金融资源短缺和发展遭遇体制"瓶颈"的矛盾。大中城市资金充裕,县级以下地域资金匮乏。

垄断了信贷资金80%的国有四大商业银行发展战略定位于"大行业、大企业",国有独资商业银行作为我国金融资源的最大拥有者,长期以来对中小企业贷款的权重一直不是很高,对中小企业的贷款数量较少(见表4-3)。

表4-3 1994~1999年不同经济类型的各资金来源的比重(%)

		国家投资	国内贷款	利用外资	自筹资金	其他资金
国有经济		87.35	63.98	30.63	50.55	54.70
民有经济	私营经济	12.10	26.69	14.83	44.72	34.28
	外资经济	0.60	9.26	54.61	4.67	11.03

数据来源:根据《中国固定资产投资投资年鉴(2000)》,中国统计出版社2001年版。

随着国有银行信贷管理体制的调整,国有独资银行开始撤离县域以下

---

① 陈乃醒:《中国中小企业发展与预测2002~2003》,经济管理出版社2002年版。

地区，县域信贷增量的萎缩，首当其冲的是县域经济主体的中小企业。而另一方面，作为中小企业贷款生力军的地方中小金融机构金融资源短缺问题十分突出。更为令人关注的是，作为中小企业贷款主要承担者的农村信用社和城市信用社，不仅同样存在着信贷资源不足问题，而且由于体制"瓶颈"和政策因素的制约，其经营能力和发展受到很大影响。在现行金融管制下，信用社不仅不能参与国债投资、融资租赁、国际业务等，不能办理票据业务，有的甚至连统一的联行账号也无法取得。地方中小金融机构的上述困境不仅严重影响了其作为市场主体的竞争能力和进一步发展，客观上也使中小企业的融资环境趋于恶化。

（四）从银行金融服务的品种结构看，存在着片面强调抵押贷款与其他金融服务产品开发相对不足的矛盾。

目前，商业银行的信贷营销品种单一。为减少银行的不良资产，防范金融风险，1998年以来各商业银行（含各类中小金融机构）普遍推行了抵押、担保制度，对中小企业只开展担保贷款，几乎不发放信用贷款，抵押贷款和担保贷款成为中小企业贷款的主要方式，存在着片面强调抵押贷款和对抵押物要求过于苛刻的问题。根据《贷款通则》的规定："经贷款审查、评估，确定借款人资信良好，而且能偿还贷款的，可以不提供担保。"但在实际执行过程中，银行对中小企业贷款几乎都有提供担保（抵押品）的要求。对于规模小、经营不稳定的中小企业来说，它们根本无法获得无担保（抵押品要求）的信用贷款。除此之外，银行对中小企业提供担保贷款时，中小企业提供的抵押品（包括第三方提供的抵押品）价值还会被大打折扣。银行对贷款的抵押率较低，土地、房地产一般为70%，机器设备为50%，动产为25%~30%，专用设备仅为10%。

近年来，一些商业银行虽然也提出对AA以上信用等级的中小企业可提供一定比例的信用贷款和中期流动资金贷款。但实际情况是，由于信用评级制度的不合理，普通中小企业要想获得信用贷款事实上是不可能的。比如在中国工商银行信用等级评定标准中，经营规模一项所占比重为15分，而新开户企业的信用满分为80分，仅此一项就占总分的18.75%，绝大多数中小企业因先天因素，其经营实力一项基本上拿不到分，这也造成了企业贷款难的问题。

（五）从不同规模企业的融资便利程度和贷款满足率看，存在着一小部分"中型企业"融资难问题的基本舒缓与绝大多数小企业融资依然困难的矛盾，中小企业信贷活动"两极分化"越来越明显。

随着市场竞争机制的成熟，中小企业的经济效益出现明显的两极分化。一些产品有销路、企业自有效益、资信质量高的优质中小企业，不仅信贷融资不成问题，而且越来越成为各金融机构争夺的对象，不少还是金融机构的"黄金客户"，资本市场融资也比较便利。各金融机构纷纷实行客户经理制度和"黄金客户"制度，建立绿色通道，加大对优质中小企业授信额度，改善对优质中小企业的金融服务。这部分企业的贷款需求能够得到及时足额满足，甚至各家银行纷纷压低利率竞相争贷。部分优质中小企业资金相对充裕，对贷款的需求较弱，甚至不需要银行贷款。而一些有发展潜力但目前状况并不十分好的中小企业，由于银行方面尚缺乏识别能力，往往受到冷落。至于那些效益差的中小企业，大部分由于看不准好的项目和产品，缺乏有效的贷款需求。即使它们对银行提出贷款申请，也会因不符合贷款条件而无法获得银行贷款。

由于民有化趋势，中小企业融资较少存在所有制歧视问题，但另一歧视——"规模歧视"问题却十分突出。有调查结果显示，企业的融资便利程度和贷款满足率与其规模存在着明显的正相关关系，资产规模越大，贷款满足率相对就高。从典型调查的结果看，一些劳动密集型的民营小企业或微型企业的融资境况其实改善得并不多，甚至还有恶化的倾向。近年来，信贷资金迅速向大城市、大企业、大项目集中便是很好的明证。所以，可以这么说，在中小企业整体融资状况有所改善的同时，占中小企业95%以上的小型劳动密集型企业或处于成长初期的家庭作坊式企业，它们的融资状况依然十分艰难。

（六）从信贷资金供给的期限结构看，表现为短期或超短期资金供给相对允裕与中长期投资性资金供给严重短缺的矛盾；固定资产贷款越来越少，流动资金贷款期限越来越短。

一般地说，中小企业的资金需求主要由两部分构成：一是投资性资金需要，主要用于技改投入，资金需求数量大；二是临时周转性资金需要，这部分资金数量要求不大，但时间紧，便利性要求高。目前银行的信贷结构、审贷程序及要求恰恰与此相反，一年以内的短期周转性资金供给相对宽裕，而长期投资性资金需求的满足却十分困难。为了增强发展后劲，许多企业在规模扩张的同时，十分注重技术改造，中长期信贷特别是技改贷款的需求趋于上升。但商业银行似乎并没有注意到这种变化，对中小企业的技改贷款不仅利率高（平均上浮30%～50%）、管制严，而且审批手续繁琐、时间长。在现行的银行信贷授权授信制度下，直接与中小企业发生信贷关系的基层银行机构授权很小，大部分没有固定资产贷款投放权，而只有规模不大的流动资金贷款权限。

（七）企业法人贷款将会减少，自然人贷款成为中小企业贷款的新方式。

鉴于法人企业难以监控，东部地区一些基层银行为寻找资金出路，开始调整贷款方向。在温州和台州，不少银行决定将进一步减少对企业、主要是中小企业的贷款，而增加对基础设施和自然人的贷款。支持基础设施建设符合国家产业政策，资金投放也安全可靠；自然人贷款是用个人财产、其中多为城镇居民住房作抵押的贷款，回收比较有保证。由于当地个体私人企业较多，而个人的生产资产和生活资金是混用的，因此这部分贷款相当程度亦可视为中小企业贷款。

此外，一个引人注目的现象是，一些银行为防范风险，贷款对象已从企业法人转向该企业的几位主要股东，并且以其家庭财产作抵押来进行贷款。他们戏称这是"跑了庙跑不了和尚"。银行认为，作为法人的企业是很不稳定的实体，今天财务报表虚假，明天法人代表变更，后天甚至财产也可能会转移。而个人的住宅则是跑不了的，况且个人的信用也往往比企业的好。把对一个企业上百万元的贷款，分解为若干个几十万元的贷款，贷款回收的保险系数可大大增加。这种贷款方式今后将会在东部地区继续发展，并可能进一步向中西部地区扩散。

4.3 中小企业融资的影响因素

企业成长由若干个阶段组成，在每个成长阶段又会经历若干个成长周期。与大企业相比，中小企业有其特殊性。在中小企业的成长过程中，受环境影响和自身状况限制，中小企业的资金需求及供给会不同，单纯利用传统融资理论的框架来分析中小企业融资尚有不足之处，需要加以修正。

4.3.1 中小企业自身局限

一、信用信息不足

与大企业相比，中小企业由于企业治理结构不健全，对外财务信息披露不规范；并且由于经营历史短，信誉积累不足，也缺乏品牌及信用历史所能发挥的间接传递信号的作用，因此，在对中小企业的融资过程中，信息不对称现象比较严重，从而构成中小企业的融资瓶颈。信息不对称对融资活动的阻碍可以从两个方面考察：其一是在组织之外的市场交易中出现逆向选择与道德风险问题；其二是在组织内产生代理问题，代理问题的核心在于监督与激励的方式与程度。

二、经营失败风险高

一般而言，由于处于企业的发展初期，中小企业市场定位的准确性、业务模式的成熟度及管理的规范性都有问题，企业的失败率较大，经营风险较高。

（一）中小企业盈利能力不高，自我积累能力较差

据美国统计，全国近2000多万个各种不同类型的小企业，其中1/3甚至1/2的企业将在3年内关闭，特别是在经济衰退时期，小企业关闭率更高。只是由于小企业的开办率更高，才使企业总数逐年增长。但这也丝毫不能掩盖中小企业的易变性和其巨大的经营风险。这给其融资带来根本性的影响。

（二）中小企业资产少，负债能力有限

一般而言，企业的负债能力是由其资本金的大小决定的，通常都是由法规规定的资本金的一个百分比例数，如80%或60%等等。中小企业资产少，相应的负债能力也就比较低。从各国的情况看，美国小企业强调独立自主和自我奋斗的精神，因此企业的负债水平较低，一般在50%以下；而意大利、法国等欧洲国家比较注重团队精神和社会力量，提倡相互协助，中小企业的负债水平较高，一般都会超过50%。

对中小企业而言，公开募集资金是不现实的，除非企业发展足够大、规模足够大，满足上市对规模的最低要求。如果中小企业没有很好的成长前景，非公开的权益资金也不愿意走进中小企业。

4.3.2 外部环境局限

一、融资体系制约

在金融经济条件下，资源总是表现为一定的货币形态，生产性努力和

分配性努力的结果也会货币化。融资体系（也可称为融资体制）对企业运营中的货币资源发挥配置功能，使企业突破自有资金的限制，通过外源资金促进企业成长。

融资体系是一个复杂的系统，它包括内部的金融工具、中介和市场，也包括外部与企业部门的联系和政府的监督。一个国家融资体系的形成受多种因素的影响，其中非常重要的一项就是，融资体系在很大程度上受到人为政策管制的影响，管制政策大多取决于对某个经济金融危机的反应，而体系一旦形成，就会出现路径依赖，因为体系变革的成本通常大于维持原有的体系。

融资体系的根本目的是在赤字主体与黑字主体之间进行资金融通，这种融资主要有两个途径：资本市场和金融中介。因此，传统理论对融资体系的研究也相应地分为两个基本的方法：一是分析金融市场上各主体之间的关系；二是分析金融中介（银行、保险公司等）活动。融资体系不单纯是各企业的行为，政府在其中也发挥着重要的作用。政府往往是资本市场上很大的资金需求者（在战争、经济衰退、金融危机时期尤其如此），通常通过中央银行发行货币，提供支付手段，保持融资体系的稳定。政府的金融管制是融资体系的一个重要组成部分，而管制背后自然涉及到政治体制因素。

历史上有过一些事例说明，融资体系在缺乏良好的法律制度下，依靠信用等隐性的机制也可以运行，但是对于大多数金融体系来说，法律是金融体系一个重要的基础性的组成部分。

二、融资双方成本高

中小企业类型多，资金需求一次性量小、频率高，加大了融资的复杂性，增加了融资的成本和代价。中小企业以多样化和小批量著称，资金需求也具有小批量、多频率的特点。这使融资的单位成本大大提高，在不考虑其他因素的情况下，中小企业少量的资金需求量将使其融资利率比上规模的资金融资利率平均高出 2~4 个百分点。从各国的比较来看，美国小企业的贷款利率上浮水平最高，一般高达 3~6 个百分点；欧洲为 1.5~3 个百分点。

三、政府定位的模糊

理论界对政府支持中小企业融资的作用是有争议的。

反对者认为，融资是纯经济问题，政府干预很可能阻碍资本市场正常运营，导致市场无效和歪曲（Florida、Smith，1993）。在市场经济的前提下，企业能否得到融资，完全是个别企业的信用问题。信用好的企业自然会得到资金融通；信用不好的企业，得不到融资是天经地义的。对中小企业融资扶持是无底洞的工作，结果会使中小企业产生依赖心理，进而使国家财政陷入困境。因此，中小企业融资应由市场去决定，政府不应介入，以免增加财政负担。而且，政府资源是取之于大众，应用于大众。融资扶持是对特定中小企业予以帮助，这根本不符合财政支出原则，也不符合社会公平原则。

支持者认为，中小企业融资问题是经济与社会综合问题。中小企业先天体质较大企业为弱，其融资竞争能力自然较弱，政府如不加以扶持，则资金将为大企业所垄断。而资金是来自于社会大众，大企业没有理由独享社会资源，因此，政府应当适当介入，使融资资源能合理分配。有的人认为，中小企业对经济及社会的贡献是有目共睹的，其盛衰对社会安定及经济发展影响很大，因此扶持中小企业使其健康发展，政府应责无旁贷。而且，企业成长过程是由小而大的，所以中小企业可说是大企业之摇篮。扶助中小企业融资就像投资一样，国家社会将来可以享受中小企业繁荣的成果。

然而，不管在理论上持反对还是支持意见，现实的世界具有多面性和复杂性。对于那些不发达的金融体系来说，中小企业需要借助政府来获得生存和发展。政府为支持中小企业融资，采取政治性、公立性的行为是普遍的。

尽管阻碍中小企业成长的障碍是多维的，可是中小企业融资环境的改善是中小企业扎根的政治和经济环境相互作用的结果。如果没有政府对中小企业融资的支持，一些政策和规章就有可能鼓励，也有可能阻碍各种来自民间的创新行为。例如，1974年美国通过的 ERISA（Employment Retirement Income Securities Act），严格限制养老基金的投资，进而阻止了养老基金管理者投资风险资本，结果导致风险资本急剧萎缩（Bygrave、Timmons，1992）。

这种状况继续引起人们对如何有效支持中小企业的讨论。但是有一点是肯定的，即政府应当充当为中小企业提供融资机会的扶持角色。而且，政府融资扶持应该有所偏重，不能把政府融资扶持等同于政府救济。

第 5 章　中小企业融资的影响因素分析

影响中小企业融资结构的因素来自于企业外部环境和中小企业自身。本部分的研究主要结合我国中小企业融资结构特点，展开较为详细的融资影响因素分析。

5.1　融资体制的制约影响

本书把融资体制作为一个变量引入，研究融资体制对中小企业融资行为和融资结构的影响。Allen 和 Gale 对英、美、法、德、日等五个主要发达国家的金融体系进行比较，分析通过资本市场融通资金和通过金融中介融通资金的比例及其变化，将融资体制分类为以德国为代表的以间接融资为中心的融资体制，和以美国为代表的以直接融资为中心的融资体制。有的学者把前者（日本的主银行制度和德国的万能银行体系）称为关系型融资制度，把后者称为市场型融资制度。

融资体制的比较分析表明，每一种制度都各有千秋。事实上，在现实世界中，两种融资制度并不是泾渭分明、截然对立的。两种制度可以在一个国家并存并相互补充，比如在通常被认为是关系型融资盛行的日本，其资本市场比法国和德国要发达得多，同样，在市场型融资体制的美国，对中小企业的融资依然是以关系型为主（彼德森、拉杰恩，1994；伯杰、乌黛尔，1995）。

一般而言，一个有效的融资体制，在企业融资契约的达成方面具有规模效应和协同效应。而当一个国家的融资体制不完善且运作效率较低时，企业往往偏重于短期性的债务融资，而缺乏长期性的债务融资。此外，融资体制的不同类型也会构成企业融资结构的差异。

总体而言，一个国家的融资体制在宏观上规定着本国企业的融资行为和融资结构，直接决定着企业融资契约达成的成本和执行效率。如果一个国家拥有良好的行政管理体系、拥有透明的融资体系，那么中小企业融资就会拥有一个较为平稳的、低成本的融资运营体系。

5.1.1 市场型融资体制

在以英美为代表的直接融资渠道为主的国家，由于证券市场非常发达，股权融资就较为方便。

在这种制度下，存在大量的市场和种类繁多的金融工具以满足不同投资者的需要，监督功能是由不同专业的专业化机构如风险资本、投资银行、评级公司来完成的，它们对不同的金融产品及企业发展的不同阶段实施不同的监督措施。金融市场的一个重要功能就是在不同的个体之间提供风险分担机会，市场允许它们进行多样化投资，并依据个人风险承受能力调整其投资组合的风险。

这种制度要依存健全的法律环境，投资者只有到了清算阶段才有很强的激励进行干预。为便利这种制度的运行，证券市场必须是竞争性、流动性的。此外，为保证法律实施和配制效率，公共信息和信息披露是重要的和必要的。相比之下，证券市场能较好地处理意见的多样化，因为证券市场价格将加总投资者获得的零散信息，使股票价格在一定程度上反映企业现行管理政策的真实价值，进而为配置资源提供有效的信号。

市场型融资体制在发展新产业和新技术方面，当关于企业如何运转难以达成一致意见时，表现相对较好。这种理论推断是与世界经济发展的历史相一致的。在19世纪后半期，股票市场（伦敦证券交易所）是铁路产业兴起的重要的资金来源；同样，纽约证券交易所为一些主要产业，如汽车、电子、计算机和新近的IT产业在20世纪的崛起发挥了关键作用。

5.1.2 关系型融资体制

关系型融资制度的优势依赖于其监督和控制体系而发挥规制作用。青木认为，关系型融资可以获得垄断租金、政策诱导性租金、声誉租金和信息租金四类。但是，其前提是投资者能很好地了解企业是如何运转的，以此为基础,投资者关于企业运营的意见比较容易达成一致,中介机构可发挥代理监督者的作用。

在德国和日本等以间接融资为主要融资渠道的国家,股权融资的理论和实践都会受到较大约束,而且在负债融资中,企业债券融资受到抑制,只有银行信贷相对发达。在这种关系型融资制度中,投资者和企业之间的关系是长期的,并且有自我强化的合同支持。通过长期有信用的交往,银行和企业之间建立了可信赖的关系,这种重复的、长期的关系可以有效地降低信息不对称和代理成本。

然而,一旦企业进入一个新的产业或其技术更新迅速,关于企业最优策略的共同知识即使是企业经理也是缺乏的,因而在知情的投资者之间更难以达成一致意见。这样,将企业交给企业经理来决定管理的特定策略是唯一可行的出路,由此决定了投资者规制功能的重要性将大打折扣,同时投资者之间协调的失败也将阻止一致意见的形成,难以实施监督功能。

关系型融资体制是以双方获取一定的"准租"为条件的,或者说,是与非竞争环境和进入壁垒相一致的。只有一个或少数的投资者需要了解企业的信息,较少有信息披露要求,因而公共信息是不重要的。信息优势和关系租("信息租")激励投资者实施监督功能和维持长期信贷关系。

关系型融资体制对传统产业的发展较为适宜,因为其生产技术相对稳定,形成了共同知识。同样,这种理论推断是与世界经济发展的历史相一致的。在19世纪,德国经历了迅速的产业发展,但它的技术不是新的,1970~1980年的日本在汽车和电子行业的经历也说明了同样的问题。

5.1.3 我国融资体制的制约分析

我国的中小企业难以从正规融资制度中寻求融资支持。现行的正规融资体制主要是为了适应国有企业外源融资的需要建立起来的。

改革开放前,政府是唯一的投资主体,财政拨款是大、中、小型企业资金来源的惟一渠道。国家主导下的制度与技术变迁道路使我国走上重工业化的赶超发展道路,此时根本没有市场化的融资体系。改革开放后,这种"单一主体、单一渠道"的格局逐步被多元投资主体、多元融资渠道的格局所取代。随着放权让利改革的推进,财政支持经济日益力不从心,导致融资制度对财政制度的替代。1985年实行"拨改贷",国有银行代替国家财政以信贷的方式向国有企业注资,对国有企业而言基本不存在内源性的融资机制。但是，与发达市场经济条件下的外源融资不同，这里的银行必须服从国家的意志和社会利益目标。进入90年代后，金融风险的积累迫使国家塑造了以股票市场为核心的证券市场，试图为国有企业寻求一条新的融资渠道，将原来由信贷市场实现的货币型金融支持转换成由股票市场实现的证券型金融支持。但是，在证券市场的成长过程中，国家较多地运用了计划手段，从股票额度的确定到上市公司的甄选都是在计划框架内通过行政分配方式来运作的，基本上只有国有企业才有机会获得来自证券市场的资金。

但是，20多年的经济改革并没有改变融资体制的国有经济的基本导向。现有的融资制度表现出国家垄断性、集权性的特征，国家牢牢控制金融资源配置的权力，为渐进式改革提供支持和补贴。在这种行政化、集权化的融资体制下，国有企业乃至整个经济改革进程与国有金融产生了广泛的刚性联系。

随着改革的深化，民有经济逐渐承担过去一直由国有经济承担的渐进改革重任。而民有经济悄然成长，从量的积累到结构上的质的变化并未从纵向信用联系中得到任何实质的支持。尽管民有经济对国内生产总值的贡献率从31%提高到60%，远远超过国有经济，但是，国有经济依然占据着绝大部分的社会资源（见表5-1、表5-2）。

表5-1 国有经济与民有经济国内生产总值的比较

单位：亿元

年份	国内生产总值				
	总计	民有经济		国有经济	
		数量	比重%	数量	比重%
1980	45182	1401	31	1762	39
1990	18548	7048	38	6492	35
1998	78345	37606	48	25854	33
1999	81911	43413	53	24573	30
2000	88300	52980	60	25607	29

表5-2 国有经济与民有经济占固定资产投资比重比较

单位：亿元

年份	全社会固定资产投资				
	总计	民有经济		国有经济	
		数量	比重%	数量	比重%
1998	28406	5870	20.6	15369	54
1999	29855	6917	21.0	15948	53
2000	32840	9005	27.4	16506	58
2001	37102	11306	30.4	17612	48

资料来源：2002年《统计年鉴》。

由于信用关系的排斥性，历史上，一些中小企业为求发展，常常使自己的身份模糊化。许多中小民有企业为便于经营以及从政府那里获得更好的待遇而把自己装扮成集体企业和外资企业，结果是，由于它们没有清晰的所有权和管理组织，因而加大了银行收集和处理相关信息的难度。迄今，会计体系的资料不能在金融机构和企业之间共享，民有企业通过回避正规的会计体系或者同时做几本账，使得银行无法对这些企业的资料进行监督和审计，也不愿意接受其不可置信的经营状况的证明。

对中小民有企业而言，外源融资则很难通过这一融资体制来实现，因为链条的每一个环节对民有经济都具有排斥性。这就意味着中小民有经济只得主要依靠内源融资。但内源融资要受中小企业自身发展状况的限制，依赖这种融资形式融通的资金非常有限。50年代，国家为实现重工业优先发展的"赶超"战略，必须垄断一切金融资源，并通过指令性计划配置到符合国家政策的产业及相应的国有大型企业。这就使得中小企业一开始选择了劳动密集型的投入结构，这种投入结构所需要的配套资本相对减少，一般可以通过自筹得到解决。不过，这只是一种初始情形。当更多的中小民有企业大量进入时，每个民有企业便会受到越来越大的压力。要获得更高的边际收益，就得提高生产过程中的技术含量，而提高技术含量需要提高人力资本的技术水准，但更重要的是增加资本投入，这是无法单纯依靠内源融资来解决的，而需要外援融资的接应。

中小企业的融资困境本身并不意味着其内源融资机制出了什么问题，而是这种内源融资机制已不能满足民有经济进一步发展的需要，需要外源融资机制的接应,需要各种不同的融资方式与中小企业所处的不同发展阶段相匹配。在这一点上,我们看到了中小企业发展所面临的限制和遇到的困境。即中小企业的进一步发展不仅需要维护其良好的内源融资机制,而且更需要塑造一种外源融资机制。

但是,中国目前正规融资体制发展相对滞后,导致一个很大的悖论:一方面是大量的民有中小企业发展资金短缺,另一方面是大量的民间资本闲置或难以选择合适的投资工具。这种资本配置错位的矛盾刺激了地下金融(包括低下钱庄、不规范的私募基金、灰色的一级半市场等)的快速滋长。基于中小企业很难通过正常途径满足资金需求的现实,在一些民有经济发达的地区,民间的非正式融资活动始终十分活跃,成为中小企业解决创业和日常营运资金的重要渠道。尽管监管部门一再严格限制各种形式的民间融资活动,对民间"乱集资"活动严加取缔,但民间融资活动的客观存在仍是一个不争的事实。随着民间融资活动的发展,出现了相当数量的地下(或半地下)钱庄和中介人,成为民间金融市场的中坚力量。据有关学者的调查,中国地下钱庄目前控制的资金保守估计也有上万亿元,仅近年来每年通过地下钱庄洗出的黑钱就高达2000亿元,相当于国内总产值的2%,几乎相当于全年对外贸易顺差,私募基金总额已超过8000亿元,一级半市场上也有数百上千家所谓的"拟上二板(创业板)企业"的股票以变相公募的方式进行私募。

5.2 政策性融资的影响分析

自从20世纪30年代麦克米伦在其报告中提出中小企业"资金缺口"以来,面对游刃于大公司之间的众多中小企业的生生死死,政府对中小企业融资的关心变成了焦虑。但是,到今天这样的争论依然存在,那就是,是否所有的中小企业都应该得到政府支持,或者政府是否只支持能够创新产品或促进产业发展的中小企业。

由于情况的多面性和复杂性,政府在鼓励中小企业发展中的作用评估是有争议的。对处于融资体制不发达的中小企业来说,它需要借助政府来获得生存和发展;如果没有政府对中小企业融资的支持,一些政策和规章就有可能鼓励，也有可能阻碍民间的各种创业行为。

5.2.1 中小企业融资中的政府措施

一般地，政府在缓解中小企业融资缺口中的措施由财政直接投资、提供间接融资支持。很多政府的中小企业政策性金融机构的基本立足点，都在于弥补中小企业融资能力的不足。

发达国家政府一般利用利率这一重要的价格信号对金融领域进行干预，但对利率管制及利率市场化的正当性和必要性研究仍有分歧。Mckinnon、Shaw 认为，在金融抑制（financial repression）的融资体制下，认为压低的存款利率影响了储蓄的总量扩张和结构优化，从而阻碍了投资的增加和经济的发展；由于贷款利率受到限制，银行对高收益率高风险的投资项目融资的动机变得不足，同时资金市场的资金供给减少，资金的非效率性分配盛行，使得金融体系的资金分配功能减弱。因此，必须取消金融抑制，实施金融自由化。Kapur、Mathieson、Galbis、Fry、Fukuchi 等都从不同侧面论述了提高利率的正面作用，因此被称为麦金农－肖学派。

Van Wijnbergen、Taylor 等却认为在发展中国家，随着利率提高，资金会从非正规金融市场转向准备金率较高的正规金融市场，造成金融市场上投资资金来源减少。Hellmann、Murdock 和 Stiglitz 进一步主张，发展中国家应在物价稳定的前提条件下实施比自由竞争的市场机制确定的均衡利率要低的人为低利率体制，即金融约束（financial restraint）体制，使租金从家庭部门向银行和企业转移。

但是，大多数的国家不能通过正常的金融市场发挥应有的作用机制，特别是发展中国家。取而代之的是政府行为。许多国家设有专门的基金，比如风险资金，专门资助某些高成长性的中小企业。还有一些计划和机构，比如孵化器、大学的实验室计划，此外，一些国家还提供补贴和贷款计划资助中小企业。

在权益资本缺口问题上，由于政府不从事对中小企业的直接投资，权益资本的缺口主要通过发展风险投资、非正式风险投资等市场化的风险投资机制予以缓解，政府在其中的作用大多是通过适当的贷款资助和在税收上给初建小企业一些优惠政策来体现。而且，更多的政府在向中小企业提供融资支持时，所采取的主要手段是向中小企业提供融资担保，对中小企业的发展重在扶持。

5.2.2 政策性融资的偏袒效应

事实上,在谈到政府对中小企业政策时,许多发展中国家的政策实际是在牺牲中小企业利益基础上,保护、培育、资助大企业。

典型的案例是韩国。韩国一直向大企业提供低成本贷款,从20世纪80年代开始,出于政治压力,韩国政局开始重新平衡已经造成的二元工业结构。这些举措补偿了一些中小企业受到的不公正待遇。但是,根据Lim的观点,对韩国中小企业来说,真正的突破是来自大企业自身的觉悟,它们认识到自身的利益与中小企业休戚相关,特别是那些电子、自动化等生产行业的大企业对这一点的认识更深刻。因为,如果它们不与那些中小供应商企业建立技术上和资金上的联系,它们的竞争地位就会被削弱。

在印度,国有银行体系出台了有利于大企业的借贷政策,尽管有些政策与当局出台的政策相抵触。比如,通过生产许可限制生产;需要用固定资产作担保,这都有助于大企业贷款;家庭储蓄被迫进入银行体系,限制其他形式的投资,无论是正式的还是非正式的,这样就限制了资金进入。

无论韩国还是印度,政府政策无意或有意歧视中小企业(Lim,1998;Casalet,1999;Scanchez,2002),这种歧视在税负和信用等级分配方面体现最明显。无论中小企业如何努力,如果这些政策仍旧存在,那么中小企业仍旧是软弱和没有竞争力的。

5.2.3 政策性融资的负面效应

尽管政府鼓励中小企业成长的努力是国家宏伟战略的一部分,比如创造就业机会、促进出口、促进产业发展、提升本土技术,但是政府介入的不利在于可能导致投资歪曲,部分贷款出现道德风险,特别是在发展中国家。

在大多数发展中国家里,提高中小企业技术能力的资金资助是失败的,除非这些资助计划伴随着政府腐败行为的减少、资本市场运作的加强、教育体系的改善、经济政策的稳定运行。换句话说,政策性金融的功能能否顺利得到体现存在相当大的变数,中小企业融资环境的改善是中小企业根植的政治经济环境相互作用的结果。这其中有一个最基本的假设就是,政策性金融的投资行为,能有效疏通所支持的行业或部门的"发展阻力",改善投资环境,提高这些行业或部门的投资回报水平,真正增强民间资本对行业的投资信息，否则，会产生"挤出效应"，导致因政策性金融支持而排挤民间资本投资；也可能产生"替代效应"，在一些高投入、低收益的"社会公共部门"，"替代"民间资本的投资。

5.2.4 我国的政策性融资体系分析

我国的政策性融资体系起步较晚，对中小企业融资扶持的作用有限。

一、三大政策性银行

我国的政策性信贷机构只有三大政策性银行（国家开发银行、中国进出口银行和中国农业发展银行），建立于20世纪90年代。这三家银行为中小企业提供的政策性贷款极其有限，存在较大的问题。

在现有政策性银行的主要任务中，国家开发银行的主要任务是支持国家的基础设施、基础产业和支柱产业中的大中型基本建设和技术改造等政策性项目、配套工程的建设，要求申请信贷的项目列入国家固定资产投资计划和信贷计划，借款单位需配备承担贷款风险的可靠措施，能够提供有处分权的财产抵押或者落实第三方保证人；中国进出口银行为扩大我国机电产品和成套设备等资本性货物出口提供政策性金融支持，卖方信贷要求相应的出口合同金额在30万美元以上，买方信贷要求合同金额不低于200万美元，中长期信用保险的受理条件是出口商品属于机电产品、成套设备等资本性货物或者高新技术产品，出口合同金额不能低于30万美元；中国农业发展银行承担国家规定的农业政策性金融服务，其信贷发放的标准相对较低，主要包括贫困县的县办工业贷款、老少边穷地区的经济发展贷款、国家粮油等产品的政策性加工企业的贷款、棉花初加工企业的贷款、国家确定的小型技术改造项目贷款等。

由此可知，中小企业几乎达不到这三家政策性银行对于贷款的要求，政策性银行对中小企业并不具有普遍意义。

二、信用担保机构

我国的中小企业信用担保体系尚处在初创时期，还存在一些问题。截至2000年10月底，全国共有30个省、直辖市、自治区开展了中小企业信用担保试点工作，建立了6个省级再担保机构和100多个城市信用社担保机构，全国的中小企业互助担保机构、商业担保机构已经达到300多家。

这些机构通过政府拨款、资产划拨、会员企业风险保证金、企业入股等方式共筹集担保资金60亿元，按照5倍的放大效应，担保机构承担70%的贷款风险和发放半年期银行贷款担保推算，预计可以为中小企业解决885亿元左右的银行贷款。目前，各地的担保机构尽管引起普遍关注，但所起作用是十分有限的。

从担保方面看，专门为中小企业提供融资担保服务的担保机构不多。担保基金规模与中小企业实际贷款担保要求还存在较大的差距；合乎现有信用担保资格的中小企业较少，放松资格会增加风险，严格执行资格审查又影响了信用担保体系的覆盖面。很多担保机构实行会员制，中小企业要交纳一定的入会押金才能成为会员，通常入会资金约为5万元至10万元，而且担保手续相当繁琐，担保手续费、评估费、资产等级等费用很高，使得中小企业的财务负担过重，无法获得担保；政策性信用担保体系、中小企业互助信用担保体系和商业性信用担保体系分工不清；信用担保体系和商业银行的配合存在问题，商业银行的积极性不高；而且由于没有解决后续资金和风险保障问题，担保机构一旦出现代偿便将难以为继，其发展前景堪忧。

三、专项基金

近年来，我国政府设立了一些国家支持的基金以帮助中小企业解决融资难问题。主要包括：

（一）国家以及地方的科技型中小企业技术创新基金（小额资助）

创新基金是经国务院批准设立、用于支持科技型中小企业技术创新项目的政府专项基金。为加大对初创期企业的支持，从现有国家高新技术创业服务中心、国家留学人员创业园示范建设试点、国家大学科技园、国家火炬软件产业基地和火炬创业园中确定部分单位作为依托机构，在创新基金无偿资助支持方式下，通过小额资助支持在依托机构场地内注册并经营的科技型小企业。

（二）中小企业国际市场开拓资金

市场开拓基金是指中央财政用于支持中小企业开拓国际市场各项业务

与活动的政府性预算基金和地方财政自行安排的专项资金。它分为中央和地方两个部分。

（三）大学生科技创业基金

大学生科技创业基金主要用于资助高校毕业生（含毕业阶段在校生和离校应届毕业生）依其科研成果获专利发明创办的企业，进一步拓宽毕业生的就业渠道。这个创业基金具有很高的投资风险。大学生创业一旦成功，基金将占有一定的股份。

（四）技改贴息基金

此项基金只适用于国有、集体工业企业，对它们提供技术改造方面的税收优惠。

（五）风险投资基金

改革开放以后，我国各级政府曾设立了一些风险投资公司，但是这批建立于20世纪80年代中期的风险投资公司的资金，基本上来自各级政府的财政拨款，吸纳其他资本的能力很弱，规模较小。由于资本规模有限，对具体项目的投入能力有限、投资的覆盖面较小，缺少风险投资专业人才及相关运作经验，操作不规范，往往只能局限于投向需要投资少、风险较低的小型项目，难以向目标企业提供全方位的帮助。而且，由于种种原因，许多风险投资投放到了证券市场、房地产等领域，并没有多少资金真正用于企业的创业投资方面。

通过以上分析不难发现，我国中央和地方政府政策性融资的措施比较单一。对于中小企业提供基金支持的历史还较短，基金规模较小，资金来源仅限于财政拨款一个渠道。现有的政府中小企业基金大多以科技型中小企业为主要扶持对象，但是这些合乎资助资格的企业一般也能从商业性融资体系中得到资金融通；而且，中央和地方重复设置技术创新基金，造成技术创新基金运作机制的扭曲。往往一个好的项目可以得到多个基金的资助，使得整个基金体系的覆盖面人为地变得狭窄了许多。但是，这种积极的探索对于解决我国中小企业融资问题是十分有益的。

5.3 直接融资的结构性影响分析

资本市场是国家融资体系的重要组成部分。处于不同发展阶段的中小企业，其风险是不同的，利用资本市场的制度和信息成本也有所不同，这就要求资本市场应该是分级的。

证券市场的特点就是，如果没有运营历史，证券市场不能够大规模地为企业提供资金。因此，证券市场只能是成为为企业提供融资的更大系统的一个组成部分，完成自己的成长周期。当然，证券市场依然是为中小企业提供权益融资的重要组成部分，因为它们可以为成长中的企业提供大部分资金，为提供创业资本的投资者提供退出通道。

因此，对于发展中国家而言，很难创造一个平稳运行的资本市场来支持中小企业。同时，中小企业进行股权融资的前提条件是要有健全的治理结构。规范的治理结构要求股东必须作为一个集体决策，以保证股东的平等权益。这种制度的安排约束了经营者的控制权，控制了股权融资的代理成本，使股权成为企业剩余索取权的凭证，从而保障了股权的市场投资价值，是潜在投资者可以按对企业的未来现金流的贴现预期来交易或投资。正因为如此，通常的企业上市，既是一个扩大融资的过程，也是一个企业治理结构健全的过程。

5.3.1 层级结构与企业信息的对应

资本市场的层级结构（见图5-1）[①] 可以看做是资本市场基于长期的信息不完全而自发演进的结果。这种层级结构是资本市场用来识别和分散配置不同融资风险的一种装置，它是以资本市场需要借款人提供的信息量的多少作为划分依据的。

不同层级的资本市场，分别对应于不同的融资规模和允许使用的资金交易方式，依靠各自适用的制度框架所提供的技术支持以计算处理因信息

[①] 王宣喻、储小平：《资本市场层级结构与信息不对称下的私营企业融资决策》，载《乡镇企业、民营经济》2002年第6期。

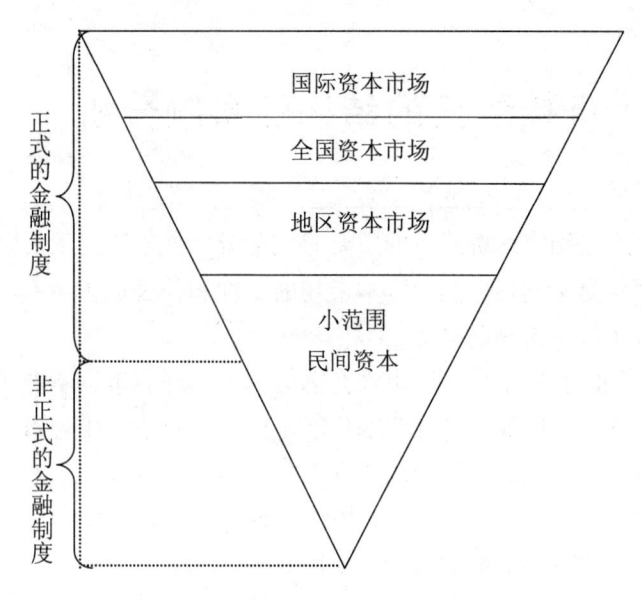

```
              ┌─────────────────────────────┐
              │      国际资本市场           │
正式的        ├─────────────────────────────┤
金融制度      │      全国资本市场           │
              ├─────────────────────────────┤
              │      地区资本市场           │
              ├─────────────────────────────┤
非正式的      │      小范围                 │
金融制度      │      民间资本               │
              └─────────────────────────────┘
```

图5-1　资本市场的层级结构

不完全而带来的潜在的放贷风险。在每一层级的资本市场上，融资双方拥有的信息都是不可能完全对称的。一般说来，资金融入方拥有信息优势，并且会利用这种信息优势"敲诈"资金融出方。融出方很难收集到有关融入方的全部信息，或者收集、鉴别这些信息需要花费巨额成本。

因此，资本市场的层级越高，融资规模越大，融出方需要融入方提供的信息量就越多。融出方往往要求融入方按照一定的程序和格式报送各种相关资料，以降低信息成本和减少融资双方的非对称信息；较低层级的资本市场，由于资金融通的规模有限，资金融出方需要资金融入方提供评估资金风险程度的信息量也是有限的。而在较高层级的资本市场上，资金交易的规模很大，资金融入方必须提供足够多的信息，以使资金融出方能够借此对由于信息的提供不足所造成的不确定性和风险进行计算处理，并据此做出融资决策。

在以权益融资为基础的国家里，比如英国和美国，证券市场允许企业募集资金用于投资，证券市场在为中小企业提供资金、在为个体的权益投资提供退出通道方面作用十分显著（Black、Gilson，1998；Jeng、Wells，2000）。在过去的五年中，这些市场没有那些已建立的成熟的证券市场要求严格，通常采用电子交易方式。但是，近年来这些市场被当作是万能药,也就是存在这样的观点,"只要建市,资金就会到位"。近期的市场低迷使这一设想遭到严重挑战,因为许多新市场,比如德国的 German Neuer Market、法国的 Nouveau Marche、英国的 British AIM、香港的 Hong Kong GEM、马来西亚的 MESDAQ 等等,被近来的价格崩溃严重削弱,充斥了有关对骗子行为和证券违规操作横行当道的谴责,这些市场多多少少存在允许内部人操作价格的行为。

5.3.2 资本市场需要规章

美国的 NASDAQ 市场,由政府进行管制。政府拥有强制执行的权力,有相当严格的法律报道金融事件,尽管近期遭受会计信息虚假、金融分析报告存在内部人交易等的冲击。"Sarbanes-Oxley Bill 2002"的出台加强了目前的法律体系。该法案要求财务报告必须经 CEO 的确认。对于那些不能真实反映企业运营和财务状况的报告施以严厉的惩罚。对于那些需要把证券市场作为退出通道的国家而言,有必要建立透明和有法可依的执行机制。

5.3.3 资本市场需要甄别机制

在许多方面,市场上存在着某种程度的"低水平陷阱",有必要鼓励高质量的企业上市。因为高质量企业的缺乏会导致较低的资金流动性,不能吸引分析家的注意力,最终的结果是市场不能吸引高质量的企业,恶性循环乃至最后摧毁整个市场。在美国 NASDAQ 市场上,第一批上市的企业中有 Intel,它的成功和示范效应吸引了硅谷的其他企业。台湾的 POC 同样也是这样,POC 拥有像 Acer、TSMC、Mitac 这样的企业,它们的成功促进了证券市场的发展。正是企业持续的成功吸引了人们对美国 NASDAQ 和台湾 POC 证券市场的关注,进而成就了这些市场。上市企业的质量与市场的质量同等重要。

然而,资本市场面临的问题需要自我解决、纠正,尽管惩戒机制,即关闭市场,是一个令人不愉快的结果。当然,这里有一个难题,那就是如何确定哪些企业有足够的质量上市。因此,对于发展中国家而言,很难创造一个平稳运行的证券市场来支持中小企业。

5.3.4 资本市场需要健全的企业治理结构

中小企业进行股权融资的前提条件是要有健全的治理结构。规范的治理结构要求股东必须作为一个集体决策,以保证股东的平等权益。这种制度的安排约束了经营者的控制权,控制了股权融资的代理成本,使股权成为企业剩余索取权的凭证,从而保障了股权的市场投资价值,是潜在投资者可以按对企业的未来现金流的贴现预期来交易或投资。正因为如此,通常的企业上市,既是一个扩大融资的过程,也是一个企业治理结构健全的过程。

证券市场的特点就是,如果没有运营历史,证券市场不能够大规模地为企业提供资金。因此,证券市场只能是成为为企业提供融资的更大系统的一个组成部分,完成自己的成长周期。当然,证券市场依然是为中小企业提供权益融资的重要组成部分,因为它们可以为成长中的企业提供大部分资金,为提供创业资本的投资者提供退出通道。

5.3.5 我国中小企业直接融资状况分析

资本市场是国家金融体系中具有重要作用的部分,但就被接受的广泛性而言,股票证券市场一直是中国资本市场的主角。

一、设立之初,资本市场定位排斥了中小企业

我国证券市场功能长期被锁定在为国有企业"筹资",它设立的初衷是以支持国有企业为基本出发点。国家出于分散风险的考虑,创建了以股票市场为核心的证券市场,为国有企业提供了一个新的融资渠道,把原本由信贷市场实现的货币性金融支持转换为由股票市场实现的证券性金融支持。合法的股权融资渠道只有深圳和上海的两个股票市场。

由于我国具有发展中国家和计划经济体制双重背景,证券市场的发展轨迹呈现出比较明显的两种特征:行政化和赶超式发展。

(一) 行政化的资本市场

我国证券市场建立的初衷,是作为国有企业改革的重要方案之一:股份制改造的尝试。可以说,最开始建立的证券市场,主要是出于企业制度改革的目的,而不是筹资的目的。但随着国有商业银行逐步沦为"二财

政"，并在不断积累不良贷款和金融风险后，证券市场也转变为解决国有企业高负债与资金困难问题、降低国有银行体系积累的信用风险的工具。

既然证券市场成了为国有企业筹资的工具，政府的意图就由企业改革演变为使市场资金流向那些急需资金的国有企业，具体表现为设立的股票上市标准都是为国有大型企业量身定制的，大量中小企业难以跨越市场的"门槛"。为了保证这一目的的顺利实现，政府沿用了计划经济的行政审批制度，先后通过证券配额制和审核制的形式，确保资金流向国有大中型上市公司。

这样，证券市场就在国家强制性制度变迁的安排下，纳入行政化轨道，成为"有计划的资本市场"。

（二）赶超式发展

除计划经济的惯性之外，赶超式发展战略也对我国证券市场产生了重要影响。为国有企业改革筹资是政府建立和发展证券市场的主要目的，但政府的意图绝不仅仅是改革国有企业，而且还包含快速赶上发达国家的含义。而证券市场就是一种有效动员全社会资源，为经济快速发展提供高效资本支持的形式。但我国资本市场起步太晚，存在信用不发达、投资者不成熟、产权制约较弱、潜在风险大等弱点，如果依靠市场的自发力量而去发展证券市场，则大多数投资者会因为风险过大而不敢涉足，从而起不到资源动员的作用。政府为了弥补这种缺陷，以国家信用为证券市场发展作担保，以打消投资者的疑虑，促使他们将资金投入证券市场。这样，为了确保我国赶超式发展战略的实施，证券市场的政府干预具备了新的动力。

上述两种特征，使我国的证券市场演变成为一种"隐性担保契约"。也就是说，通过国家信用的形式为证券市场发展作担保，但这种担保并未采取明确的契约形式，而是体现在国家对证券市场的战略意图与市场管制之中，体现在政府对证券市场的利益偏好上。这实际上是"预算软约束"的新形式。政府对证券市场的隐性担保契约，对我国证券市场的建立和发展起了重要作用。

但是，由于这种契约没有解决经济转轨中的"预算软约束"问题，引发国有企业、民有企业对直接融资成本的不同评价，从而导致了阻碍中小企业上市融资的"逆向选择"现象，即大量进入证券市场的是绩效很差的国有企业，而绩效优良的民有企业反倒难以进入证券市场，市场资金持续向并非优质的国有企业集中。这种现象可以被通俗地描述为"绩劣国有企业驱逐了绩优民有企业"。常规的逆向选择问题，起因于市场上交易双方存在"信息不对称"，迫使信息劣势方对信息优势方采取一个规避风险的评价标准。而我国证券市场上的逆向选择问题，则并不是起因于信息不对称，而是起因于国有企业、民有中小企业对直接融资成本的评价的区别，而这种区别又与政府的隐性担保契约和国有企业的股权结构有关。正是由于政府对国有企业上市公司的隐性担保，使得国有上市公司可以将直接融资成本转嫁给国家信用，这相当于政府给国有上市公司带来一种额外的利润，即由体制性安排产生的"政策租金"。国有上市公司作为理性的市场参与主体，必然从自身利益出发而去争取这种租金，这实际上是一种寻租行为。

这个本来应当是最市场化、最先进的市场，却成为了最为行政化、最能体现传统体制弊病的市场。前几年，在各个行业的传统体制逐渐消亡的背景下，资本市场的传统体制因素却在生长。所以，这个市场，一方面起到了很大的作用，另一方面也有着很多的弊端。

二、发展过程中，资本市场缺乏层级结构

我国直接融资的比重约占社会融资总规模的25%左右，扣除国债直接融资部分，直接融资在企业外部融资来源中仅占10%左右。中小企业直接融资的工具种类更少。我国目前企业直接融资的工具主要是股票和为数不多的企业债券以及少量的投资基金。

（一）股票融资方面

极少量的中型企业通过股份制改造，直接进入深、沪上市融资；有的通过收购股权，控股上市企业，达到买"壳"上市；还有的采用逆向借壳方式上市（通过被上市企业收购的方式上市）；有的到国外"二板市场"上市等等。但从中小企业的总体情况看，能够上市的中小企业，多是规模相对较大，技术或产品较为成熟，经营管理较规范，经济效益较佳，发展前景较好的高新技术产业和基础类产业中的中型企业，而大部分中小企业离我国对上市企业的政策法律要求还相距甚远，上市的可能性极小，不能如愿通过股权融资的方式获得发展所需要的资金。由于法律政策的壁垒使中小企业尤其是高新技术中小企业难以及时筹集到所需要资金，严重制约

其进一步发展。而面向中小企业尤其是高科技中小企业的二板市场还迟迟没有启动，使得中小企业只能"望洋兴叹"。

我国中小企业上市之路充满坎坷，主要表现在以下几个方面：

1. 国内 A 股——门槛高。1999 年初，中国 A 股市场发行上市从审批制改为核准制。但是在核准制下，虽然股份公司上市无需指标，只需由承销的券商推荐给证监会发审委批准，但目前证监会对每一家证券公司却有一个严格的上报数额限定，一般一年只有四五个名额。

主板市场进入门槛高，中小企业几乎不可能在主板市场上融资。按照我国《公司法》的规定，无论发起设立或是募集设立的股份有限公司，其发起人认缴和向社会公开募集的股本需达到法定最低限额。如果要达到公开发行股票并成为上市公司，其注册资本将不得少于 5000 万元；最近 3 年连续盈利；持有股票面值达 1000 万元以上的股东人数不少于 1000 人；向社会公开发行总股份应占股份公司总股份的 25% 以上；公司最近 3 年内无重大违法行为；财务会计报告无虚假记载。从目前我国的实际情况看，数量庞大的中小企业基本上被排斥在这道"门槛"之外。

2. 海外上市——障碍众多。H 股模式并不太适合中小民有企业。因为，第一，H 股原始投资发起人在三年内不得转让股份；第二，H 股不能保证期权方式的激励，对以人才为最大资本的高科技企业不利；第三，H 股上市公司的大部分股权不能流通，不利于建立科学的公司管理平台。香港联交所规定，企业在创业板上市之前，如果持续经营期限不满两个财政年度的，其总资产或总市值必须达到 5 亿元以上。同时，海外上市的成本不低，并且，海外上市意味着上市地与经营地分离，市场对这些本来规模不大的企业不熟悉，再融资常常很难。

3. 中小企业板——实质上的主板。中小企业板市场是我国一个特色。2004 年 5 月，中小企业板市场正式在深圳成立。该市场是我国为中小企业开设的，对企业的资本金要求低于 5000 万元。但是，该市场的定价机制与创业板市场有明显不同，并且对其中的上市公司提出了较创业板市场更为严格的要求：中国证监会出台的《高新技术企业板股票发行上市试行办法》中规定其上市公司除股本规模可小于 5000 万元但不得低于 3000 万元外，其他财务和业绩指标都不应低于主板市场，加之其成立时间也尚短，因此很难讲它对中小企业融资的意义有多大。但是，这应该可以看成是为最终建立创业板市场所作的准备之一。

4. 国内创业板——还在虚无飘渺中。对中小企业颇具吸引力的创业板，迟迟未能出台。目前还在讨论二级市场的建立问题，最终的运行框架和基本规则虽还没公布，但可以肯定，这个市场主要是针对成长性好、科技水平高、资金密集型的中小企业，对那些以解决就业为主、盈利水平不高的民有企业，市场给予的机会并不多。

1997 年以前，全国各地出现了一批地方性的股权交易市场。这些地方性的股权交易市场，绝大多数由地方政府或非正式地批准设立。在国家进行清理整顿前，全国将企业股权公开挂牌交易的地方市场共有十几个，主要分布在沈阳、鞍山、大连、天津、淄博、青岛、济南、武汉、无锡、杭州、义乌、郑州、乐山、南宁、宜昌、珠海等城市。在这些市场上挂牌交易的企业共有 300 余家，基本上是国有中小企业和乡镇企业中的大企业；在股权交易市场上进行交易的股民 500 多万。此外，各地还有一些在"产权交易"名义下进行股权交易的活动，这些交易活动有的形成了市场，有的没有形成市场，总的范围和规模没有准确的估计。地区性的股权交易市场和地方性的金融机构，构成了我国地区一级的资本市场，承担着为企业的发展注入"血液"的主要任务。

（二）债券融资方面

我国公司（企业）债券的发行一般受到严格的限制。我国 1998 年 4 月颁布的《企业债券发行与转让管理办法》规定："中央企业发债必须由中国人民银行会同国家计委审批；地方企业发债必须由中国人民银行的省、自治区、直辖市分行会同同级计委审批"；"债券应由承销人代理发行，发行人不得自行从事债券营销活动"。

目前，我国企业债券市场的发育远远落后于股票市场和银行信贷市场的发育。其直接原因是企业债券的发行主体普遍缺乏信用，往往不能及时偿还债务及本息。目前国家对债券发行的条件、程序、规模都有严格的法律和政策限制，相对这些规定来说，即使那些效益良好、精力充沛的大企业也难以通过发行债券的方式来筹集资金，更不用说中小企业了。而相比之下，股票融资要优于债权融资，能够达到发行债券融资要求的企业多半可以直接上市融资，用不着那么费力去发行债券了。

所以，自 90 年代初期证券市场正式创立以来，现有的两个证券交易所基本上只面向成熟的大型企业尤其是国有企业，地方性证券交易中心和交易网络已相继被取缔，缺乏面向新兴中小企业的股票市场，目前尚没有向国外那样专门为中小企业提供资金融通的二板市场，这就难以满足新兴中小企业包括成长型、技术型企业上市融资的要求。

三、未来发展，资本市场需要结构创新

我国经历了10多年发展的资本市场，并没有建立起基于风险收益匹配基础上的市场结构。资本市场为规模较大、有政府信用直接或间接支持的以国有经济为主体的企业提供了较宽松的环境，这些企业可以通过发行股票、企业债券、银行贷款等多种方式获得发展所需的长期资金，而对于处于其他阶段和层次的企业，受法定利率政策的限制以及缺乏提供专业金融服务的中介机构服务，则难以从现有的资本市场结构中筹集必要的长期市场资金。

现行上市融资、发行债券的法律法规和政策导向对中小企业不利，中小企业很难通过债权和股权融资的渠道获得资金。中小企业直接融资渠道狭窄，是中小企业融资难问题的关键环节，全部寄希望于信贷资金、依靠银行，是不现实的，最终不利于中小企业的长期健康发展，不利于社会资源的合理、优化配置，甚至有可能拖垮银行，带来新的、更大的金融风险。

在完善的资本市场中，私人权益资本市场不但对一个新成立的公司和正处于资金短缺状态的公司来说是一个重要的资金来源，对于已经上市但正在寻求购并资金的公司来说，也是个理想的筹资渠道。我国目前已经出现一个相对比较富有、且富有一定风险承受能力的社会阶层。据不完全统计，20%相对富有阶层持有的储蓄大约占个人储蓄的80%。100万元资产以上的富有阶层人数已超过300万，投资开始成为家庭理财的重要内容。应该说，我国目前私人权益资本市场的投资者条件已经具备，之所以没有形成对中小企业的大量投资活动，主要还在于金融及投资体制的约束。因此，激活私人权益资本市场必须在体制创新上下功夫。

5.4 借贷市场的结构性影响分析

从理论上讲，只要融资者能够提供足够多的信息，使得借贷市场可以

据此计算还款概率,那么无论资金借贷规模有多大,交易总能达成。

5.4.1 信贷市场融资的信息不对称论

借贷市场上融资双方存在的非对称信息实际上大致可以分为两种:一种是有关借款者的个人信息,另一种是有关企业经营方面的信息。个人信息包括借款人的个人素质、个人能力、风险偏好等方面的信息。企业经营方面的信息包括会计信息、资本运营、技术创新与产品开发、管理控制、产权分配、投资决策、市场营销、生产情况、利润分配、机构设置、人事变动、税收缴纳等方面的信息。个人信息是一种人格化的信息,它只能被有限范围内的家人、亲戚朋友、同学、同事以及左邻右舍的街坊等熟人所掌握和了解。对于陌生人而言,这种人格化的信息是不可观测的,或者要付出高昂的成本才能被观测到。企业经营信息是一种可以以数据和书面资料形式反映的非人格化的信息。在大多数情况下,企业经营信息是一种法律承诺,是具有法律效力的,因此,这种信息并不专门面向和自己熟识的人群与金融机构,信息一经公开,其他利益相关者就能够根据自己的需要任意加以利用。

但是,由于信息不完全是借贷市场的痼疾,信息缺失造成的潜在的信贷风险总是和资金规模成正相关。马歇尔的研究表明,英格兰银行在建立初期,发放贷款的主要依据是对贷款人的直接了解。一个银行家若一直与居住在其银行附近的人来往,则常常可以只根据个人信用就很有把握地发放贷款(Marshall,1920)。我国古代的钱庄组织也是凭借对借款人的熟识和了解财源以借贷资金的。因此,小数额的资金借款,只要根据有关借款人的一些个人信息就能做出较准确的信贷风险评估。但是,当资金需求大大增加以后,这种依靠个人社会关系网络所提供的人格化的信任就会远远小于违约后的净收益,借款人违约的动机也就会大大增强。

融资双方的信息不对称给借贷市场带来了逆向选择和道德风险问题;在信贷协议达成以前,贷款申请人队伍里往往充斥形形色色的骗子和不具备企业家才能的人,愿意竞争到底的项目也大多是高风险、低收益的劣质投资项目;而在达成借款协议后,借款人又往往倾向于搏击风险,并隐瞒有关企业经营收入、利润分配、管理控制等方面的真实信息以牟取私利。在这种情况下,借贷市场经过长期的试错与筛选,出现了"信贷配给现象",自发地生成了一种风险甄别机制,并在信息量不足和信息成本太过高昂时自动拒绝一部分借款请求。所以,中小企业要想在借贷市场上顺利进行融资活动,必须设法提供有关企业家个人的品行能力与企业经营管理这两个方面的信息,使得贷款人能够利用风险评估模型对这些信息进行较为准确的计算处理,以规避可能发生的信贷风险。

5.4.2 信贷市场融资的信贷操作成本高论

银行在体制上对高风险的中小企业融资是难以胜任的。银行以其庞大的层级结构使代理成本过高,表现为监督成本高,激励不足。为降低代理成本(包括监督成本),银行研究出相对固定的正式工作程序,以节约监督与考核职员的成本。银行审查贷款的过程通常是依据准确定义的指标和严格的审查程序以强化监督。这些规则与程序缺乏灵活反映的能力,在不对称信息严重、风险较高的中小企业融资过程中很不适应。处于创业阶段的中小企业,其资产多属无形资产,难以测度;对绩效的评估只能通过预测未来而不是审查历史。因此,投资决策常常是在专业知识背景下,凭直觉与敏感做出的,决策的依据可能是非正式信息或非常规的经营努力相联系(例如运用亲缘、地缘关系),而这些并不能准确定义与考核。除了考核监督上的缺陷外,银行还因激励不足而使职员的专家技能缺乏,尤其反映在专业化程度上,银行职员不可能具有类似风险投资家那样精通投资项目的专家技能,因为银行并不能提供合伙人所具备的高强度激励。专家技能的缺乏加剧了融资过程中评估项目风险的困难。激励不足与监督过分是同一问题的两个方面,是大型现代组织的必然,换句话说,中小企业融资要求一种超越银行体制的制度创新。

5.4.3 信贷市场融资的风险控制能力论

中小企业处于发展初期,市场定位的准确性、业务模式的成熟度及管理的规范性都存在问题,因此,中小企业的经营风险较高。尽管有一些中小企业最终成长为大型企业,但总体上看,中小企业的一般存活期平均只有几年。因此,对中小企业的融资是高风险的。

但从理论上说,高风险不是问题,只要有高收益,企业照样可以得到融资。问题的关键在于,投资于高风险与高收益的项目,要求投资方从组织形态到融资方式上都要做特定的适应,可以说,银行及传统的贷款业务其作用必然十分有限。有人认为,是信贷操作成本上的规模经济性使银行偏好大企业，这是一种误解。Stiglitz 和 Weiss 解释了不对称信息下的逆向选择使银行被迫采用信贷配给而不是提高利率以使供需平衡，它们的模型解释了：如果银行靠提高利率来挑选贷款对象，那么随着利率上涨，剩下来敢于继续申请贷款的将是平均风险更高的企业，因为债务合约的特征是项目风险越大，债券价值越低。这样，利率上涨为银行带来的好处，可能还弥补不了风险上升给银行带来的损失。研究表明，即使在利率自由化的国家，银行从来也只收 2%～3% 左右的利差，向上是封顶的，更高利差的提议往往被银行视为有问题的信号而不被接受。

因此，不是贷款的操作成本差异限制了银行贷款流向中小企业，因为成本可以通过利率变动（直接或间接的安排）来弥补，而是风险的控制能力不足，阻碍了中小企业融资，即银行的风险控制能力及债务合约的特点难以克服利率与风险交替上升的恶性循环，这使得高风险、高收益的投资方式不适合银行，也不适合贷款。

5.4.4 信贷市场融资的关系融资论

在发展中国家，由于广大中小企业的信用程度很低，金融市场的资金富裕主体十分分散，在资金的最终使用者和提供者之间缺乏除银行之外有效的联系管道，存在着严重的信息不对称性，那么，通过银行这一金融中介向企业提供资金也就是所谓的间接金融体系的培育是不可缺少的。在这种情况下，同由个人投资家直接承担风险的直接金融体系相比，通过银行这一风险缓冲带将资金分配给企业，应该说是比较有效的。

这种长期协作型的银企关系有利于银行进行长期的、低成本的信息生产活动，从而有效地克服信贷市场信息的不对称性。

在关系维护方面，银行具有特殊的信息优势，能通过介入不为其他方面知悉的信息生产活动而从贷款企业那里获得信息租金，从而有效地解决在信息严重不对称和金融市场非常不健全条件下中小企业的资金筹措问题。对于信用等级较低的企业来说，需要从长期合作关系的银行取得贷款，贷款银行能够获得除正常贷款利率外的信息租金（见图 5-2，此时，RR 曲线在 TT 曲线的上方）[①]。但是，随着申请贷款企业信用程度的加大，

---

① 龚明华：《发展中国家的金融制度设计：一个分析框架》，载《金融研究》2003 年第 5 期。有关分析参照青木（2002）和 Boot 和 Thakor（2000）。

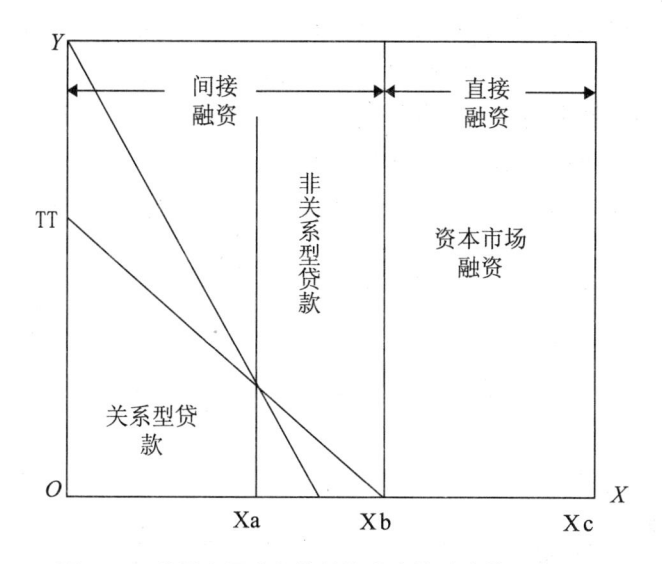

图 5-2 发展中国家间接融资和直接融资的适度比例

注：横轴 X 表示需要融资企业的信用等级程度；纵轴 Y 表示银行可以从贷款中获得的收益。RR 表示基于关系型贷款的银行收益曲线；TT 表示基于非关系型贷款的银行收益曲线。

关系型贷款和非关系型贷款的收益差逐步缩小，在达到一定水平后（点 Xa）产生了逆转（即银行的信息生产活动的边际成本大于边际收益），RR 曲线处于 TT 曲线的下方。这时，银行仍可得到一定的收益。在点 Xb 处，由于受到来自资本市场的竞争压力，银行不再追加贷款，而让信用程度很高的企业直接去资本市场上融资。可见，对于信用等级较低的企业（0 < X < Xa），由关系银行发放关系型贷款，对于信用等级较高的企业（Xa < X < Xb），由银行发放非关系型贷款，对于信用等级很高的企业（X > Xb），由资本市场向其融通资金。

银行和企业关系的不同模式决定了银行从事生产和代理监督的成本差异，决定了银行在融资总量方面的差异。长期协调型银企关系有利于银行融资功能的有效发挥。

在发展中国家，中小企业需要通过金融中介机构将家庭部门的富裕资金提供给企业，转化为生产资金。而由于发展中国家金融市场的不健全和资本市场发展的严重滞后，资本市场无法担此重任，客观上需要银行发挥储蓄动员和资金分配功能，保证企业可以稳定地得到大量的用于设备投资的资金。企业的关系银行不仅是企业的主要贷款人，而且可以在银团贷款中作为牵头行，组织多家银行进行联合贷款。

在许多发展中国家，还有其他一些前提条件存在某些共性，比如，相当稳定的货币和银行体系、法律的硬性规定、对合同契约的遵守以及许多其他的宏观经济环境。当我们忽略这些限制时，它们就会成为中小企业融资的障碍。

通过以上的分析，不难得出这样的结论，中小企业固定资产少，信用历史短，信誉积累薄弱，因此靠有形资产或无形资产担保来获得融资的传统渠道对其作用十分有限。因此，促进中小企业融资，要靠制度创新才能有实质性进展，要求投资机构的组织在体制上克服信息不对称及其造成的内部代理问题和外部逆向选择问题。

5.4.5 我国中小企业借贷市场融资状况分析

一、银行市场结构与企业客户结构严重不匹配

（一）借贷市场以国有商业银行为主

1978年以后，由于国民收入分配格局的变化，企业的资金来源发生了很大的变化，银行逐渐取代财政成为企业资金供应的主渠道。随着企业改革的推进及其内部分配体系的调整，企业可支配财力逐渐增大，但企业未能建立起自我积累的发展机制，自有资金增加很少。高比例的金融资产，低比例的实业资产，反映出我国居民中缺乏真正的创业者和投资者。这势必造成储蓄主体和投资主体的严重分离，企业的投资主体只能由居民来补齐。居民把收入中消费之外的绝大部分作为储蓄存入银行，银行则把这些资金借给自有资金越来越少的企业来使用。于是，银行必然对企业拥有高债券，成为中小企业融资的主渠道，而高负债经营就成了我国中小企业运行的一种常态。

戈德史密斯认为，随着经济发展，银行资产在金融机构全部资产中的占有比重将会下降，其他金融机构的资产占有比重将会上升，甚至超过前者。博迪也认为，金融体系将出现革命性变化，商业银行的地位将进一步下降，甚至可能消失；通过资本市场可以分离银行的存款和贷款这两大传统活动，更好地实现资产和负债的匹配。

但是，目前和今后一段时间内，中小企业间接融资的渠道仍将主要是银行贷款，因此中小企业融资难仍然主要表现为取得贷款困难，既表现为企业贷款难，同时也表现为银行放款难。米什金认为，即使是在美国，发行股票和债券并不是企业融资的最主要融资来源，银行在金融体系的运作中仍然十分重要。

现有信贷市场主要是由四大国有商业银行、10家区域性股份制商业银行、80多家城市股份制商业银行和城乡信用社等组成。而民间金融在某些地区活跃，但处于"非法"状态。国有商业银行拥有最庞大的分支机构，是目前信贷资金的主要供给者和在一定意义上的垄断性供给者。

目前，四大国有银行的资产和贷款占全部银行资产和贷款的75%左右，结算业务则超过80%。即使是股份制银行，其垄断程度也是国外商业银行所不能比拟的。到2000年底，我国有3家政策性银行、4家国有独资商业银行、10家股份制商业银行、88家城市商业银行、2057家城市信用社、39333家农村信用社、239家信托投资公司和69家财务公司。截至2001年12月，国家银行的存款占上述全部金融机构存款余额的73.4%，贷款占上述全部金融机构贷款余额的76.9%。而且，一段时期以来，还出现了中小金融机构整体信用受影响，存款向国有大银行集中、中小金融机构市场份额下降的趋势。

从国际比较看，经过90年代银行间的并购风潮，美国银行业的集中程度大大提高，其前100家大银行在资产方面的份额才占到70%。由此可见，四大国有商业银行处于绝对垄断的地位。

与此相伴的是，银行所有制结构偏重国有银行。我国3家政策银行和4家国有独资商业银行的资产占银行资产总量的83.4%，在国际上只有印度超过这个比例。如果考虑到其他股份制和城市商业银行有很大的国有成份，我国国有银行所占比例实际上还要大得多。据世界银行2001年上半年发表的一个报告，该行对100多个国家的金融业进行的调查研究表明，自20世纪70年代以来，官方（即国有）银行数量大幅度减少，减少最多的是那些高收入国家。与此同时，大约占世界人口40%的30多个发展中国家的绝大多数银行资产仍为政府所有。国有银行占银行业资产75%~100%的国家有印度、中国、伊朗、阿尔及利亚和叙利亚等。而沙特和大部分海湾国家的国有银行已大幅减少，现仅占10%。突尼斯、摩洛哥和大部分南美国家的国有银行也已减少到了10%~25%。这种单一的所有制结构直接导致政府对金融市场的过度管制，反过来又进一步抑制了金融市场结构的自由化，导致金融市场的更加落后。

政府过度管制的集中体现为中国银行业政策性壁垒较为严重。由国家相关法规及审批管制形成，主要表现在政府对银行的进入管制上。一来受传统计划经济体制的影响，二来银行业作为关系国民经济命脉的重头产业，担负着国家宏观政策调控指令实施的使命，政府肯定要把它牢牢捏在手中。我国的《商业银行法》对于设立商业银行有很严格的条件限制，包括最低注册资本限额、银行负责人资格审查、银行组织机构健全与否等。

（二）银行结构与企业客户结构不匹配

对于国有商业银行来说，给中小企业贷款确实存在形不成"规模经济"的问题。与大企业相比，中小企业的贷款特点是数量少、周转快、频率高，大银行从节约经营成本和监督费用的"经济性"出发，不愿与中小企业打交道。另外，针对广大中小企业的全面、系统的信用档案尚未建立起来，银行对众多中小企业的信息和决策缺乏必要和足够的了解，无法对中小企业贷款进行有效评价和连续监控。贷款时，银行为了获得有关中小企业信用及财务状况的详实材料，将花费更多的经历和更高的成本，在商业银行尚未将盈利最大化作为主要经营目标的前提下，这就影响了银行贷款的积极性。

由于大银行在向中小企业融资中并不具备有效缓解银企间信息不对称以及降低交易成本方面的优势，从而缺乏中小企业贷款的积极性。我国大银行主导的市场结构导致了中小企业贷款难。林毅夫、李永军分析，指出大型金融机构天生不适合为中小企业服务，而我国的中小企业金融机构发展又严重滞后，这种银行结构和企业结构的严重不匹配不可避免地造成我国中小企业的融资困难。张捷从关系性贷款的角度同样提出了发展中小银行有助于解决中小企业融资难问题的结论。李志赟建立了一个垄断情形下的信贷模型，通过深入分析信息不对称下银行市场结构与中小企业融资之间的关系指出，中小企业的非匀质性、贷款抵押和交易成本都是影响中小企业从银行获得信贷的三个主要因素，缓和信息不对称程度、增加贷款抵押、降低交易成本都将使中小企业得到的信贷增加，并着力论证了在我国当前银行业高度垄断、"资本相对过剩"的经济中，引入中小金融机构将使中小企业的融资总额之间存在着正向关系的结论。

（三）国有银行改革加剧结构的不匹配

我国银行体制是分支体制。新中国成立后，模仿前苏联的模式，构建了"大一统"的融资体系，它的基本特征就是全国只有一家银行，除中国人民银行，它的分支机构按照行政区划逐级分设在全国各地，禁止任何其他金融机构的活动与商业信用，而人民银行内部实行高度集权的行政控制。"大一统"的融资体系是一种"一级银行"制度，即中央银行与商业银行合而为一的体制，这种体制只是作为信贷资金的分配工具被纳入了国家的财政分配体系，银行业本身没有独立性和盈利意向，资金的借贷有严格的指标限定，缺乏成本与效率观念。1978年后，我国开始了金融体制改革，80年代末基本实现了中央银行与专业银行的分设，且各专业银行在业务上已没有严格的区分，由于各专业银行追求"小而全"、"大而全"，从而在机构设置上偏重向外延扩张，造成了我国金融机构点多面广的状况。我国每家国有商业银行拥有的分支行从3000多个到5000多个不等，而且还有数量庞大的分理处、储蓄所。

县域金融业务明显萎缩。1999年以后，四大国有银行相继撤离农村市场，共撤并地县以下分支机构31000家，对中小企业融资十分不利。工、农、中、建四大国有商业银行的分支机构长期以来一直延伸到区县一级，并一度在一些乡镇设有营业网点。90年代金融体制改革之前，地方政府对银行信贷活动的干预比较频繁，中小企业融资难的问题还不十分突出，基层金融机构的不良债权由此产生。1993年的金融整顿，尤其是1997年金融危机以来，金融风险防范提上议事日程后，金融机构内部控制强化，地方政府对于金融机构的行政干预不再有效，国有商业银行对地方企业的信贷投资逐渐减少。与此同时，近年来国有商业银行逐步确立了面向大企业、大城市的"两大"战略，逐渐收缩阵地，大量撤并分支机构和营业网点，以往按行政区划设置的县及县以下分支机构大部分退出县域经济和农村信贷市场。

从改革方向看，国有商业银行逐渐退出农村县乡是大势所趋，如果没有相应新兴金融机构的产生，国有银行退出形成的服务空白将极大地影响中小企业的发展，中小企业的金融服务供给不足将进一步趋于严重。

（四）规模结构匹配遭遇实践困惑

尽管一些学者的研究角度不同，但是他们的结论却是基本一致的，即大银行一般不能很好解决对中小企业贷款的交易成本和信息不对称问题，而中小企业在这方面无疑具有一定的优势。由于我国当前的银行市场结构具有明显的垄断特征，中小银行发展明显不足，从而导致中小企业的融资困难，因此，大力发展中小银行成为解决中小企业贷款难的题中之意[①]。

建议发展中小金融机构的观点，理论界也有一些批评意见。张杰认为，将小的民营企业需要小的金融机构来配合的设想只是一种机械的搭配。李扬明确不赞成"大对大，小对小，公对公，私对私"的逻辑，他认为，在实际经济运行中，只要是有市场、有效益、而且风险可以衡量并控制的企业或项目，其贷款需求基本上都能得到满足；相反，在有些银行、有些地区，甚至出现了对国有制企业的歧视问题，因为在它们看来，国企就是赖账的代名词；另一方面，无论是大银行还是小银行，没有例外地都办大贷款，在这方面，银行由于其资金规模相对较小，办一笔大贷款对其效益的贡献更为明显，向大企业贷款的冲动也就更大。

实践似乎也证明了这一点。近年来，为中小企业提供信贷服务的中小金融机构，一方面出于自身存在较大风险，有不少退出了为中小企业服务的领域，数量不断减少；另一方面，因其自身实力较弱，也没有足够的资金为中小企业提供中长期贷款。

股份制商业银行、城市商业银行和城乡信用社本来应该是中小企业的主要金融服务供给者，但与中小企业的需求比，其机构数量和信贷规模远远不够。改革开放后发展起来的股份制商业银行虽然按照市场方式运作，但分支数量极其有限，且主要面向大企业，服务大客户，对于中小企业的服务比较有限。以民生银行为例，其宗旨是为非国有经济服务，但受到机构规模和资金规模的限制，其对中小企业的覆盖极为有限。城乡信用社及在城市信用社基础上组建的城市商业银行，定位于为中小企业服务，但由于资金实力和信贷权限有限，不能完全满足信贷和其他金融服务需求。

1. 信用社及城市商业银行

1998 年末，城市共有信用社 3240 家，其中设立于县级 2240 家。考虑到发达地区的重复建设问题，仍有一些县特别是中西部地区的县没有城市信用社，四大国有银行一统天下。城市商业银行是在城市信用社基础上通过合并方式设立的。目前全国共有 88 家，基本上分布于省会城市和其他大城市，

---

① 殷孟波、翁周洁、梁丹：《解读中小企业贷款难理论谜团的新框架》，载《金融研究》2008 年第 5 期。

相当一部分中小城市没有地方性商业银行。与国有商业银行和股份制商业银行相比，城市信用社和商业银行基本是地方性的金融机构，服务范围局限于所在城市，覆盖能力更加有限，难以满足中小企业发展的需要。

农村信用社是农村普遍设立的合作制金融机构，基本上每个乡镇都有。据 1998 年末统计，全国共有农村信用社 44054 个，其中独立核算 41508 家，合作联社 2444 个，营业网点 62908 个，代办点 218324 个。农村乡镇企业的大部分信贷资金来自农村信用社。据统计，目前农村乡镇企业贷款的 68% 由农村信用社提供[①]。农村信用社主要面向农村种植业、养殖业，且贷款一般在 50 万元以内，难以满足乡镇企业的融资需要。但是近年来，农村信用社根据规模和效益原则对原来按行政区划设置的机构进行了整合，使部分乡（镇）出现了金融服务盲区，且大部分地区没有成立地（市）联社，没有自己的结算渠道，成了无"头"翁。

2. 中小股份制商业银行

被国家批准营业的 10 家中小商业银行，即交通银行、中国光大银行、中信实业银行、华夏银行、上海浦东发展银行、福建兴业银行、招商银行、广东发展银行、深圳发展银行和中国民生银行，另外还有 2 家住房储蓄银行，即烟台住房储蓄银行和蚌埠住房储蓄银行，基本上是区域性的。其中一些虽然正在面向全国性银行发展，但分支机构仍非常有限。以 1996 年成立的中国民生银行为例，该行是全国第一家由非国有企业入股，主要面向中小民有企业的准全国性股份制商业银行，但民生银行的分支机构比较少。至 2000 年 6 月，民生银行各项存款和贷款的规模分别只有 397.6 亿元和 243.6 亿元，占同期金融机构全部存款和贷款规模的比重仅为 0.26%。深入的推算可以看出，这种支持是十分有限的，贷款的 60% 以上支持非国有企业，贷款客户的 95% 以上为中小企业，实际投入到民有企业累计贷款发放规模大约在 80 亿元。对于民有经济强大的金融需要，无疑是杯水车薪。且近年也有贷款权上收和瞄准大型企业的趋势。显然，仅靠现有的中小银行组织机构是无法解决民有企业融资困难的。

3. 中小银行信贷能力差

当前中小银行在企业融资中的主要问题：

对中小企业贷款减少。当前我国信贷市场的格局是，大部分效益好、

---

① 王凤兰、孙志武：《为信用社设道"防火墙"》，《经济日报》，1999 年 12 月 9 日。

还贷能力有保障的中小企业,已经被国有大银行抢占,留给小银行和信用社的优良客户相对较少。再加上近年来,由于产品结构严重不合理以及有效需求不足,各地中小企业的经营状况仍不尽理想。随着效益和成本观念的增强,中小银行和城市信用社加大了基础设施及消费性贷款比重,也增加了国债等非贷款资产,对中小企业贷款相应减少。

资金来源受到影响。由于中小银行社会信任度不如国有大银行,结算支付手段落后以及受其他诸多因素制约,其资金来源受到明显影响,对中小企业信贷支持力度减弱。

四大国有商业银行成立早,网点覆盖全国各个角落,规模超大型,城乡居民对其信任度远大于小银行和信用社,因而居民储蓄往往汇集到国有银行基层机构。虽然9亿农民储蓄存款仍主要集中于农村信用社,但总数不到居民储蓄总额的1/5(1999年)。中小银行资金来源很有限,贷款规模自然难以扩张,而这些中小机构的贷款对象主要就是中小企业。此外,由于中小金融机构微机结算网络体系远不如当地国有银行机构发达、迅捷,许多结算业务量大的中小企业为加快资金周转,保证应收货款及时到账,往往不愿意在小银行和信用社开户,这样一来企业存款也主要集中到大银行。

不仅如此,一些地方有关部门如邮电局、交通局等还明文规定下级部门要把单位存款或各种收费和罚没收入存入国有银行。一些资金实力强的基础工业部门如电力、石化公司等也要求下属公司须在当地国有银行开户。从最近几年来看,确实有不少经营业绩较好的中小银行和城乡信用社因资金来源不足,影响了其对当地中小企业的融资服务。

结果是,存款的流向总体上不利于小银行,居民储蓄和企业存款都汇集到四大国有银行,而大银行的信贷资金又投向大企业、基础设施和消费性领域,这种种因素都使一些有发展潜力的中小企业得不到有力的间接融资支持。

风险管理能力低。中小银行的市场定位为中小企业,尽管中小企业在支持社会经济增长、吸收就业方面居功至伟,但是,同样不能否认的是,中小企业抵御风险的能力要远远小于经营规范的大型企业,这就对中小银行的风险管理能力提出了更高的要求。目前我国中小企业财务核算较混乱,许多个体私营企业没有会计月报表或年报表,有的企业即使有资产负债表、利润表等,也往往缺乏规范性和真实性。所以,银行审贷人员本着

"不求有功,但求无过"的慎贷惜贷心态,即使一些产品有市场潜力的中小企业的正当借贷需求也得不到满足。

(五) 增量改革不能解决中小企业信贷问题

结合银行业的特点,即使国家放松管制,创造条件推动中小银行发展。但是,从目前的情况来看,中小银行①也很难迅速发展起来,充其量只是一个象征和概念。原因具体表现在:

1. 中小银行发展空间有限

首先,严格管制的金融运行(其中主要表现为严格的利率管制),使得新兴中小银行和国有银行处于同样缺乏市场灵活性的经营环境下;其次,从行业特点看,金融服务业的特点在于同一性,银行之间的服务种类几乎是无差别的。

其次,国有银行的国家信用支撑以及庞大的分支机构网络、雄厚的资金实力和长期的人力资源的积累,都是新兴中小银行所难以企及的。四家国有商业银行拥有的机构数与人员数都远远超过国内外其他银行。在这样的金融机构布局中,中小金融机构还有多少发展空间呢?

第三,银行是规模经济相当明显的行业,新经济的发展和信息技术的广泛应用,使得中小银行的生存难度在不断加大,因为中小银行难以积累足够规模的资金进行巨额的信息技术投资,不能充分发挥信息技术的庞大规模效益。

事实上,近几年来一些中小金融机构面临的经营困境,金融资源重新向国有银行集中的趋势,都在一定程度上表明了新兴中小银行在与国有银行的竞争中明显处于劣势。这是市场的自发选择,因为新兴中小银行在与

---

① 迄今为止,理论界并没有完成对中小银行,特别是民有中小银行理论上的答疑释惑。由于人们对民有经济也存在争议,因而很难准确地界定民有银行的概念。所谓民有银行,直接的含义应当是非官方所有的银行。当前国内的讨论中,对民有银行的争论焦点集中在两个方面:强调产权模式和强调经营权模式。一些学者认为,所谓民有银行,是与官方金融相对而言的。实际上,民间金融与官方金融是所谓"金融市场二元结构"的体现,即规范的、官方管制的、主要为城市企业和居民服务的官方金融体系,与非规范的、自发的、主要为农村居民服务的非官方金融体系并存。中国的法律规定,零散的私人借贷可以进行,但是开设金融机构,从事金融活动必须经过有关部门批准,否则属非法,因而所谓与官方金融对立的民有银行概念,在中国现实中并不可能存在。也有学者认为,民有银行主要是为民有企业提供资金支持的银行。这种界定将银行的资金运用与银行的经营机制分类混淆起来。民有银行的讨论之所以难以得出清晰的认识,一个重要的原因在于对民有银行的界定十分模糊。本文认为,所谓民有银行,就是非国家控股、有着良好的公司治理结构,采用市场化经营机制的银行。

国有银行的竞争中是明显处于劣势的。在中国的金融机构中，国有银行由于种种原因一直支配着绝大部分金融资源，只有推进国有银行的市场化和商业化，促使国有银行按照市场原则运用这些宝贵的金融资源，中小企业的资金来源才能获得稳定的渠道。试图回避既有国有银行的改造去解决中小企业的融资难题，在现实状况下是不可行的。

2. 银行选择信贷对象的标准不是企业的大小

许多学者认为，现在中国经济70%以上的产值来自非国有经济，然而至少80%的银行资产和70%的信贷都由国有银行掌握，因而有必要成立非国有的银行，以有效解决中小企业的资金来源渠道问题。主张设立中小银行的学者认为，设立中小银行的根本目的就是解决中小企业的融资难题。他们认为，中小银行的资本金来自民间，其市场定位必然是中小企业，主要是为中小企业服务。这种看法实际上混淆了两个相关而不同的概念，一是银行的所有者结构，二是银行经营活动中形成的资产结构，从而导致一个简单但错误的推论：凡是中小银行，必然是主要向中小企业提供资金支持；凡是国有商业银行，必然是主要向国有企业提供资金支持。

理论上，银行是否定位于中小企业是市场竞争的结果，是市场经济中银行对风险和效益进行综合考虑后的选择，而不是人为对市场进行分割并规定的。一家银行如果是真正意义上的民有银行，如果确实建立了良好的公司治理结构和市场化的经营机制，那么，它选择资金支持对象的标准就只能有一个：企业的发展状况、盈利能力和资金偿还能力。而且，随着国有银行的商业化，其贷款增量更为注重企业的经营状况和偿还能力，客户中优质的国有企业和民有企业都在明显增多。这样，关于放松私人投资和民有企业界入金融业来建立所谓民有银行的建议，并不意味着能够解决民有企业的资金来源渠道问题。

事实也证明了这一点，尽管从80年代末到90年代中期，我国的商业银行有了进一步的发展，股份制银行和城市商业银行纷纷出现。但是，我国的中小企业融资似乎并没有得到缓和，这些新兴的商业银行并没有把中小企业作为它们的主要客户。银行业引入多元化投资进行民有化改革，对推动金融业放松管制有积极意义，但似乎同解决民有企业的资金来源渠道问题并不直接相关。

3. 中小银行不能解决贷款的低效率

主张设立中小银行的学者认为，中小银行的资金来自民间，产权非常清晰,不存在国有银行具有的那些弊端,因而其效率将是非常高的。这一命题从理论上和现实中均不成立。

从理论上来看,银行效率的高低取决于其经营机制和治理结构是否完善,而这两者与所有制均无必然联系。企业治理结构的完善与否取决于企业所有权与经营权的分离情况,而企业经营机制则在很大程度上受制于外部环境和人才。当前国内许多民有企业也存在经营和管理上的问题,其效率比国有企业还差。没有证据显示民有企业的效率一定高。

从现实中来看,银行的效率与所有制(产权)无关。香港中文大学首席教授朗咸平通过对全球958家银行(包含了国家控股、民间控股、国外金融机构控股)进行调查发现,在国家控股的银行中存在高资金回报率的,而在民间控股和国外金融机构控股的银行中同样也有资金回报率低的,银行效率的高低和银行由谁控股毫无关联。

4. 中小银行的信用问题解决不了

银行是个很特殊的行业,信用是其生存的第一生命力。而信用的培养决不是一朝一夕就能完成的。在中国尚未建立存款保险制度的情况下,中小银行的信用从何而来就成为很大的困惑。

在信用缺乏的情况下,中小银行的资金来源受到限制,而作为负债经营的特殊企业,没有资金来源就意味着银行无法开展正常的经营活动。在此情况下,中小银行所谓的高效率、高盈利能力只能是幻想,信用的培养也就是一句空话。而我国的中小企业,技术比较落后、人员素质偏低、信用状况较差,违约率和破产率都很高,这必然会增加中小银行的经营风险。为了增强抗风险能力,中小银行不得不提高资金准备率,增加超额准备,资金的有限性反过来又抑制了贷款的数量,对中小企业融资更加困难。

5. 中小银行难以中小企业融资为己任

民有资本渴望进入银行业无非有三个主要的原因:一是希望进入银行业、证券业、保险业等金融产业后,为企业搭建一个平台,使得企业在更大范围内利用金融资源。说白一点,就是可以向关联企业贷款,为企业融资提供便利;二是将来民有银行上市,套现,这对企业来讲,可以说是一本万利;三是因为银行业在中国的发展空间非常大,产业的前景很好,回报率高。企业将银行作为一种产业,通过经营银行来获取收益。面对中小银行建立的复杂动机,在信息不对称的情况下,中小银行极易产生道德风险。

不难看出,我国的中小银行既没有对中小企业的信息优势,也没有像中小企业放款的强烈倾向。因此，靠发展新的中小银行，解决我国中小企业融资缺口问题有点力不从心。

二、银行贷款结构和企业客户结构严重不对称

现在国企在 GDP 中的贡献只占到 30% 左右，但融资结构上没有相应地发生变化（见表5-3和表5-4）。国有商业银行一直将国有大型和特大型企业作为自己的重点服务对象。从客户结构看，银行依然保持对国有企业的高度倾斜，对中小企业融资支持力度仍然偏弱，缺乏中小企业贷款的积极性。股份制商业银行、城市商业银行和城乡信用社本来应该是中小企业的主要金融服务供给者，但与中小企业的需求比，其机构数量和信贷规模远远不够。改革开放后发展起来的股份制商业银行虽然按照市场方式运作，但分支数量极其有限，且主要面向大企业，服务大客户，对于中小企业的服务比较有限。城乡信用社及在城市信用社基础上组建的城市商业银行，定位于为中小企业服务，但由于资金实力和信贷权限有限，不能完全满足信贷和其他金融服务需求。

表5-3 商业银行向非国有经济贷款数额与比重 ①

年份	1994	1995	1996	1997	1998	1999	2000 数据截至9月份
数额（亿元）	14167.7	17802.9	21748.7	24562.2	28232.4	31926.2	34877.7
比重（%）	34.7	35.2	35.6	32.8	32.6	34.1	36.3

说明：非国有经济贷款数额不易取得，本文采取一种近似的计算方法，即非国有经济贷款＝各项贷款－（工业贷款＋商业贷款＋中长期贷款）。

资料来源：周骏、朱新蓉、李念斋主编：《2001年中国金融市场发展报告》，经济科学出版社2001年版。

表5-4 国家银行对国有企业贷款占总贷款的比重

年份	1991	1992	1993	1994	1995	1996	1997	1998	1999	2000 数据截至9月份
比重（%）	81.3	80.4	80.2	80.5	81.3	80.9	80.2	80.6	79.5	78.0

说明：国家银行包括政策性银行、国有独资银行、交通银行和中信实业银行。国

---

① 吴晓求：《中国金融大趋势：银证合作》，中国人民大学出版社2002年版。

有企业贷款的数值为近似的估算，1991～1996年对国有企业贷款的数值为工业生产企业贷款、物资供销企业贷款、商业企业贷款和固定资产贷款之和；1997～2000年9月对国有企业贷款的数值为工业贷款、商业贷款和中长期贷款之和。

资料来源：同表5-3。

表5-3、表5-4中的数字说明，我国的银行体系对非国有经济的贷款比重有逐年上升的迹象，但增长速度较慢，国有经济仍是金融体系支持的重点；在国家银行的贷款结构中，对国有企业的贷款近年来虽有下降趋势，但同样速度缓慢，到2000年9月，国家银行对国有企业的贷款占总贷款的比重仍高达78.0%。

截至2006年6月底，据银监会提供的数据显示，贷款余额亿元以上的大客户在全国17家最大银行中，数量比重不足0.5%，贷款余额比重却超过50%，银行贷款不断向大客户集中。

据2005年调研结果显示，65%的中小企业都认为本地的金融机构无法满足企业的融资需要，如果剔除融资状况稍好的中型企业，剩余中小企业认为融资需求无法被满足的比率高达87%。通常企业发展到一定阶段，内源融资都不能再满足需要，须转而求助于外源融资。中小企业由于规模小、信息不透明、财务制度不规范等原因，无法满足到公开市场发行股票、债券的要求，剩下唯一可行的途径就是通过银行等金融中介机构间接融资。

近年来，国有商业银行重新整合了资源，商业银行对中小企业的贷款数量与其强烈的资金需求相比非常有限。以北京地区中小企业贷款的情况为例，截至2005年6月末，北京市中资银行金融机构向中小企业贷款余额为2759.63亿元，同比增长3.27%，增速比2003年末下降了14.34个百分点，低于各项贷款增速7.43个百分点。同时，中小企业贷款占比不断降低。中小企业贷款占比由2002年末的24.79%下降到2004年末的21.79%，2005年6月末又降到21.09%。但同期银行的信贷集中度却不断上升，信贷资源向大型和超大型企业严重倾斜。

三、中小企业信贷难集中表现为抵押和担保难

国有商业银行所要求的贷款条件，一般的中小企业很难达到。据调查，中小企业信用等级60%以上都是3B或3B以下，而国有商业银行新增贷款80%集中在3A或2A类企业。根据《贷款通则》的规定："经贷款审

查、评估,确定借款人资信良好,确能偿还贷款的,可以不提供担保。"但在实际执行过程中,银行对中小企业贷款几乎都有提供担保(抵押品)的要求。对于规模小、经营不稳定的中小企业来说,它们根本无法获得无担保(抵押品要求)的信用贷款。目前,我国商业银行对中小企业只开展担保贷款,几乎不发放信用贷款。

促成贷款的抵押要求越来越高的直接推动因素,是近年来金融界大力强调对银行业的不良资产比率的监控(如有的银行片面强调发放贷款要达到100%的优良),强调对信贷人员的责任追究(如强调贷款责任的终身追究)。于是,在缺乏相应的激励机制、缺乏对银行经营基本风险认同的前提下,银行业的信贷人员必然会选择贷款决策的风险最小化,其中一个最重要的表现,就是开始越来越关注贷款的抵押,以为有了抵押就免除了风险,就可以不用承担责任。

同时,为了保证贷款的安全性,银行必须尽力了解客户的情况。可是,信息有成本的,要取得真实信息,其成本也许更高。为了降低信息成本,银行可以给自己常来常往的客户确定授信额度,也可以请专门的信用评级公司来给企业评级。通常,具有较高信用评级的企业比较容易从银行得到信贷。如果银行不能降低信息不对称程度,那么最简单的办法就是要求客户提供担保抵押。一般情况下银行必然倾向于向那些能够提供足够抵押担保,或者具有较高信用评级的企业发放信贷。

抵押和担保成为金融机构对信息不透明的中小企业提供贷款时保护自己利益的重要工具。如果中小企业不能提供抵押和担保,它们不是面临"信贷配给"就是面临着不利的贷款条件。抵押和担保成为阻碍中小企业获得银行贷款的障碍。中小企业融资难主要是因为抵押难和担保难。

(一) 抵押难

中小企业自有资产规模小,贷款时往往缺乏抵押物。银行对抵押品的要求较为苛刻。除了土地和房屋地产外,银行很少接受其他形式的抵押品。银行接受抵押品的偏好主要依赖于抵押品能否顺利出售以及抵押品的价值是否稳定。中国的银行偏好以房地产为抵押品的原因一方面是因为我国的资产交易市场不发达,另一方面是因为银行缺乏对其他资产如机器设备、存货、应收账款的鉴别和定价能力。在农村地区,由于大部分土地的使用权受到限制,因此,实际上银行也不愿接受土地作为抵押品。这使得农村的中小企业在获得贷款方面遇到更多的困难。总的来讲，由于只有大企业才拥有土地和房地产使用权，因此中国目前流行的可接受抵押品的形式，实际上阻碍了中小企业获得银行贷款。

在抵押物处置方面，首先我国尚未形成抵押物流转二级市场，一旦企业经营不善而破产，金融机构处置抵押物难，这些都会影响金融机构的贷款意愿。而且，抵押物的折扣率高。目前抵押贷款的抵押率，土地、房地产一般为70%，机器设备为50%，动产为25%~30%，专用设备为10%。二是评估登记部门分散、手续繁琐、收费高昂。企业资产评估等既要涉及土地、房产、机动车、工商行政及税务等众多管理部门，而且各个部门都要收费、收税，如果再加上正常贷款利息，所需费用几乎与民间借贷利率相近，普通中小企业难以承受。三是资产评估中介服务不规范，还属于部门垄断服务，对抵押物的评估往往不按市场行为准确评估，随意性很大。评估登记的有效期限短，经常与贷款期限不匹配，企业为此在一个带卷期限内要重复进行资产评估登记，重复交费。

（二）担保难

担保贷款分为由第三方（包括个人、企业和担保机构）提供保证的贷款和以抵押品提供担保的贷款。但实际上，商业银行一般都要求为债务人提供保证的第三方保证人再以"抵押品"的形式提供担保。

担保难主要表现为中小企业难以找到合适的担保人。效益好的企业既不愿意给别人做担保，也不愿意请人为自己作担保，免得"礼尚往来"后，碍于情面又不得不为别人做担保，给自己添麻烦；效益一般的企业，银行又不允许做担保人。而中小企业之间相互担保，往往是一家企业出了问题会连累一批企业，通常被认为是社会稳定所难以承受的，这使得担保常常变得有名无实。因此，从东部到西部，各家银行都打算进一步减少担保贷款比重，增加抵押贷款比重。

（三）抵押担保并不适用于中小企业融资

随着金融改革力度进一步加大，金融机构以传统的贷款业务扩张为主的管理模式逐渐向贷款安全型为主的管理方式转变。商业银行和其他金融机构除对极少数大中型企业外，几乎不再发放依据客户信誉的信用贷款。在此情况下，中小企业如果没有足够的抵押物，也就很难得到贷款。

这种看存量、看历史的做法并不适用于中国广大的中小企业。中小企业基本上没有什么可抵押的东西。它们的厂房可能是租来的，没有作担保抵押的资格。许多中小企业从来没有贷过款，它们的信贷历史一片空白。如果要看存量，看历史，它们根本没有通过银行融资的资格。由于信息不对称，国有商业银行必然会觉得给中小企业贷款的风险极大。可是，对于许多小企业来说，当它们急于融资的时候，很可能"万事俱备，只欠东风"。可是，由于它们借贷无门，白白丧失了许多良好的商机。这种"信息不对称"一方面造成了中小企业嗷嗷待哺，另一方面银行里面"钱满为患"的怪现象。

但是，银行在贷款决策中，过分依赖抵押，使抵押从手段变为目的，从第二位的决定因素变为第一位的，会影响银行业务空间。在市场经济调节下，银行在贷款的决策中，最为关注的应该是借款人能否偿还贷款，因而最为关键的是对贷款人本身的未来盈利能力、未来的现金流量、企业管理能力进行独立的分析和预测。与独立的评估盈利能力相比，抵押、担保等则是第二位的，只是一种预防性的风险缓释技术而已。银行要求贷款人提供抵押的目的，不是希望获得抵押的物品，而是为了促使借款人能按期偿还贷款。过分依赖抵押，使抵押从手段变成目的，从第二位的决定因素变为第一位的，反而影响了银行业务空间：过分注重抵押，忽视对企业本身盈利能力的分析，或者不能独立地进行专业分析，必然会使得一些很有盈利能力的企业不能获得银行的贷款支持。随着人力资本的影响力不断增长，在许多知识型企业中拥有相当丰富的、高素质的人力资本，但是要他们提供一些可供银行抵押的资产，估计并不多，而这些企业的盈利性往往相当好；抵押成为制约贷款是否发放的决定性因素、第一位因素，这样，自然使得银行丧失了许多可以发放贷款并获得盈利的机会，同时也使得许多银行忽视了对于企业本身的盈利能力、发展潜力的分析，于是，许多银行在企业出现经营困难时不能主动采取行动，只能被动地持有一些难以处置、管理和维护还要花费大量精力的、原来以为是贷款的安全保障的抵押品。招商银行行长马蔚华曾形象地引证了上面的论述：银行也是两难，企业初期，你不支持它，你不雪中送炭，发展好了，你去找人家，人家会说你嫌贫爱富。所以在企业初期发展，对银行来说，最重要的是看准项目，看准人，看准企业的未来发展趋势，看不准就会有风险。企业不是静态的，你必须要在发展中观察企业，要分析企业有没有进一步发展的潜力，不能一看到是小企业就一刀两断，不与之来往，实际上，这是对银行控制金融风险能力的考验。银行要有一个基本的判断，企业发展了，银行也发展，银行和企业共同发展。

四、银企关系缺乏市场信用的联系纽带

研究这个问题，必须先要考察对中小企业的信贷支持历史。

回顾历史，总体而言，国有银行对中小企业采取了比国有大型和特大型企业要严厉得多的措施，原因很多，但其中最突出的就是我国银行体系的行政化色彩。

从产权结构来看，四大国有银行都是100%的国有独资企业，在内部组织上的所谓官本位一套东西，在国有银行中仍然继续，这使得我们的银行成为一种准行政性的机构，而非企业化运作，这造成了其目标不是盈利，而是按照上级行政机关的要求办事，当后者要求其增长时，前者就乱放贷。

改革开放前的30年，我国实行的是财政主导型的资金供给制度，银行则完全听命于计划和财政部门的资金安排。但是大部分中小企业都是国有企业，作为政府的一个附属物，国家包揽了中小企业的资金供给。根据当时的制度安排，国有企业的固定资产投资资金全部由国家无偿提供，流动资金则由财政和银行分别提供：定额流动资金由财政提供，超定额的季节性、临时性流动资金由银行提供。改革开放前的大部分时期都是如此。

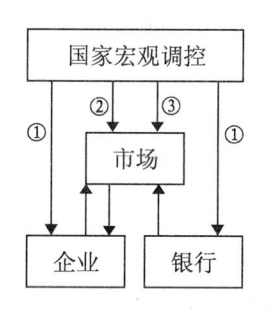

①代表：行政手段
②代表：法律手段
③代表：经济手段

图5-3　我国过渡时期的银企关系

在转轨时期，企业和银行之间夹杂着市场化与非市场化的因素（见图5-3）。这表现在国有企业改革，国有企业要求被塑造成按现代企业制度运作的微观主体，银行也要建成商业化的银行，自主经营、自负盈亏。银企之间的关系要正常化，社会资本运用链条的顺畅运行成为改革的目标。

同时，大型和特大型国有企业的两权分离和完全市场化进行得并不彻底，国有企业仍背负着历史的包袱，国有企业的自主经营和有效的经营机制并未真正建立。其次，国有商业银行仍承担着一定的政策性业务，历史上沉积的与国有企业的不良债权债务关系并未得到完全的解决。

以国有银行为主的银行体系对中小企业信贷支持主要经历了几个阶段：第一阶段（80年代），采取较严格的所有制限制，对非国有的中小企业基本不支持。第二阶段（90年代），积极支持以乡镇企业为主的中小企业发展。第三阶段（90年代末期），开始强调严格控制金融风险，对中小企业采取更严厉的紧缩政策，出现了明显的"惜贷"现象。

过渡时期，银行仍然要受到一定的行政干预，不能完全避免贷款给一些效益不是很好的企业，还不能完全按商业银行运作方式运行。政府主要采取控制利率和信贷配给手段对银行进行干预，对不同的所有制企业确定不同的贷款利率和贷款规模。当国有企业在国民经济中仍占相当大的比例，仍然解决着一大批人的就业问题时，银行很难对绩效差的企业实行破产程序，反过来还会用行政命令为其提供一定的贷款，大量的资金被就业、社会稳定与经济增长等因素所牵制，失去了周转增值的属性。所以，在信贷资金的分配过程中，国有企业的需求必须得到优先满足，只有极少部分配置到非国有企业，非国有的中小企业很难从国家控制的银行中获得融资。

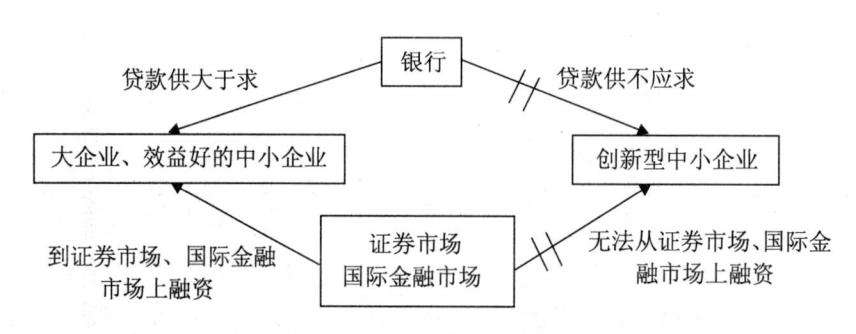

图 5-4　银企之间的资金供需关系

现在，我国银行和企业之间虽然不再像过去那样关系扭曲，同时银行也开始注重贷款的质量问题，但如图 5-4 所示，银企之间的资金需求关系还是有一定的错位。所有银行都乐意向为数有限的大企业提供贷款，但大企业更愿意到证券市场上融资。大量发展中的中小企业对贷款有巨大的需求,却得不到银行的支持。

在传统信贷体制下,政府、企业和银行都是一家人,其融资过程本质上不是靠信用来维护,或只是表面发生的信用关系。当众多企业和银行随体制转轨逐渐步入市场后,作为信贷主体的银行行为趋于市场化,信贷约束机制逐渐声称,在旧有的资金供应机制没有被完全剥离的情况下,国有大型和特大型企业的背后还有国家的信用作为承诺。相反,众多中小企业一方面缺少国家信用作后盾,另一方面目前我国也缺乏合理的信用评估标准。

五、信用体系滞后加剧中小企业融资困难

社会信用体系是由若干个子系统构成,这些子系统相互作用,形成社会失信惩戒机制(见图5-5)。

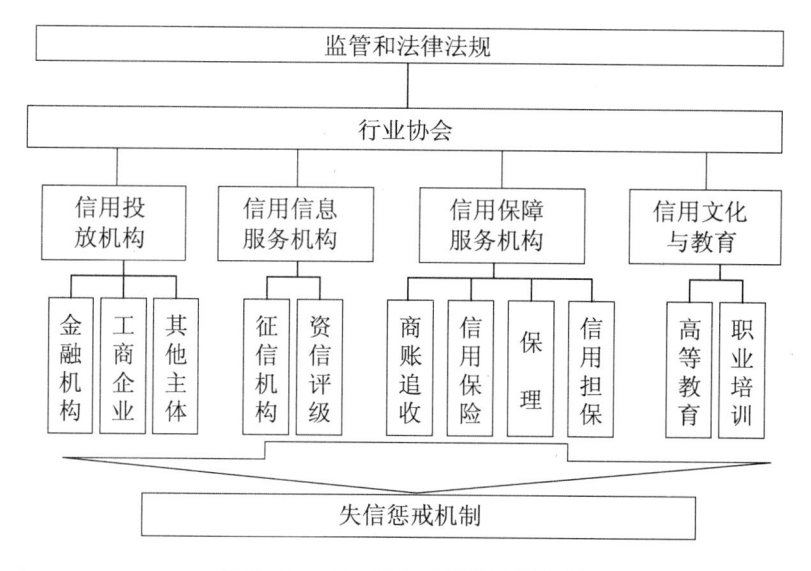

图5-5 社会信用体系的运行机制

由于缺乏对社会信用体系系统的认识等原因,我国目前的信用制度建设尚处于初始阶段,至今没有形成系统有效的信用管理体系。

(一)中小企业融资困境不是信用困境,而是信用制度困境

理论界和实业界有一个普遍暗含的假设命题,即中小企业是不讲信用的,或者信用缺失。本书认为,这是一个伪命题。中小企业是讲信用的,只不过中小企业存在的信用危机使得中小企业整体的信用被扭曲了。

中小企业存在信用危机。市场交易范围扩大，如果相应的制度保障跟不上，势必会产生交易中的机会主义行为，本文认为这是交易范围扩大中的"惰化"现象。在外部监督制度缺乏或存在漏洞的情况下，一些中小企业出于主观或客观的原因，"本能"地产生"偷懒行为"，逃避应该承担的责任，或骗取更多的利益。

中小企业信用是被扭曲的。企业都有一个从小到大的发展过程。世界五百强企业，都是从当初的中小规模发展至今。虽然在其成长过程中，离不开天时地利人和，但有一点可以肯定的是，如果当初不讲信用，这些企业绝不会生存至今。同样的，现在处于中小企业阶段的企业，一般会有"做强"或"做大"的预期。基于这种动机的企业行为是有守信"意愿"的。如果没有"能力"很好表达这种"意愿"，中小企业的信用很容易被扭曲。"能力"既包括中小企业能够实现自身守信，也包括能通过一定渠道彰显自身守信行为。由于先天禀赋不足，或者找不到有效的表达方式和渠道，这种"能力"的提升需要借助外部平台。

无论是信用扭曲，还是信用危机，这只是中小企业融资困境的外在表现，根源是制度性的，即缺乏一种针对中小企业独特的信用传递和信用增级机制。

（二）征信是解决中小企业融资信用制度供给不足的基础

中小企业信用缺乏或不足问题源于信息不对称。通常状况下，信用制度是克服信息不对称的合约安排，是约束交易个体信用行为的信用信息传递机制。

中小企业往往被看做是经济发展中的内生力量。内生于经济的民间信用是基于血缘、业缘、地缘的交易，高昂的信用成本无法通过大规模的扩张降低，于是，民间信用只能选择"熟悉的圈子"来降低交易成本。圈子内存在一种排外的倾向，"本能"地规避信息不对称带来的逆向选择和道德风险。维护民间信用的是一种非正式的合约安排，包括非正式的信用规则，即信用习惯、信用观念等。

民间信用一直没有内生出相应的制度来保障，信用结构主要依靠关系纽带和伦理道德来进行控制，没有形成社会的普遍原则，无法节约社会信用交易成本，从而无法使社会的信任结构与合作秩序得到扩展。当经济活动中的信用交易不断突破基于"血缘、地缘、业缘"的交易局限，在更大范围之内进行时，原有的非正式合约受到"挑战"、甚至被"撕破"，很难避免机会主义和搭便车行为的发生。

经济活动范围的日益扩大，需要在全社会范围内建立信用制度，形成一种正式的合约安排，形成社会层面的失信约束，规范交易双方的信用行为，降低信用交易风险。信用制度应该包括正式的信用规则，即信用管理制度、信用相关法律等，也体现非正式的信用规则，即信用习惯、信用观念等。

信用制度的核心是社会失信惩戒机制的形成。失信惩戒机制是信用市场的激励约束机制，能够有效制约和降低不良信用的形成、生长和扩散，保护和激励良好信用的发展，维护社会信用体系正常运转。失信惩戒机制对于市场上的失信行为所进行的打击是实质性的，决不是轻描淡写的道德谴责。

社会失信惩戒机制可操作性的基础是征信。征信是对企业或个人信用信息进行采集、核实、处理、合法传播的过程，其最重要的环节是征信数据库的建立，实现在市场规模不断扩大、借款人流动性不断增强状况下的数据共享。

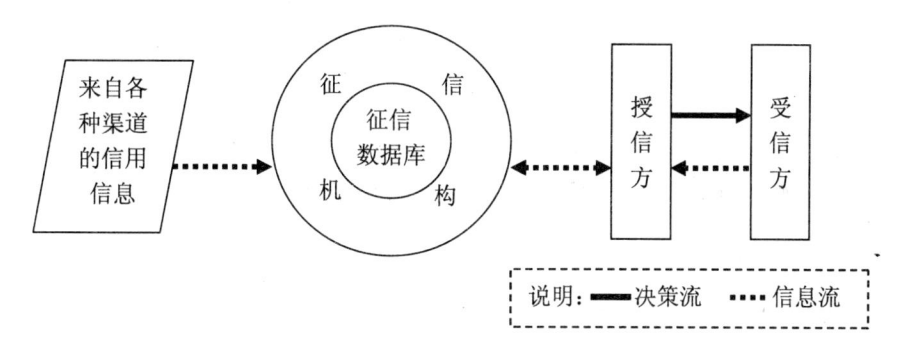

图 5-6　征信与社会失信惩戒机制

有学者认为，信息共享会引发授信方对优质中小企业客户更为激烈的竞争，导致授信方未来利润出现下降。但是，国外的一些实证检验表明，信息共享在改善信用质量、扩大信用总量和提高社会福利等方面表现为净正面影响（Hyung-Kwon，2007）。

相对于大中型企业而言，中小企业进入资本市场融资难度较大，选择商业信用和银行信用补充自己的外源融资是比较现实的选择。从理论上讲，加快中小企业的信息披露，实现中小企业的信息共享，充分发挥信息的规模经济效应，对促进中小企业融资的扩大和信用环境的改善具有重要作用。

对单个商业银行来说，解决或缓解信息不对称的成本难以承受。如果存在市场成本，那么制度就是重要的。征信就是解决信贷市场逆向选择和道德风险的制度安排。征信能够有效地推动中小企业信息的汇集和加工，实现授信机构之间的信息共享，而信息共享有利于中小企业融资规模的扩大和融资成本的降低。根据世界银行对全球的一项调查结果显示，征信系统对降低违约率至关重要（见图5-7）。

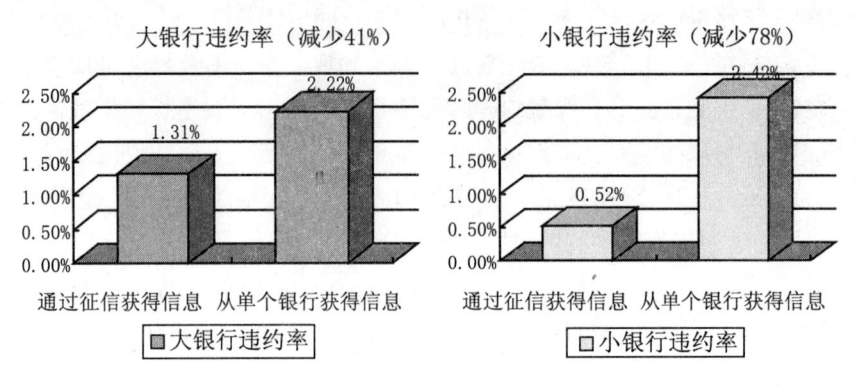

图5-7　征信系统对违约率的降低作用

资料来源：Miller, Myienko, Powell：《公共征信系统：评价可获得的信息》，中国金融出版社2003年版。

（三）中小企业融资中的征信供给滞后

中国人民银行征信系统是1992年开始筹建，1997年建立起遍布全国的银行征信登记系统，2005年建立了全国集中统一的企业信息数据库。从我国情况看，企业和个人征信系统在促进中小企业融资中发挥着重要的作用。银行在对中小企业的信贷决策中，一般都把查询企业和业主的信用报告作为审核贷款申请必需的程序。从实际数字看，从2006年7月份开始，

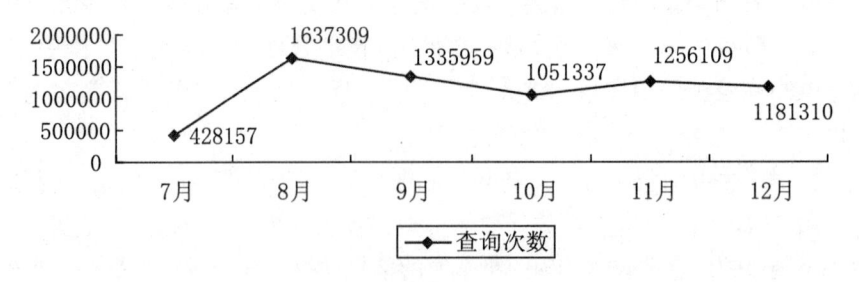

图5-8　2006年下半年商业银行查询中小企业信息的次数

资料来源：中国人民银行企业征信系统。

中小企业查询量一般每月均在 100 万次以上（见图 5-8），中小企业贷款发生额在 500 亿至 800 多亿元人民币之间（见图 5-9）①。

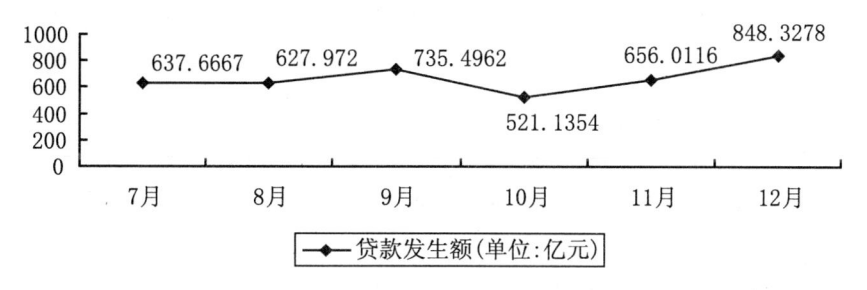

```
1000
 800              735.4962         656.0116  848.3278
 600  637.6667 627.972
 400                      521.1354
 200
   0
      7月    8月    9月    10月   11月   12月
      ——— 贷款发生额（单位：亿元）
```

图 5-9　2006 年下半年商业银行对中小企业的贷款发生额

资料来源：中国人民银行企业征信系统。

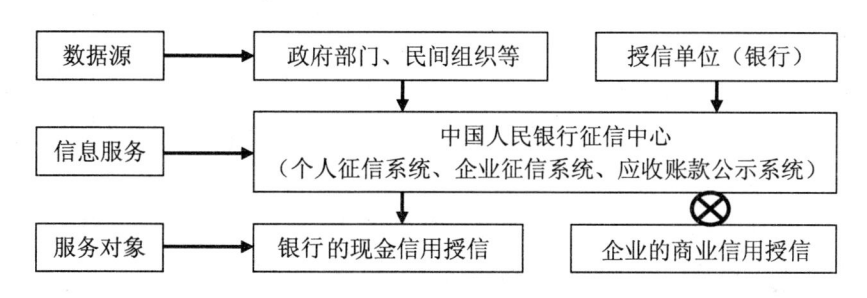

图 5-10　征信中心的金融联合征信方式

人民银行征信系统采用的是金融联合征信模式（见图 5-10）。虽然该系统在防范信贷风险、提高贷款质量方面发挥了很大作用，但是也存在一些问题。

1. 企业征信系统覆盖的中小企业数量有限

截至 2006 年 10 月底，我国中小企业户数超过 4200 万户，包括在工商登记的 460 多万户和个体工商户 3800 多万户②。2006 年底，央行的企业征信系统已采集 1262 万户企业信息，其中 546 万户有信贷历史，并且为 26 万户中小企业建立信用档案，包括企业的基本信息、企业的遵纪守法信

---

① 李连三：《征信在中小企业融资中的作用——理论和实证研究的视角》，载《河南金融管理干部学院学报》2007 年第 3 期。
② 戴根有：《中小企业融资与征信体系建设》，21 世纪亚洲金融年会：http://www.jrj.com，2007 年 11 月 24 日。

息、企业的经营状况、企业的财务信息等。这表明，大多数中小企业在银行没有信用记录，从而影响其融资获利能力。

2. 企业征信系统缺乏与社会信息的联动

央行征信系统包含的主要是企业与银行进行金融交易的信贷信息，这只是整个征信系统的一个子系统，而大量反映企业资信和个人信息的数据还掌握在政府各部门手中。目前，我国工商、技术监督、统计、税务、海关、公安、法院、质检、电信等部门在对企业实行行业管理的职能范围内，掌握了大量的企业和个人信用信息数据，诸如：质量信息、环保信息、社保信息、电信欠费信息、企业养路费缴纳信息、企业车辆交易抵押信息、企业外汇违法信息、企业欠税信息等，这些信息从许多方面反映了企业的资信状况，是企业征信的有机组成部分，而这些信息基本没有实现共享。政府各部门掌握的企业信用信息没有实现共享使得企业征信的充分性不能保证，企业征信供给质量大打折扣。

3. 企业征信系统缺乏全面商业信息，更新率低

据统计，相关政府部门和商业银行掌握的企业信用信息大约占企业征信数据库所需要信息的56%[①]。

央行征信系统的信用信息数据主要来源于金融机构，可以实现广泛采集个人信用信息数据，而企业信用信息数据则局限于在银行开户和在银行获得信贷的企业信息，主要涉及企业基本信息和负面信息，但很难即时获得广大中小企业的商业信用信息。

从目前来看，企业征信所需要的企业信用信息来源于受信企业本身，主要包括企业的基本信息和经营信息。因此，受信企业的信用状况及其提供的信息质量将在一定程度上影响企业征信的质量。其他商业性征信数据库，规模普遍偏小，覆盖范围大多是局部性的。征信机构对企业真实信息的采集成本过高或者根本采集不到企业的真实数据，信息数量不足、质量不高，极大阻碍了企业征信数据库的完善和企业征信的供给。

4. 企业征信系统不能为商业信用服务

央行企业征信系统的资源仅供银行内使用，服务于银行信用。由于该系统目前只在银行业内开放，其他征信机构和授信机构不能共享这个系统，使得该系统不能为市场中大量存在的商业信用服务。

---

① 林钧跃：《社会信用体系原理》，中国方正出版社2003年版，第75页。

（四）中小企业融资的信用服务滞后

完善的中小企业信用服务体系应包括信用担保、信用保理、信用保险、企业资信评估等多个方面。

中小企业信用水平低，倒不如说是中小企业融资的信用服务水平低，特别是缺乏为企业贷款服务的信用担保机构和独立公正权威的企业资信评估机构。实际上，努力构建一个完善的信用担保体系是世界各国缓解中小企业贷款难问题的通行做法之一。中小企业办理一笔财产抵押，需办理财产评估、等级、保险、公证等复杂的手续，涉及许多政府部门和中介机构，要提供多种相关资料，办理这些手续，同时要支付相当高的中介费用，这对于习惯进行灵活经营的中小企业而言，无疑会带来很大的制约；而且抵押等级和评估费用高，随意性大，评估等级有效期限短，经常与贷款期限不匹配。

普遍存在的信用危机，导致银行对中小企业提供的经注册会计师审计的财务资料持怀疑态度。不完善的信用制度和缺乏信用的社会环境，使得中小企业无法使用信用工具从外部获得资金支持。

相关法律执行力度不够。中小企业通过企业改制、申请破产、转产、注销法人甚至一逃了之等方式悬空或逃废银行债务的现象比较普遍。不少基层银行反映，司法部门对维护银行的债权不够得力，对逃废债的行为打击不力。银行与这类企业对簿公堂，常常是"赢了官司、赢不了钱"。个别司法人员和机构甚至把银行的官司当作摇钱树，企图捞上一把。

因此，发展信用服务体系，提高中小企业融资的信用服务水平就显得尤为迫切。

5.5　中小企业生态的影响分析

除了外部因素的制约外，中小企业融资难还受到来自自身情况的影响。不同类型、不同地区的中小企业融资状况是有区别的。

根据现实的情况，中小企业融资时会遇到特有的融资障碍，例如，企业的规模、所处行业、地理位置以及企业所处的发展阶段、企业主特性等等，都对中小企业融资产生显著的影响。这样，在评估中小企业面临的融资障碍时，把这些代表中小企业生态的要素融入中小企业融资的研究背景中是有积极意义的。

5.5.1 产业生态影响中小企业融资

产业领域包罗万象。中小企业的产业分布较广泛，涉及制造业、服务业、建筑业、金融保险业、运输仓储通信业、零售业、商业、水电燃气业、矿业、采掘业等。产业因素对中小企业的融资行为有较大影响，即使处于同一宏观经济环境下的企业因各自所处的产业不同，其负债水平也不同。产业资金周转率、产业风险水平、产业资产特征、产业盈利水平等因素的差异，将会造成企业资产负债率水平上的差异。

正如 Kenney 所示，在世界经济一体化过程中，尽管面临着共同的压力，但每个产业都有自己的特殊性。例如，作为 PC 制造商，戴尔电脑可以提供先进的技术，但是它的竞争优势在于运用复杂的技术管理它的价值链（Fields, 2003）。这意味着每一个产业需要与之相匹配的融资体系来支持产业的持续发展。还以 IT 产业为例，有些国家和地区的 IT 产业中，中小企业主要集中于硬件（芬兰、韩国、中国台湾等），有些国家和地区的中小企业集中于软件（印度、爱尔兰、以色列等），而有的国家的中小企业则两者都集中（德国、美国等）。很显然，"硬件"资产更容易被用作贷款和权益融资的担保，而软件和服务则可以被资金缺乏的国家看做产业价值流程中的"外包"，从而减少了这些国家对资金的需求，充分利用现有资金。可见，政府出台融资支持应该考虑产业的差别，并且根据特定的产业"量体裁衣"。

一、产业特性影响企业融资

（一）产业的垄断性

有的产业，如煤气、自来水、电力等，由于企业销售一般都不会成问题，生产经营不会产生较大波动，所以可以适当提高负债比例，以便利用债务资金，提高生产能力，形成规模效应，以巩固其垄断地位；而对于竞争激烈程度一般的产业，由于企业销售完全是由市场决定，价格易于波动，利润难以稳定，因而不易过多地采用负债方式筹集资金。

(二)产业内企业资产流动性

不同产业企业资产类型有较大差异。有的产业,企业资产流动性强,这类企业由于具备债务偿还能力,能够承受较高的负债。相反,资产的变现能力较低的企业的负债比例应该低。大量使用标准的、通用的有形资产的企业,较之大量使用专用资产或无形资产的企业能够承担较高的负债。一般而言,非制造业的资产的流动性要比制造业强,对负债的承担能力就强。例如,对于商业企业而言,企业主要是为了增加存货而融资,其存货的周转期限较短,变现能力较强,其负债水平可以相对高一些;而对于那些高风险的、需要大量科研经费、产品试制周期特别长的企业,过多的利用债务资金是不适当的。

(三)产业中企业资产适合抵押程度

有的产业中,企业资产适合于抵押,因为这类资产用于抵押更容易被接受,所以具有较高的借贷融资能力。

二、产业发展阶段影响企业资金需求量

处于产业不同发展阶段的企业对资金的需求也不同。

一般而言,处于产业升级换代的制造业和商业中的企业,由于对传统产业结构进行改造需要增加投资,而经营需要的短期周转性资金和长期资本性资金都不易筹集,因此,融资容易出现困难。在对各类资金需求分类上,商业对资本性资金的需求较高,而周转性资金需求相对较低;在制造业中,中小企业对周转资金需求低于资本性资金的需求。对于低成长产业(比如服务和零售业)的企业,相对于那些高成长产业(比如高技术、生命科学)的企业,没有多少可供选择的融资渠道。随着低成长产业边际收入越来越低,处于这些产业中的企业用于再投资的资金越来越少,留存收益是这些产业中的中小企业的主要权益融资方式,大约51%的中小企业采用此种融资方式。用于再投资的留存收益缺乏会对中小企业的成长造成严重影响,并且限制了企业的未来发展机会。

我们可以从台湾中小企业产业融资需求分析中窥见一斑(见图5-11)[①]。

[①] 宋建明:《台湾中小企业融资研究》(2000),国家图书馆博士论文阅览室。

```
综合性资金 ▮▮▮▮▮▮▮▮▮▮▮▮▮▮▮▮▮▮▮▮▮▮▮▮
周转性资金 ▮▮▮
资本性资金 ▮▮▮▮▮▮▮▮▮▮▮▮▮▮▮▮▮▮▮▮▮▮▮▮▮▮▮▮▮▮▮▮
           0    10   20   30   40   50   60   70   80
                    □ 制造业  ▪ 商业
```

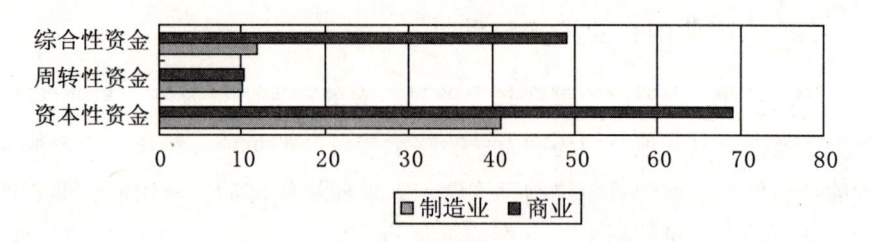

图 5-11　台湾中小企业产业资金需求比例

在对各类资金的需求分类上，商业对资本性资金的需求高达 69.12%，与周转性资金需求的 10.29% 相差较大，表示本期间商业对资本性资金需求较大。而在制造业中，中小企业对周转资金的需求比例仅有 10.20%，资本性资金需求有 41.03%，可见制造业在土地、厂房、机械设备等方面的资本性资金需求反而比商业低，表示非制造性产业在改造传统产业结构中需要增加投资。另一个值得注意的是，包含资金规划咨询、上市咨询等的综合性资金需求一项，显示制造业将资金需求重心转向直接资本市场融资以取代传统间接银行融资。

三、产业类型影响企业融资方式

从产业划分的角度，本文主要考虑了三种主要的中小企业类型：传统生产领域的中小企业、处于细分市场的中小企业、新经济中的高新技术中小企业。

这三种类型拥有共同的特点：无论就业人员还是资本拥有量，都是小规模；以劳动密集型为主；能对市场环境做出较好的反应；具有与传统的银行融资不相称的信用风险结构。而且，这三种类型的中小企业在经济增长和发展方面，提供相似的优势，包括：创造就业、培育企业家阶层、培养技能型工人、提升经济的自我发展力。

然而，这三种类型的中小企业也有差异，各自适合不同的融资方式。

（一）传统生产领域的中小企业

传统生产领域的中小企业一般专门生产某种产品或提供某些服务，拥有专门的技术和管理流程，但不一定具有规模经济效应。在这样的企业中，规模经济的缺乏、生产的劳动密集型、管理技术水平低下，使得它们成为缓解贫困和创造就业的理想载体。这样的企业要么直接为市场提供生产，要么是大企业的转包生产者，为更大的市场提供产品。无论哪种情况，它们都就近吸引劳动力（特定的市场或工厂所在地）。在后一种情况下，它们依赖一种灵活的合作方式。

这种企业的预期资本投资回报率不高，并且总是充斥着一些技能不高的工人和经营者。

1. 缺乏信用信息

在大多数情况下，这种类型的企业缺乏银行信用，原因如下：缺乏有效的信用等级体系，当地的金融机构缺乏借贷的相应技能和动力；预期的代理问题和信用风险较高；在中小企业低回报率的情况下，对商业银行而言，建立信息网络或分支机构，固定成本太高。

2. 匹配的融资方式

处于传统生产领域的中小企业，主要或唯一的角色是创造就业、缓解贫困，这一类中小企业在出口增长、吸引外汇等方面并不是经济增长的重要贡献因素。对这类中小企业的融资问题，无论理论还是实践都提供了许多融资解决途径。解决的途径，一方面趋向于政府导向的努力，即政府鼓励公共银行向中小企业提供低利息贷款；另一方面主要依赖于个人财富或家庭资金，特别是那些微型企业这一点更突出，政府的支持在其发展中扮演了不太重要的角色，尽管这类企业在创造就业方面有重要作用。

适合此类中小企业的最佳融资方式是传统融资方式，这种类型的融资通常由银行来承担。但是，这些银行是迫于政府压力，不情愿地满足此类融资需求。因此，这类金融机构大多是国家政策性银行或由国际组织资助的金融机构，而且，这些机构大多是财政的负担，从长远来看，并非是财政所能养活的。

正是中小企业这种无力承担性阻碍了私立的商业银行进入这类小额信贷市场，原因很简单：借款者信息缺乏；中小企业较低的边际利润；中小企业缺乏担保抵押品。由不完全信息导致的逆向选择和道德风险问题，再加上后两种因素，使得小额贷款风险性很大，而且，较低的收益率使得银行难以通过较高的利率来弥补风险造成的损失。结果，中小企业的小额信贷还是由政府来资助，从而使得这一融资方式变相地成为贫困的资助者，而不是市场经济运行下的融资方式。

尽管小额信贷有助于改善贫困者的生存环境，但是它不应该仅仅成为一种福利措施。为了使这种支持可以维持下去，解决逆向选择和道德风险问题就变得非常重要。政府以提供担保的方式鼓励商业银行参与到小额信贷中，也可以鼓励一种"群贷"的担保方式，该种方式可以看做是一种社会担保方式，主要是利用机构团体道德的约束力，通过机构之间的互相监督体系大大降低道德风险和关联代理成本问题。在向传统生产部门的中小企业进行小额贷款时，如果辅之以担保贷款方式，也许可以改善信贷机构的承受力，较好地实现资助目标。

（二）市场细分领域的中小企业

这种类型的中小企业被认为是"有进取心"的企业，它们在国内或国际市场上发现了未开发的细分市场，并且能够迅速采取行动抓住机会。这种类型中小企业的灵活性是由它们善变的特性决定。当细分市场被竞争者充斥时，它们又会发现新的细分市场，就这样不停地转移自己的注意力。

1. 缺乏信用历史

这种类型的中小企业融资，不适合采用小额贷款或其他任何一种由传统商业银行提供的传统贷款方式，原因至少有两个：信贷人员往往习惯于凭借企业的历史表现和市场竞争者业绩的评估来进行放贷，但是，以这些发现细分市场者的"本性"来看，它们是新市场的开路先锋，没有任何可供信贷人员进行评估分析的纪录；对这些新市场的监控成本很高，因此，中小企业普遍存在的代理问题使得它们对任何一家传统的商业贷款银行来说都不具有吸引力。

该种类型的中小企业与传统商业之间的不协调带来两个主要问题：由于传统银行不愿意贷款，市场过分期望这些企业能够依赖企业主的个人财富和来自亲朋好友的非正式融资方式；这类中小企业中唯一能够通过传统融资渠道获得贷款的是那些凭借个人和家庭财富获得信用的企业主。但是，这两个因素，反过来又会造成市场信息的扭曲：第一，这些活跃在市场上的中小企业主，并不一定是最有才能的、与自身财富相匹配的企业家；第二，这些资质平庸的企业主通过获得贷款，一方面发挥了财务杠杆的作用，另一方面也人为放大了风险，这样，使最初的代理问题变得更加复杂。

2. 匹配的融资方式

为了使最有企业家才能的人获得资金、参与到经济活动中来，实现经济效率最大化，市场需要一套能够有效甄别企业家的融资选择机制。可供这种类型中小企业选择的融资渠道必须具有这样三个特点：需要具备中小企业所进入的领域的相应知识背景；尽量缩小金融机构自身的代理问题和信用风险；使那些没有初始财富和相关历史纪录的潜在企业家以低成本获得贷款。

从上面的分析中不难看出，这类中小企业致力于短期、中期投资国内或国际细分市场，这些企业的企业主都非常具有市场开拓精神，同时从另一方面也说明他们不受道德力的约束。因此，它们不可能成为社会机构团体担保下借贷的最佳候选人，而且，由于它们的易变性，它们的地理和部门隶属关系经常变动，这就使得它们对于任何一种借贷来说，都缺少足够的担保。贷款对担保的需求使得这些企业的融资被局限到个人财富和亲朋好友。同样，借款给这些企业的企业主，等价于允许他们对自己的初始资本发挥杠杆作用，这样就放大了借贷风险，增加了那些具有企业家才能但一无所有的贷款者的成本，最后的结果是资金的低效率分配，限制了向那些正在成长的"企业家阶层"的输血。

对于这部分企业家来说，他们所需求的资金大部分用于办公设备、仓库等仓储设备、运输工具，等等。由于这类中小企业从事的业务经常处于变化之中，向它们提供的资金最好用于这些传统的有形之处。

通过分析表明，租赁和融资租赁对这类中小企业来说是比较合适的融资方式。租赁融资的优势是，租赁费恰好能确保市值贬值后的资产价值超过承租人购买该物品的平衡点。于是，被承租物品就成为事实上的担保。出租者可以在租赁费拖欠或承租物被滥用的情况下对租赁物进行查封、没收。这样，从监督代理商的活动成本到监督租赁物的较低监督成本，与道德风险相关的代理成本就会下降。这是因为，由于资本商品经常租赁，对金融机构来说，拥有能监控租赁物、担保物贬值的人员相对更容易一些。

而且，资产也可以证券化，这有助于降低承租人承担的风险。但是，基于发展中国家金融市场的状况，资产的担保抵押方面还比较落后。从20世纪90年代中期开始，一些发展中国家开始尝试资产的证券化，促进资金的流动性。国际性银行业开始关注资产证券化融资，把其作为投资新兴市场的工具。这种情况表明租赁业的发展和与之相关的抵押担保为外资进入提供了有价值的途径，通过国际保险公司降低发展中国家风险的新做法也许会使租赁这一领域在未来的发展得到新的发展，但前提条件是发展中国家要有开放的金融市场，健全和完善、稳定和透明的法律体系。

（三）高新技术领域的中小企业

该类型企业的企业主是掌握较高技能的冒险者。该种类型的中小企业之所以具有高风险，是因为企业存在潜在的规模效应，企业有失去投入资金的风险，因此，在成功获取规模经济效应之前，企业可能要做好沉没初始投资的准备。

1. 缺乏信用信息

这种类型的企业同样缺乏信用记录，这使其不太现实获得传统融资渠道的信任。高新技术企业的资金主要投资到人力资本或其他非传统的资本形式上，这些资本投资形式难以监控。而且，传统金融机构的信贷人员也需要获得丰富的企业人力资本信息，以便判断企业成功或失败的可能性。

这些局限性表明，为了迎合这种类型中小企业的融资需求，金融机构必须具备两个条件：必须掌握中小企业投资领域的足够信息；必须依赖基于权益的融资。金融机构具备行业知识可以使其对中小企业评估的初始成本最小化。

2. 匹配的融资方式

权益资本投资可以使投资者分享潜在规模经济权益，因此向该类型中小企业提供融资的机构被看做是该领域内潜在的投资者。投资者通过把资金分散到高新技术领域的众多企业，分散投资风险，这是一种风险投资的融资方式，主要对象是基于新经济的高技术企业。

这一类型中小企业是一个国家经济增长潜在的最大贡献者。这类中小企业最容易吸收 FDI，提高管理技能和培育企业家精神，在经济的不同领域里提高生产力。但是，正是此类中小企业的优势也使得传统的融资方式对其望而却步。

这种高科技型的中小企业具有高风险、高回报的特点，但这种高风险、高回报的投资并不是传统商业银行等融资中介所提供的低风险低回报的服务主流。于是，传统的银行被限于处理传统的中小企业。由中小企业承担的风险又被它们所从事的所谓高新技术项目进一步加剧，而另一个风险则来自创新资本的非传统性，即以人力资本形式存在的资金不能被资金融出机构剥离并再度占有，这样，对于租赁融资而言，高新技术中小企业并不是好的选择。

对于高风险、高回报的高科技中小企业来说，理想的融资方式是风险资本，这一点从发达国家的历史经验可以得到验证。该融资方式的前提是存在着一群投资者，他们愿意投资于那些高风险、高回报的中小企业。他们向中小企业提供资金，交换条件是获得该企业的一部分权益。如果企业成功，投资者就会获得丰厚的回报。"风险投资公司"的产生从某种意义上讲就是来降低这种风险。首先，他们专门研究某一领域，最大化地提高他们对企业未来成功与否的判断能力；第二，他们通过同时投资于若干有竞争力的中小企业来分散风险，增加获得回报的机会，弥补他们可能的损失；第三，通过对每一个企业分阶段投资，它们可以使因信息不对称造成的风险降到最低，这种分阶段的投资也防止了企业在后期阶段重新安排投资者的权益。通过这种安排，风险投资公司可以监督和操纵企业主的一些管理行为，直到企业的人力资本价值体现到企业中。在这时，企业家的人力资本价值主要体现为他们的管理技能。通常，当高科技中小企业达到一定的发展临界点，具有创新精神的企业从早期的高风险活动中获得回报，企业开始转向传统的经验型管理，这时候，企业可以为自己寻找传统的融资渠道。

四、小结

通过以上分析可以看出，在鼓励中小企业成长和融资过程中，政府的角色应该是间接的，市场需要的是创造一个为商业性金融机构发展的适宜环境。这种环境需要透明的关于信息披露的法律体系和相应的办事程序，以确保融资过程中的成本监控和管理。政府在缓解贫困和增加就业方面的角色应该继续集中在基于福利动机的小额贷款上。总体而言，根据中小企业对经济的贡献，以及它们对法律规章的需求，传统生产领域的中小企业对长期发展贡献最少，适合它们的融资渠道是通过机构团体担保的传统商业银行贷款，以及国际金融组织的 FDI，融资方式大多是官方和半官方的债务。从发展的角度看，这种融资形式的资金与经济发展的相关度最低，但是，该类型中小企业以及与之相适应的融资方式的最大优势，就是能够满足缓解贫困、增加就业的短期需要。具有市场开拓精神的中小企业对经济长期增长贡献较多，投身于这类企业的企业家阶层会引导市场近期的发展趋势，为更多企业家的出现和成长营造一个好的氛围。随着市场的成熟，这类企业势必会成为传统融资渠道关注的目标客户。高科技中小企业是推动一国经济发展的驱动力，最能吸引以管理和技术为特征的 FDI。最适宜这类企业的融资方式是风险投资，但是，许多发展中国家缺乏风险资金，与风险投资发育密切相关的法律规章更是落后。

5.5.2 生命周期影响中小企业融资

对于企业的发展阶段，中外专家学者根据不同的研究目的和划分标准，归纳起来不下几十种。本文将中小企业的生命周期划分为四个阶段：种子期、生存期、发育期、扩张期，在每个成长阶段又会经历若干个成长周期。深入了解企业的成长阶段性，可以使企业对融资需求有一个预测。

一、各阶段的资金需求特点

处于不同发展阶段的企业，对资金的需求以及使用侧重点不同（见表5-5）。

表5-5 中小企业成长阶段及资金需求特点和用途

阶段	名称	企业发展特点	资金需求特点和用途
Ⅰ	种子期阶段	机会导向型	一定数量的"门槛资金"（数量由项目和企业的规模决定），资金主要用于新技术和新产品的开发和测试，以及机器、厂房、办公设备的添置。
Ⅱ	生存期阶段	销售导向型	迫切需要大量的外部资金，用于产品等服务的市场推广。
Ⅲ	发育期阶段	经营导向型	企业已有自己较稳定的现金流，对资金的需求不像前面的阶段那么迫切。
Ⅳ	扩张期阶段	管理导向型	需要大量的资金投入，用于进一步开发产品以及产品等服务转型，进一步加强行销能力。

在种子期，企业主由于有了一个市场机会、或者由于掌握了一项技术、或者只是一种创业的冲动而开始经营，这时的企业根本谈不上经营战略，更多地表现为一种机会导向型状态。

在生存期，企业有了一定的经验，顾客渐渐稳定，销售较快地增长。企业只是重视成果、不重视过程；只重视所得，不重视成本，更多地表现为一种销售导向型状态。这时企业的主要问题是稳住顾客、求得企业的生存。管理者开始考虑未来的发展问题，而发展的关键问题是资金和企业家的领导才能。

在发育期，企业规模扩大，销售快速增长，企业有了较高的获利能力。这时企业关心的主要问题是筹集足够的资金以支持快速的成长，更多地表现为一种经营导向型状态。如果能够成功渡过这个阶段，中小企业就能实现蜕变，发展壮大成为一个大企业。但不幸的是，很多中小企业正是在这个阶段，由于无法适应快速成长带来的变化而走向失败。

在扩张期，企业的市场、销售规模逐渐稳定，内部管理也大都制度化、组织化了，有些中小企业实现了所有者和管理者的两权分离。为了寻求新的成长，有的企业开始多元化经营，开发新产品、开拓新市场、获取新技术，开始新一轮的生命周期。

无论企业处在哪个发展阶段，资金与成长都紧密相连。企业的发展通常伴随着产品等业务的发展。因为企业要成长，就必须发展业务，它能使企业在未来的市场中生存下来。业务发展是一个很宽泛的领域，它对于形成企业的长期竞争力很重要。无论是处于初创阶段的企业，还是处于运营阶段的企业，产品等业务的开发及营销是进行融资的最主要目的。

二、各阶段匹配的融资方式

企业在其生命周期阶段呈现阶段发展的特点。各阶段交替过程中，企业需要新资金的注入，以满足企业成长的需求（见图 5-12）。跳跃式发展在企业生命周期中非常典型。经过创业的初期发展后，企业会寻找转型和其他空间上的扩张。企业的这种跳跃式发展或发展中断正是企业需要外部资金注入的阶段，这时候获得外部融资往往被视为企业生命周期中的成长飞跃。但是，在所有发达国家里，比较完善的资本市场也没有解决中小企

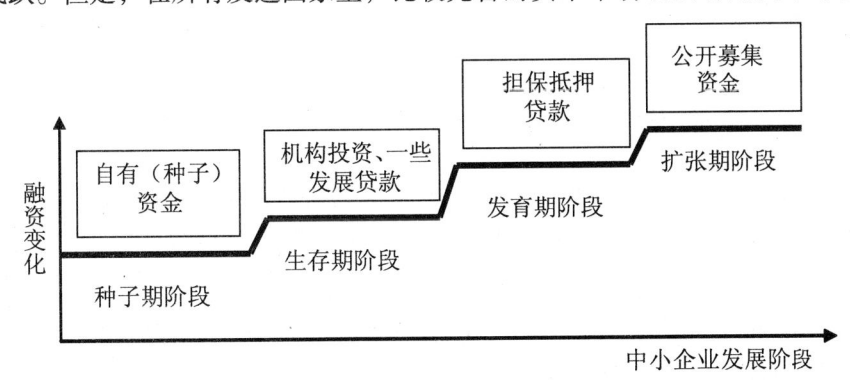

图 5-12 中小企业不同发展阶段的融资方式

业的融资问题，直接或间接的政府参与被广泛运用。

当产品等业务处于开发期阶段，融资只是部分被满足，甚至融通不到外部资金，企业一般要依靠内源融资来追加投资，通常是由企业主个人投资，有时还有亲朋好友赞助，以及来自第三方的权益投资（非公开市场），也有可能获得一些银行债务融资，但取决于许多因素，比如担保。

当企业的发展达到一定水平时，即业务进入营销商业化阶段，这时候企业最普通的发展需求和问题都与营销有关，企业中的许多企划方案都集中于特定的目标，比如广告、促销、营销等商业化的运作。如果仅靠单个企业的资本积累很难在短时期内满足企业的飞跃式发展，这时候发展所需资金一般通过外源间接融资解决。其中，银行等机构在聚集与分配金融资源中的作用格外突出，并成为中小企业的重要融资方式。一个典型的代表是 R&D 与产品的商业化。基于技术开发的初创企业，在卖出第一个产品前，较长的 R&D 期几乎耗尽了企业的资金，获得外部融资非常困难。

但进入商业化运营阶段后，发展所需资金一般可以通过贷款等外部融资方式满足，因为企业有持续的现金流，可以分期偿还债务。但是，由于中小企业规模的限制，特别是财务结构薄弱、信用基础较差，获取间接融资不容易。因此，企业需要规范自己的融资行为，需要政府制定特殊的政策加以扶持，譬如成立专门为中小企业服务的金融机构，设立中小企业发展基金，鼓励发展风险投资，为中小企业的公立机构担保以及互助担保等政府间接介入模式。

当企业形成规模经营时，企业往往会从融资成本的比较中选择一种更高层次的融资方式：直接融资。发达国家的经济实践表明，它极大地促进了社会资本的扩张和经济的发展。

三、生命周期中的融资排序

年轻的企业，通常规模较小，不能产生足够的利润留成用作扩大再生产的内部资金来源。而成熟的企业就比较容易获得这种资金来源。因此，在中小企业生命周期的各阶段，资金成本也会有差异。

有学者强调要对中小企业资金成本决策进行管理，但是，中小企业作为一个比较特殊的企业发展阶段，有些东西很难在中小企业中推广。中小企业资金成本不仅取决于理论上的资金成本决策，而且更多地取决于企业主的风险倾向、对权力的控制欲望、个人财富、奋斗目标、资金供应者对企业主特定环境与需求的反应等因素。

同时，众多的研究表明，发展中国家的企业融资方式同发达国家存在很大区别：在发展中国家和地区，由于经济发展水平低，企业积累有限，金融市场不发达，企业以外源融资为主，主要依靠从外部获得资金，并且主要是依靠银行存款。在发达国家，经济的成熟化使企业受内部追求利润的动力和外部竞争压力的双重作用，企业一般具有较强的积累动机和能力，内部资金成为衡量企业本身融资能力的标准和评价一个企业的状况及经营成功与否的重要因素，因此以内源融资为主，且以债券居多。

四、小结

总而言之，企业成长的不同阶段发展需求也不同，有的时候是在寻求转型、有的时候是开发新的产品、有的时候开拓新市场的营销渠道，融资就要满足不同阶段企业发展的需求。一般来说，随着信息、资产规模约束条件的变化，企业的融资渠道和融资结构将随之发生变化。其基本的变化规律是，越是处于早期阶段的企业，外源融资的约束越紧，渠道越窄；反之则相反。担保的缺乏往往成为成长型企业起步时的融资障碍。在企业生命周期的阶段性发展中，许多国家以担保、互助担保以及风险贷款等形式向企业提供资金。因此，企业要发展，就需要一个多样化的金融体系来满足其不同成长阶段的融资需求。尤其在企业的早期发展阶段，"天使融资"等私人资本市场对企业的外部融资发挥着重要作用。相对于公开市场的标准化合约，非公开市场融资合约具有灵活性和关系型特征，具备更强的解决非对称信息问题的机制，因而降低了中小企业融资壁垒，较好满足那些具有高成长潜力的中小企业融资需求。

5.5.3 组织形态影响中小企业融资

企业组织形式和规模会随着经济形势和企业自身发展而发生变化，从单体企业向集团化方向发展，这种发展也蕴含了向资本经营转变的逻辑。在企业发展过程中，伴随着组织形式的变化，企业的控制方式、价值实现方式、经营方式也将发生重大变化，从商品经营过渡到资本经营。

商品经营是企业发展的基础，主要包括产品的生产、销售等。资本经营是在企业商品经营达到一定基础之后更高级的经营方式，是对资本实施经营，具体而言，资本经营是指以追求最大利润、促进资产最大增值为目的，以价值形态经营为特征，利用资本市场，通过企业内外资产进行综合运营的一种经营模式，资本经营一般有以下几种操作方式：融资、联合、分立、兼并、重组、转让、债权转股权、出售、借壳或买壳上市、控股及破产等操作方式。

经营方式的转变离不开金融支持，资本经营是以资本运作为主要形式，它以大量战略化的投资和融资活动为特征。从融资发展的历史逻辑来看，随着金融产权的多元化、分散化和市场经济及市场金融组织的不断发展成熟，企业融资也由内源融资向外源融资，从间接融资向直接融资发展，再到内源、外源融资和直接、间接融资协调发展的过程。

中小企业的组织形式主要有三种，即单一业主制、合伙经营制、公司制。近年来，世界各地出现了中小企业产业族群这一新的组织形态。

一、单一业主制或家族式组织形态下的企业融资行为

单一业主制的中小企业通常由一个人出资经营，所以单一业主筹集的权益资本仅限于业主本人的财富。由于企业本身财力有限，靠个人资信经营偿债，这类企业的借款额也比较小，取得贷款的能力较差，因此单个的资本产权不可能启动大量债务。如果恰逢金融资源相对匮乏，金融结构比较单一，银行中介作用尚不显著，企业只能注重自由资本的积累，形成以内源间接融资为主的融资模式。

家族式企业组织形式更倾向于内部融资和间接融资，而大多不愿意通过股票市场融资，主要因为害怕失去对企业的控制权。封闭的组织形式可以避免市场融资所必需的信息公开问题；另外，内部融资的显著优势还在于不需要与其他任何经济实体进行交易，减少了交易成本，因而融资成本低于外部资本市场。一般，企业主拥有企业全部或绝大多数股份，在企业扩张规模时，通常选择债权而不是股权。这是因为，债务发行所带来的收益全部或绝大多数归自己所有，这将促使其更努力地工作；而发行股票的结果将使股权分散，投资收益被分散和稀释，从而降低原企业主的工作积极性。同时，原企业主还要负担不必要的代理成本，因为，企业的经营可能不再是由原企业主说了算，而聘用新的管理者将增加额外的补贴。

这种最早出现的企业组织形态的一个重要特征是产权结构的封闭性，其唯一的资金来源是业主个人或家族的财富。在这类企业中，企业主本人

或家族在企业的管理中居于支配地位，需要付出大量的个人努力，即业主的企业家才能。这些企业有一部分是非常成功的，但大多数小规模的经营一开始就注定了失败的命运，其平均寿命只有 6 年。而业主制企业失败率极高的一个主要原因即是资金的缺乏①。

二、合伙制和公司制组织形态下的企业融资行为

合伙制是由两个人或多个人共同出资经营，可获得更多的启动资金，但权益资本的取得受到合伙人自身能力的限制，与单一业主制企业一样没有向公众融资的权力。由于合伙制企业的合伙人要对企业的债务负连带无限责任，因此在一定程度上影响了该类企业的借贷能力。

公司制企业作为一种组合公司，摆脱了业主制和合伙制企业个人信用的约束，具有巨大的筹资能力，适应并推动了现代生产力的发展，因而成为现代经济中占主导地位的企业制度。但公司制企业中所有权与经营权的分离所导致的信息不对称和委托代理问题成为现代企业制度的内在缺陷。

有限公司的所有权被众多持股人拥有，投资者以出资额为限承担有限责任，因此，资信程度较高，容易取得贷款扩大经营规模。公开的有限公司可以向公众募集股份资本，而封闭的有限公司则不允许向公众募集资金。中小企业中的有限公司大多为封闭公司，只有当公司规模扩大后才需要从更大范围的股东手中筹集资金。股份公司的发展使企业融资由间接融资发展到直接融资，内源直接融资作用突出出来，这种以社会化为内容的内源融资方式与初始的内源融资相比，更符合企业资本运营市场化的需求。

中小企业主要以单一业主制和合伙制企业形式为主，中小股份有限公司大多也是封闭的，这就决定了中小企业难以筹集到大量资金，融资以内源融资为主，在外源融资中股权融资比例较小。

三、企业集群下的企业融资行为

企业的集群发展是一种世界性的经济现象。关于企业集群的理论众多。从施蒂格勒的"生存技术"可以得到这样的启示：任何企业都是与其

---

① [美] 保罗·萨缪尔森、威廉·诺德豪斯：《经济学》（下），中国发展出版社 1992 年版。

他的企业及其环境相互依存的,任何一个企业的生存与发展都是与它能在其他众多的企业共同构成的"生态场"中正确定位——"生态位"有关。企业组织与自然界的其他生物那样,以"集群"或"群落"的形式存在应该是一个不争的事实。

早在20世纪30年代,熊彼特就发现了企业发展的集群现象,并在此基础上提出了企业的集群理论,集群现象有多种表现,它有时表现为非相关产品的集群,有时又表现为相关产品的集群。1990年,波特在其著名的《国家竞争优势》中,也提出了企业集群的思想。他通过对国家竞争优势的考察发现,绝大多数国家,其成功的产业都是由企业集群组成的,而非孤立的个体组成。在企业集群内,企业的合作与适度竞争是该集群内单个企业与整个企业集群保持活力与竞争优势的决定性因素[①]。波特认为,美国硅谷的信息产业、好莱坞的娱乐业、加州的葡萄酒酿造业等就是依赖于集群获得竞争优势的,并这么定义:产业群或集群(cluster),指在某一特定领域中(通常以一个主导产业为核心),大量产业联系密切的企业及相关支撑机构在空间上集聚,通过协同作用,形成强劲、持续竞争优势的现象。发展中国家/地区的产业集群现象也正在崛起,如印度班加罗尔的软件业、我国北京中关村的信息产业、浙江温州的传统产业集群、台湾的半导体制造业。

世界范围内,中小企业发展明显呈现出集群趋势。这种集群趋势不是外生性的,而是内生性的,即集群的形成主要不是靠外力的强制,而是靠市场自身发展的内在逻辑自然形成的。通过出售部分非核心业务,压缩企业规模,提高企业竞争力,企业可以将部分或者全部非核心业务外包承包,企业自己只需控制与管理企业的核心业务,从而在企业周围可以形成一些专业性很强的中小企业集群。中小企业产业集群有很多优势,它是企业与市场之间的中间组织形态,是克服大企业低效与中小企业规模与范围经济劣势的有效手段,比如,中小企业可以充分运用企业集群中的信息(市场信息、资金信息、政策信息、人才信息等)集聚效应,从而减少集群内企业的搜寻成本。但是,本书重点从融资角度来研究中小企业集群。

中小企业集群作为中小企业个体的替代形式,它虽然是以增加在中间

---

① 蓝海林、蒋峦、谢卫红:《中小企业集群战略研究》,载《中国软科学》2002年第11期。

市场上的交易次数作为代价的，但也相应减少了生产要素集中的要求，特别是对资本要素的需求。因此，从资本市场的角度看，中小企业集群可以看成是对资本市场高昂交易成本（或称货币资本稀缺性）的适应性制度安排。

中小企业集群之所以能对货币资本稀缺高度适应，这与集群组织的运行机制密切有关。中小企业集群运行机制的一大特色是企业主之间的非文字性契约的口头承诺，它与威廉姆森的三方和双方规制结构的效用是一致的，即由于集群内企业之间相对稳定与熟悉的关系所形成的隐形契约关系，企业的每个定单都能很方便地在企业集群内找到合适的委托生产者，从而大大降低了企业之间的契约成本与监督成本等；同时，由于集群内的完整产销链与隐形契约关系的存在，将大大提高集群内上下游企业之间的资金周转率。一方面，它产生了类似于"商业信用"的"延缓性支付"，使业主之间以赊账的方式来计付加工费，譬如，有些企业不需要拿出任何周转资金，而是利用上下游企业的赊账来计付加工费，最终大大提高了资金的周转率。另一方面，资金方面的互助扶持和以信用贷款为主的"民间钱庄"也是中小企业集群中较为普遍的融资方式。但是这种基于"人情圈"扩散而形成的"信任与承诺"是比较脆弱的。个别业主的败德行为很容易破坏整个集群由信用所建立起来的运行秩序。一旦发生这种情况，就会引发"多米诺骨牌"式的"信用"崩溃，使全体成员企业由于突然降临的资金短缺而使生产经营陷于瘫痪。理论分析与实践都表明，维护业主之间"信任与承诺"的人文环境是降低该市场交易成本的良策。

同样，由于集群内信息便利的传递和共享，金融机构也愿意并积极参与到中小企业集群中来。信息对称性的增强，使它们减少了事前的逆向选择，有望对企业做出更好的判断。考虑到发展中国家资本市场不够完善，信贷是中小企业融资的主要手段，所以本文从信贷的角度，研究中小企业集群这一组织形式的融资特点。

商业银行对产业集群内的中小企业贷款与单个中小企业相比，在信息对称、交易成本、风险与收益关系上，都具有明显的优势（见表5-6）[1]。从商业银行的角度看，具备了信贷的积极性。

---

[1] 魏守华、刘光海、邵东涛：《产业集群内中小企业间接融资特点及策略研究》，载《乡镇企业、民营经济》2003年第2期。

表5-6 集群内中小企业和单个中小企业银行信贷的比较

		产业集群内的中小企业	单个游离的中小企业
信息的对称性	逆向选择	由于地理接近性对企业主和对专业化产业特性的熟谙,减少逆向选择。	贷款需求急、需求频繁、不确定性高,银行获得企业信息难度大,银行通常的行为是逆向选择。
	道德风险	集群内的产业环境和自己的声誉使企业更愿意专注于特定的贷款计划,减少了道德风险。	发展战略上存在着盲目性,无明确的中长期发展战略,有可能从事高风险活动,增加了事后道德风险。
交易成本		和地方政府、行业协会等合作,获得外部范围经济;通过对同类中小企业的贷款,获得外部规模经济。	贷款金额小、需求急、需求频繁、信息收集费用高,没有规模经济效应,交易成本高。
金融风险		大数定律原理降低风险;产业风险较个别企业风险的变异系数要小;确定产业的风险可预见。	企业规模小,抗风险能力弱;内控制度不健全,尤其是财务制度不规范;产业分散的风险难以预见。
银行收益		信贷总数不变的情况下,利用中小企业贷款的利息差获得比单个大企业大的收益;货币的乘数效应和区域经济的乘数效应的双重作用。	存在较高的交易成本,遵循单位贷款处理成本随贷款规模的上升而下降的规则,贷款数目小,实际存贷差的利润空间小。

但在实践中,企业向银行贷款需要有贷款抵押担保。中小企业集群外部融资能力偏弱的原因也在于缺少足够的抵押物。

5.5.4 企业主特性影响中小企业融资

对于中小企业特别是小企业而言,企业主往往与企业经营者合而为一,并成为企业的"化身"。企业主如何构思企业的发展,对外部融资持有什么样的反应和态度,都影响到企业的融资行为。

一、企业主的抱负影响企业融资

企业获取资金用来满足企业成长和发展的需求,但前提条件是企业既有成长的愿望,也有发展的动力。

选择募股还是选择负债,绝不仅仅是一个融资方式问题,它涉及到融资者对人生价值的追求,即希望以什么方式来实现自我,是通过资产的自我积累来实现自我，还是通过经营业绩来实现自我；准备向社会奉献什么，是奉献更多的私有公用财产，还是奉献更优异的经营业绩。企业主不是通过个人资产的多少来体现人生价值，他们向社会奉献的也不是个人资产，他们是通过个人的经营业绩来实现人生价值，他们向社会奉献自己的经营才能。因此，他们追求的不是自有资产的增长，而是追求所控制和经营的资产的增长。

Westhead 和 Cowling 的研究发现，中小企业中只有很少一部分是以增长为导向的，它们遵循一种"小即是美"的理念，偏好短期资金融通，融资活动往往是一种短期行为，这易使企业陷入资金短缺的困境，而且这种情况在经济衰退的时候更为常见。

二、企业主的控制欲望影响企业融资

企业从外部进行融资的文化通常并不盛行。中小企业由于股本额小，如果经营者不持有相当比例的股权，其地位就会受到外部股东的威胁。Poutziouris 认为，为规避外源融资以减少风险，企业主总是在增长和控制之间进行权衡和选择，这一点决定了中小企业的创办者不大可能像大企业那样积极寻求外部股东入股，即中小企业创办者为避免所有权的分散而失掉经营权而不愿采取股东入股的方式来扩大自有资金，这也是导致中小企业自有资本过低，负债比率过高的重要原因。

同时，Westhead、Cowling 和 Howrth 的研究亦发现，中小企业特别是中小家族企业主，为了保持企业的独立性以将企业顺利地传递给下一代，他们排斥外部资金，虽然这样会威胁到企业的生存和发展。

中小企业创办者对控制的强烈愿望使其更倾向于内部融资而反对外部融资，不愿意与他人分享本企业的权益。因此，融资的排序理论在中小企业这里的应用受到局限，有人认为中小企业的权益融资排在内部留存收益和债务融资之后。

三、企业主的风险偏好影响企业融资

企业主个人对风险的偏好会影响企业的融资行为。假定有两类企业主，一类是创业型的，敢于冒风险，另一类是管理型的，善于管理企业，比较保守，不愿冒风险。假定他们的企业家精神是由他们对风险的偏好程度来代表和定义的。这样就可以简单地将他们的期望收益（EY）视为他们承担风险的意愿（WR）的函数：EY = a + f（WR）。其中，a > 0，EY′ > 0，EY″ < 0，WR ∈ （0，1）。根据以上的简单设定，很容易将企业主的期望收益曲线画出来（见图 5 – 13）①。

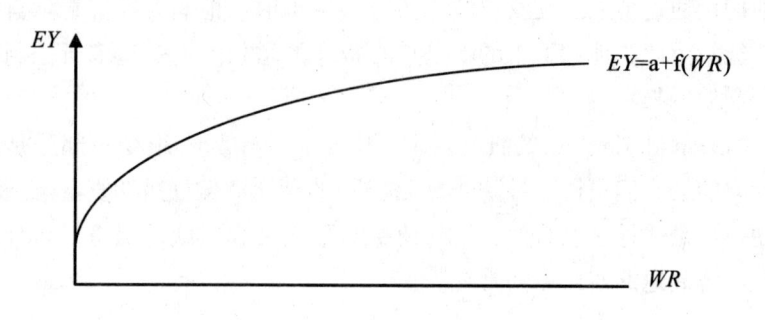

图 5 – 13　企业主风险偏好的收益曲线

四、企业主的信用关系影响企业融资

业务发展对企业培育长期竞争力至关重要。但对许多中小企业而言，基于思维的战略还不够，还必须准备使战略落地的行动方案。企业主可能对企业未来五年有一个清晰的发展战略，但是很难把战略转化为可以执行的具体行动和方案。他们不知道需要发育哪些功能，第一步应该怎么走；他们不能确定现在拥有的资源是否足够，以及到哪里寻找额外的资源，这些资源是智力方面的还是物质资源方面的，或还是其他的。他们不知道该怎么做，因为担心成本以及最终的成败。

企业主与银行之间基于个人信用关系有助于战略的执行。一方面，借助于对产业的全面了解，借助于对企业和项目的深入把握以及对企业主的理解，这种关系可以使银行克服信息困难、降低有关的监控成本，沿着企业的成长轨迹建立企业的信用记录，研发适合中小企业发展的产品"金融包"，并在适当的时候以较低的利率提供便宜的资金，有助于中小企业担保不足情况下高风险的转化。另一方面，银行有关专家可以为企业提供咨询，有助于把企业的战略转化为具体的行动。中小企业的业务发展、组织发展、管理发展之间的关系非常紧密，银行在向企业提供资金的同时，为了保证资金的安全，涉足企业经营管理领域，通过制定方案，细化操作步骤，使企业业务发展切实可行。比如，某企业家为了建立一个新厂，引进

---

① 张军：《话说企业家精神、金融制度与制度创新》，上海人民出版社 2001 年版。

新的生产线,提高产品质量满足主要顾客需求,进行融资。原有的融资计划分为:建厂房 xx 元,生产线 xx 元,营运资本 xx 元;但是在银行有关专家的指导下,又具体细分为:改变设置 xx 元,执行质量标准 xx 元,员工培训和购置设备 xx 元,新产品开发 xx 元,等等。通常,这种展示成本的方法被中小企业忽略。

但是,关系型融资也存在这样一个潜在问题,即中小企业很难确定银行是否愿意把它作为发展的客户,很难确定银行是否有必要把这种关系作为抓取信息的一个重要途径。而且,这种关系会降低银行之间的有效竞争,限制了中小企业的融资选择范围。因此,当这种关系发展到一定程度时,边际收益曲线就开始为负(见图 5-14)。

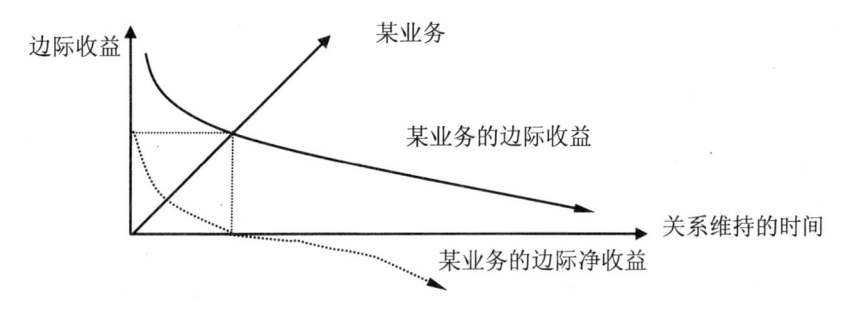

图 5-14 银企关系的边际收益曲线

资料来源:Bornheim & Herbeck (1998), P. 328.

不管怎么样,发展与银行的信用关系是解决由于信息不对称限制中小企业向银行融资的最好办法。企业主应该不遗余力地凭借个人信用发展这种关系型融资,因为融资不仅要满足一个需求,更要满足一组需求。中小企业与银行之间的这种基于企业主信用的"关系型融资",还可以扩展到中小企业与风险资金之间、中小企业与政府之间,尽管许多企业家不喜欢直接和政府打交道。

5.5.5 我国中小企业信贷融资难的自身原因分析

并不是所有的中小企业融资都难。少数中小企业经过几年、十几年的发展,已积累一定的财富,足以维持企业发展。这些企业往往是银行竞相追逐的大客户,同时也有可能获得直接融资,因此企业资金问题并不紧张。这类企业多处于稳步成长阶段,与银行已建立良好的信用关系,是 AA 级企业和银行的"黄金客户",资产负债率均为 50% 左右。自有资金加银行贷款足以支持企业发展。

真正融资难的中小企业，是具有一定市场前景，但资金负债率偏高，内部管理不甚完善，财务管理与监督机制不健全，信用状况不理想，银行对其贷款时存在顾虑，直接融资渠道仍然狭窄。这部分中小企业数量庞大，从事的业务（产业）大多属于技术含量较低，市场门槛不高，竞争比较充分的领域。它们融资的目的是解"燃眉之急"，对融资困难的呼声最高。它们既有可能被市场淘汰，也有可能在市场竞争中胜出，得到资金支持，可能会发展壮大。

这类中小企业自身缺陷以及由此产生的许多不规范或者说是违背市场经济要求的、缺乏信用的行为，是造成目前中小企业融资困难的重要原因。

一、企业经营风险高，难以提供抵押担保

中小企业从事的项目大多属于技术含量较低，市场门槛不高，竞争比较充分的领域，主要靠低成本优势参与市场竞争，易受经营环境的影响，变数大、风险大，稍有不慎，就可能导致失败。

我国没有关于企业倒闭的官方统计，但是，一些银行管理人员估计，我国有近30%的中小企业在2年内消失，近60%在4~5年内消失。中小企业高比率的倒闭情况，使向其发放贷款的银行也面临着较大的风险。

由于中小企业经营风险大，组织结构变动快、形式各种各样，内部管理不够规范和稳定，资信等级普遍不高，因而不具备获得银行信用贷款的基本条件，大多采用抵押和担保贷款。而中小企业自身规模小，资金实力不强，难以提供符合要求的抵押品和找到有实力的担保单位。因为企业抵押物不值钱，抵押物变现率一般也只有30%左右，有的抵押物，实际上根本就不能变现。即使把这些不值钱的抵押物做了抵押，银行从思想上也不愿意接受。

二、企业发展多样性，融资动机复杂

企业初创期，创始人手中一般都有好的（或自认为好的）项目，他们急需生存、发展资金，但其自有资金不足，因此，对外筹资显得非常迫切。而从资金供给方来看，出于对初创企业缺少信用记录，企业行为和财务会计记录不规范的考虑，银行只能小额分散投资，"摸着石头过河"，信

贷规模非常有限，且期限短，不稳定。企业创业初期的资产规模直接受企业主资金实力的约束。为了抢占商机，这些企业迫不得已选择资金成本很高的民间借贷，以满足其资金周转快、需求急的要求。经营好的企业，还贷后尚有盈余，不屈不挠地发展壮大；经营欠佳的企业，背负沉重的高利贷负担，最终因无法还贷而被"扼杀"在摇篮中。

中等以上规模的企业一般具有迫切的规模扩张冲动，自有资金积累难以及时满足，信贷资金需求强烈。银行作为外在于企业的行为主体，很难对逆转中的企业财务现状和前景做出客观判断，信贷矛盾突出。

季节性产品生产企业，当产销旺盛时，资金需求量大，而淡季资金需求量锐减；产量随销售订单升降的企业，资金需求量则随产量的波动而波动；即将或正在上大型项目的企业，资金需求量大增，这些企业选择投资项目，多依企业的嗜好与价值判断而定。投资成功，获利匪浅；一旦失败，颗粒无收。有的企业融资本意已从支持企业生产经营转向"圈钱"，他们靠债务或股权在很短的时间圈得大量资金，有的利欲熏心大肆享乐，有的不计风险不计成本盲目投资，最终导致投资失误，企业破产。资金的融出方在此之前很难识别。

三、企业信息内部化，融资双方信息不对称严重

银行提供贷款之前，需要搜集企业的有关信息，包括财务状况、经营现状及前景，经过对大量信息进行筛选和分析研究后才能决策。在放贷之后，银行还是要监控企业是否按照合同办事。

但是，中小企业的信息基本是内部化的，通过一般的渠道很难获得中小企业信息。企业垄断信息，公开的信息不一定反映其真实的经营与财务状况。

在我国，大多数中小企业并不需要由会计事务所对财务报表进行审计，因此，中小企业的信息基本上是不透明的。中小企业在寻找贷款的外源性资本时很难向金融机构提供证明其信用水平的信息。中小企业大多难以向银行提供经过审计的合格的财务报表，以供后者做出判断。在很多情况下，即使中小企业拥有会计事务所提供的审计意见，银行还是会怀疑会计事务所的可行性，大多数银行还会对申请企业的财务报表进行重新审查。对很多中小企业来讲，提高自身透明度面临管理成本上升。许多中小企业发现，聘请会计事务所进行审计的费用对它们来讲成本是较高的。

四、企业行为缺乏信用

有的企业缺乏信用,为了逃税漏税或骗取银行贷款,它们设立三套账,包给税务部门一套,自己保留一套,送给银行的又是一套。有些小企业干脆就是良心账,不是缺少进账手续,就是没有正规的报销凭证,甚至连财务账都没有。由于中小企业财务制度不健全,管理混乱,甚至弄虚作假,常常连财务出身的信贷员都弄不清"庐山真面目"。结果税务部门蒙受损失,银行不愿也不能发放贷款,生怕上当受骗。不少企业在正常经营时还比较守信,一旦遇到市场风险,多半会以逃废债务的方式将其直接转嫁给银行,致使银行工作人员对企业的资信真伪难辨。

有的企业采取非法集资办法,甚至靠欺诈等手法骗取资金或银行贷款,它们认为,"银行的钱是国家的钱,不用白不用,不占白不占"。对于一些赖账逃债的企业,银行向法院起诉,即使胜诉,还是有些企业主就是赖账不给。

五、企业不重视与银行建立关系

关系型贷款(relationship lending)的基本前提是,银行和企业之间必须保持长期、密切而相对封闭的交易关系,即企业固定地与数量极少的(通常为一到两家)银行打交道。

由于关系型贷款不拘泥于企业能否提供合格的财务信息和抵押品,银行的贷款决策主要基于通过长期和多种渠道的接触所积累的关于借款企业及其业主的相关信息而做出。这些信息除了通过办理企业的存贷款、结算和咨询业务而直接获得以外,还可以从企业的利益相关者(股东、债权人、员工、供应商和顾客等)以及企业所在的社区获得;它们不仅涉及企业的财务和经营状况,还包括了许多有关企业行为、信誉和业主个人品行的信息。

而现实的情况是,银行难以长期分析企业存款账户的资金来往情况,银行了解的关于中小企业的信息,主要是从对企业账户的收入和支出情况进行分析而来的。如果企业和银行之间的关系不稳定,如果企业在多家银行开立账户并进行结算,对任何一家银行来讲,它所获得的信息都是不完整的、片面的。在这种情况下,如果中小企业又无法提供经审计的财务报表,银行通常会拒绝向企业发放信用贷款,抵押贷款发放条件也会比较苛刻。

5.6 我国中小企业融资难的症结

中小企业成长过程中，影响其融资的因素是复杂和多维的，需要从深度上把握中小企业融资的症结。

5.6.1 问卷调查与处理

在调研时，采用访问调查和问卷调查结合的方法，将影响因素分为"政策及经济环境的影响"、"资金供给方因素"、"资金需求方因素"三类，共计六种主要因素（见表5-7）。向200家企业发出调查问卷，回收有效问卷167份[①]。在实证研究方法上，采用层次分析法（The Analytic Hierarchy Process，简称AHP法）作为影响因素结构定量分析的工具。

表5-7 中小企业融资难的因素结构分析

影响中小企业融资的因素（代码）		应答企业数 R_i	比重	次序
政策与经济环境的影响因素	1. 政策扶持力度 Y_1	32	19%	3
	2. 宏观经济环境的不利影响 Y_2	16	9.5%	5
资金供给方影响因素	3. 商业银行的贷款偏好 Y_3	103	61.9%	1
	4. 资本市场门槛高 Y_4	16	9.5%	5
资金需求方影响因素	5. 企业状况不符合融资要求 Y_5	56	33.3%	2
	6. 企业家对融资方式的偏好 Y_6	32	19%	3

表中的"应答企业数" R_i 是167家有效样本企业所遇到的障碍因素的统计频数，在很大程度上反映了该因素的重要程度。因此，可以设法通过

[①] 资料来自技术创新基金项目验收工作。

变换，用这些数据来构造 Saaty 的判断矩阵，并依此来计算各障碍因素的权重 Wi。以 R_{max} 来表示最大的企业应答数，R_{min} 表示最小的企业应答数，表中的 Y2 和 Y3 分别对应于 R_{min} 和 R_{max}。选取因素 Y2 和 Y3 作为推算判断矩阵的基点因素，所以，首先要推断 Y2 和 Y3 的相对重要性的判断值 b_{23}。

参照 Saaty 的标度，在调查和深入研究的基础上，可确定 Y2 和 Y3 的相对重要性标度 $b_{23}=8$。于是，通过下面的变换式即可求得各因素两两比较的相对重要性标度大小 bij。

$$Bij = \begin{cases} \dfrac{Ri-Rj}{R_{max}-R_{min}}(b_{23}-1)+1 & (当\ Ri-Rj \geq 0\ 时) \\ \left[\dfrac{Ri-Rj}{R_{max}-R_{min}}(b_{23}-1)+1\right]^{-1} & (当\ Ri-Rj < 0\ 时) \end{cases} \quad i,j=1,2,\cdots,6$$

这个变换式的意义在于：根据基点相对重要性标度，将各因素的企业应答数之差，从（0，（$R_{max}-R_{min}$））区间变换到能反映各因素相对重要性程度的（1，b_{23}）或（1/b_{23}，1）区间，这样，就可以用 bij 来构造间接的 Saaty 判断矩阵，结果如表 5-8 所示。由于 bij 满足如下条件：（1）1/b_{23} ≤ bij < 1（当 b_{ij} < 1），1 ≤ b_{ij} ≤ b_{23}（当 bij ≥ 1）；（2）$bij=1/bij$。因而这个间接判断矩阵具有和标准 Satty 判断矩阵同样的性质。

表 5-8 间接 Saaty 判断矩阵

	1	2	3	4	5	6
1	1	0.1487	2.273	1	2.273	0.3438
2	0.4399	1	8	0.4399	8	0.239
3	6.727	0.125	1	6.727	1	4.818
4	1	0.4399	0.125	1	0.125	0.239
5	2.909	0.2076	1	2.909	1	4.182
6	1	0.1487	2.273	2.182	0.3438	1

至此，根据 AHP 法的基本原理来计算间接 Saaty 判断矩阵 A 的特征向量。具体计算步骤如下：

计算判断矩阵 A 每行所有元素的几何平均值：

$$\varpi_i = \left(\prod_{i=1}^{6} b_{ij}\right)^{-6} \quad (i,j=1,6)$$

可得

$$\varpi_i = (0.801, 0.4236, 4.9066, 0.4236, 1.7678, 0.801)^T$$

将 ϖ_i 归一化，即计算

$$W_i = \varpi_i / \sum_{i=1}^{6} \varpi_i$$

可得

$W_i = (0.0878, 0.0464, 0.5377, 0.0464, 0.1939, 0.0878)^T$

W_i 即为所求判断矩阵 A 的特征向量的近似值，也即各障碍因素的权重。

总结以上结果，可以得出样本企业（忽略行业等因素，把中小企业视为同质的）对各影响因素的权重及分类结构（见表 5-9）。

表 5-9　中小企业融资各影响因素的权重及分类结构

因素	政策经济环境因素		资金供给方影响因素		资金需求方影响因素	
	政策扶持力度	宏观经济环境的不利影响	商业银行贷款偏好	资本市场门槛高	企业状况不符合融资要求	企业家对融资方式的偏好
权重	8.78%	4.64%	53.77%	4.64%	19.39%	8.78%
分类结构	13.42%		58.41%		28.17%	

5.6.2　实证分析及建议

通过实证检验证明，商业银行的"所有制偏好"变得淡薄，企业所有制的差别与贷款比率之间基本上不存在相关性，这表明所有制歧视并不是中小企业贷款难的主因。根据对中小企业获取贷款难易程度的调查显示，贷款相对较难的是国有和集体企业，相对较容易的中外合资企业，而私营企业处于两者之间，这也表明，至少在发达地区所有制歧视并不是中小企业贷款难的主要原因。

从实证结果看，影响中小企业融资的主要障碍是商业银行贷款偏好和中小企业自身状况，这两个方面的因素决定融资双方的交易费用较高。

一、中小企业融资的交易费用居高不下

（一）大银行的特点导致交易费用较高

在信贷市场上，我国的银行体系以四大国有商业银行为绝对的主体，

这类银行在所有制和治理结构上有产权约束弱化、治理结构不完善的特点，从而导致在对中小企业信贷融资中较高的交易费用。

西方关系型贷款理论和小银行优势论认为，由于大银行和中小银行在组织模式、运行方式、地缘关系、银企关系、信息生产和传递等方面存在很大的差异，因此，大银行具有对大企业贷款的比较优势，而中小企业银行具有对中小企业贷款的比较优势。中小银行对中小企业贷款的这种比较优势主要体现在对中小企业的信息收集和监督上，相对于大银行，中小银行一般具有在地缘上和中小企业更为靠近，在银企关系上更为紧密的特点，因此使得中小银行能够比大银行更好获取信息并监督贷款企业，从而有效节约信息费用和监督费用。而当前我国单一的、基本上是大银行一统天下的市场结构，使得大银行在向中小企业融资中的交易费用相对较高。

（二）中小企业的特点导致较高的交易费用

中小企业相对不规范的产权结构和治理结构，较低的资产规模和较弱的抗风险能力，以及相对小额的信贷规模等固有特征可能导致银行在向中小企业融资中产生较高的交易费用。

1. 信息费用高

我国中小企业产权结构和治理结构仍然停留在较初级的形态上，规范程度十分有限，信息内部化倾向明显，信息质量难以保证。因此，银行在搜寻中小借款企业时需要付出较高的搜寻费用，在识别中小企业时，需要银行付出大量的财力和人力，从而导致银行在向中小企业融资中的较高信息费用。

2. 监管费用高

和大企业相比，多数中小企业所处的是竞争性很强的行业，易受经营环境的影响，平均利润水平不高，在某些情况下，中小企业存在较强的机会主义倾向；部分中小企业内部规章制度不健全，全力过于集中，决策缺乏约束，随意性较大，在经营上往往带有一定的盲目性、冒险性和不稳定性。因此，银行为防止贷后随意更改投资方向、拖延还款等情况的发生，不得不支付较高的监督费用。

3. 交易费用不能有效降低

由于中小企业的每笔贷款余额相对较小，无法有效摊薄银行信贷发放中的固定费用，银行向中小企业融资存在规模不经济效应，因此，银行向中小企业信贷融资中的单位信息费用和监督费用也是相对较高的。虽然抵押担保机制有助于银行降低信息费用和监督费用，但抵押担保机制的有效运用要受企业能否提供足额抵押担保品的约束。中小企业由于资产规模有限，实际可供抵押担保的资产十分匮乏；而且银行的创新能力普遍较弱，银行一般只接受房产、土地、设备和流动性强的有价证券作为抵押担保品，这也大大削弱了中小企业的资产抵押担保能力，从而使得抵押担保机制在降低信息费用和监督费用方面受到了很大的局限。[①]

总之，无论是信息费用还是监督费用，由于中小企业的自身运行特点，使得银行向中小企业信贷融资中的交易费用都是相对较高的，从而导致中小企业融资难。

二、信用体系直接关系到交易费用

从上述分析发现，关于中小企业融资难（贷款难）的主流理论都可以从基于信用体系的交易费用直接导出。只有解开"交易费用高"这个扣，中小企业融资难问题才能得到较好解决。

信用体系建设直接关系到中小企业融资的交易费用。

前文我们已经阐述过，社会信用体系由若干个子系统构成。其中，征信、信用评估、信用保障服务体系（担保、保理、保险等）等是中小企业融资不可或缺的"基础设施"。成熟的征信和信用评级体系可以为银行信贷决策提供参考，降低银行对中小企业贷款中的搜寻和调查费用，而中小企业信用担保体系，不仅有利于降低银行对中小企业信息了解不足而导致贷款违约而造成的损失，还有利于降低银行对贷款企业的监督费用。但是，信用体系滞后发展，使得银行向中小企业融资中的交易费用无法有效降低，从而从根本上导致中小企业融资（贷款）难。

因此，中小企业融资所缺乏的，首先还不是中小银行，而是信用体系的建设。至于银行经营状况的改善，只有借助于资本市场才有可能。资产和负债业务的单一性问题也只有在架起商业银行与资本市场的桥梁后，才能有效解决。

---

① 殷孟波、翁舟杰、梁丹：《解读中小企业贷款难理论谜团的新框架》，载《金融研究》2008年第5期。

第6章　中小企业融资的实践模式

融资困难不是中国中小企业所独有的现象，不同国家不同地区中小企业融资面临共性的问题，也有各自的特殊性。许多国家和地区进行了有效的实践，相应形成适合各自情况的最佳融资模式。

6.1　美国模式

1953年美国国会通过的《小企业法》第二条表示，小企业①是维持自由竞争的重要因素，保障个人独立经营的机会可促进国家繁荣。美国支持中小企业的目的在于保护自由竞争，保证国家全部经济体系的健康发展，从而推动整个国民经济的增长与发展，促进国家繁荣。这一目标决定了美国中小企业融资体系的激励色彩较浓，政府干预较少（美国小企业的融资体系见图6-1）。

6.1.1　银行信贷渠道

在美国，三分之二的小企业员工不足5个人，80%的小企业几乎没有专门的办公室，90%的小企业总资产和年销售额不足50万美元，92%的小企业直接由业主自己经营。而且，美国的小企业也缺乏完善的财务资料，银行收集这些资料的成本同样昂贵。

回顾美国的金融历史，过去大银行也是烦于与小企业打交道。然而迫于

---

① 美国企业的划分只有大、小两类。

第6章 | 中小企业融资的实践模式

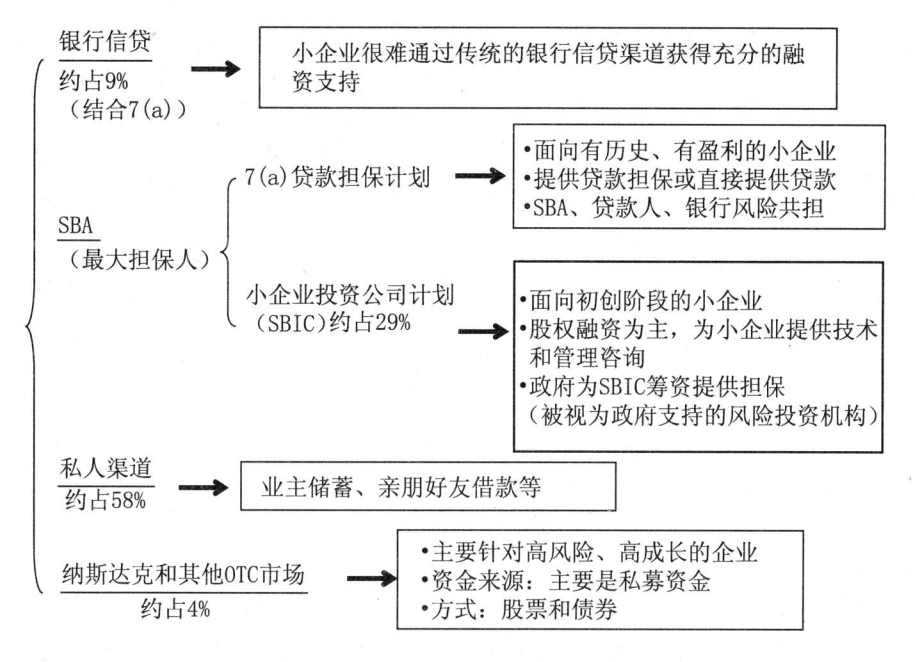

```
银行信贷
约占9%      → 小企业很难通过传统的银行信贷渠道获得充分的融
(结合7(a))     资支持

            7(a)贷款担保计划 → • 面向有历史、有盈利的小企业
                              • 提供贷款担保或直接提供贷款
SBA                           • SBA、贷款人、银行风险共担
(最大担保人)
            小企业投资公司计划   • 面向初创阶段的小企业
            (SBIC)约占29%  →  • 股权融资为主,为小企业提供技术
                              和管理咨询
                              • 政府为SBIC筹资提供担保
                              (被视为政府支持的风险投资机构)

私人渠道
约占58%     → 业主储蓄、亲朋好友借款等

纳斯达克和其他OTC市场   • 主要针对高风险、高成长的企业
约占4%            →  • 资金来源:主要是私募资金
                    • 方式:股票和债券
```

图6-1　美国小企业的融资体系

新兴金融机构和金融工具的"挤压",商业银行不得不重视为小企业金融服务,并采取了很多措施来降低对小企业贷款的操作成本和风险管理成本。

一项权威调查表明,1998年仅有不到7%的美国小企业感到"融资和利率问题",表明商业银行和其他小企业金融服务提供者的工作卓有成效。有88.86%的小企业获得了商业银行的金融服务,如支票账户或活期存款账户、抵押贷款、融资租赁、中长期分期偿还贷款、贸易融资、信用卡以及包括先进管理业务和经济业务在内的财务管理服务等。其中又有40%的小企业使用了商业银行的贷款服务。资产在50亿美元以上的大银行占有小额小企业贷款市场份额的35.4%和大额小企业贷款市场份额的82%,这两者都远远超过了小银行。之所以有这样的结果,是因为传统银行对小企业的信贷风险进行管理创新。

一、信用评分与贷款证券化

中小企业信贷数额小,周期短,风险高,如何对中小企业信贷进行有效的风险管理一直是一个难点。美国银行通过信用评分(credit scoring)和中小企业贷款证券化(securitization),有效地降低了中小企业贷款的风险。

（一）信用评分

信用评分的具体做法是：用历史数据和统计方法分离出贷款申请人的各种特征对违约和不良行为的影响，通过计算贷款申请人的信用分数来预测其违约或不良行为的概率。金融机构据此设置信用阈值，对高于或低于阈值的中小企业的贷款要求予以批准或拒绝。由此设立的标准化的信用评分模型将传统的信贷批准过程和贷款处理从平均每笔12.5小时和2周分别减少到1个小时和几个小时，甚至事先贷款处理的自动化。这一方面提高了效率，另一方面降低了贷款机构和贷款人的成本。

（二）贷款证券化

贷款证券化是指银行将贷款汇集起来，以贷款为抵押向公众或企业发行证券。证券持有者有权获得贷款本金和利息收入，贷款不能归还时还可向发行人追索，因此风险很低或基本无信用风险，在享受高收益的同时又免去管理贷款的麻烦。而对于银行来说，则提高了资产的流动性，增加了收入，从而降低了资本金持有者的要求。

美国银行业这种信贷风险管理的创新，有效控制了小企业贷款的风险，消除了银行对小企业贷款的"畏贷"心理，从而在客观上促进了银行业向小企业的信贷投放，改善了小企业的间接融资环境。

二、社区银行——银行市场结构调整的产物

社区银行定位小型客户、提供个性化服务。

美国政府设立社区银行的初衷主要还是在中低收入地区和低收入人群中识别和挖掘可利用的贷款机会，促进社区经济活动的活跃。

根据美国独立社区银行协会2000年的统计，美国有8300家中小金融机构（如储蓄和贷款机构等）被划分为社区银行，这些社区银行在全美有36803个网点，这些网点有54%分布在农村，29%分布在美国的中北部，21%分布在东南部，16%分布在西南部，18%分布在中西部，11%分布在西部，8%分布在东北部。

从市场定位看，社区银行主要面向当地家庭、中小企业和农户的金融服务需求；社区银行主要将一个地区吸收的存款继续投入到该地区；社区银行的员工通常是十分熟悉本地市场的客户，同时这些员工本身也是融入

到社区生活的成员；社区银行在审批中小企业的贷款时，客户不仅仅是一堆财务数据的代表，实际上社区银行的信贷人员还会考虑这些作为借款者的比较个性化的因素，比如性格特征、家族历史等个人因素。

由于社区银行的运作都在本地，对客户一般有深入的了解，因而社区银行做出信贷决定相当迅速，而且能够更好地理解中小企业在经营中可能遇到的困难，并相应提供个性化服务，因此目前美国的社区银行已经成为中小企业主要金融服务的咨询支持机构。根据美联储1998年对于小型企业融资的调查，97%的受访企业从本地银行或者储蓄机构获取自己需要的服务，而且这些小型企业大约72%的金融服务是从本地银行或储蓄机构获得的。

从发展趋势看，尽管未来社区银行等社区性的金融很可能因为并购等出现数量下降的可能性，但是，从总体市场格局看，社区金融活动在美国的总体金融活动以及社区性的经济运行中依然会相当活跃。

6.1.2 美国小企业管理局——SBA

小企业管理局成立于1953年，目前有100多个分支机构，共有员工3700多人。主要负责向小企业发放直接贷款，与银行联合办理贷款和贷款担保。在美国科技发达和经济繁荣背后，SBA对小企业的融资支持功不可没。SBA对小企业的金融支持，主要是其运作的7(a)贷款担保计划和SBIC计划。

一、7(a)贷款担保计划

在SBA设立的初期，大多采用直接贷款，但由于联邦预算的限制，SBA不能大量增加贷款额度。同年，根据7(a)条款，推出SBA贷款担保计划，现在SBA的担保贷款已大大超过直接贷款，占90%左右。

7(a)贷款担保计划针对小企业贷款提供担保，主要的支持对象是有一定经营历史和盈利能力的小企业。为避免银行的道德风险，7(a)贷款担保计划遵循风险共担机制。SBA只对部分贷款金额进行担保（通常情况下，是100万美元以内的贷款，担保比例不超过贷款总额的75%；10万美元以内的小额贷款，担保比例不超过贷款总额的80%）；贷款人自己必须承担贷款金额20%~25%的信用风险。同时，SBA允许贷款人通过证券化的方式把其承担的20%~25%的风险转嫁给资本市场，同时通过这一机制，一些缺乏直接融资渠道投资于小企业的投资者也获得了自己感兴趣的投资机会，而对小企业而言，则降低了其融资成本。

SBA 是美国，并可能是全世界为小企业融资提供担保最多的机构。目前美国有 8000 多家贷款机构参加 SBA 贷款计划，截至 2000 年 6 月[①]，发放 SBA 贷款的三家机构依次为美洲银行，贷款余额为 160 亿美元；美国银行，贷款余额为 90 亿美元；富国银行，贷款余额为 80 亿美元。

二、小企业投资公司计划——SBIC

除了在小企业贷款方面给予支持，SBA 支持小企业融资的另一重要途径是其运作的小企业投资公司计划，SBIC（Small Business Investment Company），这是美国风险投资与中小企业结合的创新模式，主要的支持对象是初创阶段的小企业，以股权融资为主。

SBIC 的资金来源由私人资本和 SBA 担保的证券融资组成，因此，SBIC 也可被视为获得政府支持的风险投资机构。相对于其他风险投资机构的特点是：投资对象广，平均投资金额小，带有政策导向（如对中低收入地区小企业以及少数族裔、妇女经营的小企业投资等）。

SBIC 计划最核心的原则是：

第一，政府为 SBIC 从资本市场筹资提供担保，通过提高 SBIC 的信用等级帮助其降低融资成本，但政府本身不作为 SBIC 所发行证券的投资者或直接为 SBIC 提供贷款。

第二，SBIC 必须以其私人资本最先承担风险和损失，即一旦出现投资损失，先用私人资本进行弥补，只有当用尽全部私人资本还不足以弥补损失时，SBA 的担保才发挥作用。这一规定促使 SBIC 的管理者根据现金流状况谨慎安排投资组合，以确保能对投资者按时支付利息。

第三，SBIC 投资于小企业，必须要有相关的专业背景，为企业提供必要的咨询。通过上述制度安排，SBIC 充当了金融中介，将资金需求方——头几年难以产生足够现金流定期支付利息的初创企业，和资金供应方——追求高回报的机构投资者，通过固定收益证券联系起来。

从资金链的构成看，SBA 支持下的 SBIC 融资计划，尤其是参与证券融资计划有别于传统的融资方式，实现了金融创新。

6.1.3 纳斯达克和其他 OTC 市场

随着科技的进步，一些高科技和服务型公司迅速崛起。这些以高风险、

[①] 雷霆：《美国小企业如何获得金融支持》，载《国际融资》2003 年第 5 期。

高成长为特征的企业在创业阶段、规模尚小的时候无法进入主板市场，更无法得到公募基金的投资，所以迫切需要一个支持自己发展的资本市场。

一、纳斯达克市场

纳斯达克市场的建立正好满足了这类企业的需求，为这些不能在纽约交易所和美国交易所上市的中小企业提供了发展的机会。

如果一家公司想要在纳斯达克挂牌，它必须具备美国征管会规定的以下几点最低条件：净资产总额超过400万美元；股票总市值最少要100万美元以上；需有300名以上的股东；上一会计年度税前所得最低为75万美元；每年的年度财务报表必须提交给证管会与公司股东们参考；最少须有三位"造市商"（Market Maker）参与此案。

纳斯达克市场为了数以百计规模较小、来自信息和生物技术等发展迅速的新兴公司上市的场所，涌现出一大批世界级高科技企业巨人。而在创业板市场中有很大一部分资金来自于私募基金，这些投资者大多对科技企业感兴趣，且有很强的承担风险的能力。

纳斯达克市场本身对风险控制的手段和措施已经法制化和程序化。它有两个手段：股票发行监管和交易活动监管。

股票发行监管，是指对在纳斯达克上市发行活动实行紧密监管，以维护市场秩序和投资者利益。其手段主要通过检查所有在媒体上披露的有关公司股票发行信息，并有权事先得到公司某些重要信息。对违规公司该部门有权责令其停止上市交易活动。

交易活动监管，是指该系统对所有上市企业的交易活动实行实时监督，以保证交易活动的真实性和秩序化。它通过这种监控系统的自动搜索和分析功能实时监视所有交易活动。对上市公司提供纳斯达克有关交易管理规定和有关法律规定。若发现违规则交有关部门进一步落实办理。

这两种做法和分工并没有别的特别之处，但其手段的先进性和严密性有效地维护了市场秩序和投资者利益。在近三十年的发展中，纳斯达克一直较好地控制了风险，避免了重大事故发生，较好地处理了发展与风险控制的关系。

二、其他 OTC 市场

除了公开上市外，小企业之间存在着大量的收购兼并活动。因此，其他（柜台交易市场）OTC 市场，活跃了企业之间的股份转让，当然，也是风险投资的一个重要出口。

6.1.4　美国小企业融资模式的特点

通过以上分析可以看出美国小企业的融资特点：小企业除了企业主自身的储蓄和商业利润留成外，更多地依赖于证券市场和短期借款；政府的作用主要是为小企业创造一个相对公平的融资环境，一方面主要通过中小企业管理局 SBA 制定宏观调控政策，引导民间资本向小企业投资；另一方面，主要是为小企业提供信贷担保，这是美国小企业融资体系的一大特色。

6.2　德国模式

德国的中小企业融资体系见图 6-2。

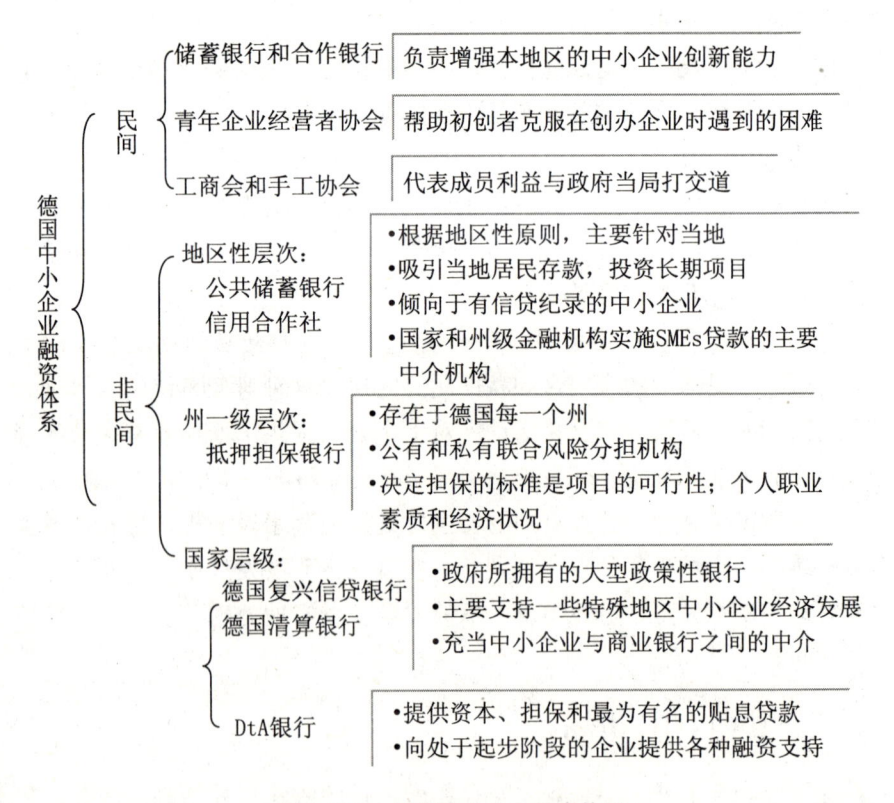

德国中小企业融资体系：

民间：
- 储蓄银行和合作银行：负责增强本地区的中小企业创新能力
- 青年企业经营者协会：帮助初创者克服在创办企业时遇到的困难
- 工商会和手工协会：代表成员利益与政府当局打交道

非民间：
- 地区性层次：公共储蓄银行、信用合作社
  - 根据地区性原则，主要针对当地
  - 吸引当地居民存款，投资长期项目
  - 倾向于有信贷纪录的中小企业
  - 国家和州级金融机构实施SMEs贷款的主要中介机构
- 州一级层次：抵押担保银行
  - 存在于德国每一个州
  - 公有和私有联合风险分担机构
  - 决定担保的标准是项目的可行性；个人职业素质和经济状况
- 国家层级：德国复兴信贷银行、德国清算银行
  - 政府所拥有的大型政策性银行
  - 主要支持一些特殊地区中小企业经济发展
  - 充当中小企业与商业银行之间的中介
- DtA银行
  - 提供资本、担保和最为有名的贴息贷款
  - 向处于起步阶段的企业提供各种融资支持

图 6-2　德国中小企业融资体系

6.2.1 民间机构

民间机构对德国中小企业融资发挥了重要作用。德国的储蓄银行、合作银行、青年企业经营者协会等向企业提供各种综合性的支持与服务，直接或间接地促进了中小企业融资环境的改善，壮大了中小企业的资金实力。

一、储蓄银行与合作银行

储蓄银行是中小企业最重要的合作伙伴，在全国各个城镇和地区都有独立的分支机构，对本地区经济发展和增强中小企业的创新能力具有强烈的责任感。

为了提高中小企业的产权资本化程度，储蓄银行提供资金的主要部分，但也吸收私人投资，由投资公司向客户融资；开办创新中心，以合理的价格向中小企业提供有关设施，并帮助创业者与科研单位挂钩，不仅提供咨询服务，也给予技术支持；为中小企业提供技术转移诀窍、购买有关信息、与有经验的企业联系、企业管理的咨询以及员工培训等服务；建立了一个按预先编制程序快速、高效地获得专家意见的网络系统，为技术项目进行高水平的评估，并使创新企业能够迅速得到融资。

合作银行也与中小企业密切联系，它们提供的服务与储蓄银行相似。

二、青年企业经营者协会——BJU

该协会旨在帮助青年经营者克服创办新企业时遇到的困难。它们与一家私营银行和保险公司合作，实施了一个旨在鼓励企业创始人的"创业者车间"项目，向创始人无偿提供车间，并使他们获得富有经验的企业家的建议。此外，还帮助经营者编制企业财务计划。

三、工商会（DIHT）和手工协会（ZDH）

依照德国法律的规定，企业被要求强制性地参与这两个组织。它们在国家对有关中小企业的政治决策方面有相当影响，向企业提供咨询服务，并代表其成员的利益与政府当局打交道，尤其是在企业管理和获得财政援助上提出建议。

6.2.2 非民间的金融机构

德国有一些机构支持中小企业经济，它们根据自己的历史背景，在不同层次上运作。在地区性的层次上，有公共储蓄银行和信用合作社；在州一级的层次上，有抵押担保银行；在国家的层次上，有德国复兴信贷银行和德国清算银行。

一、地区——公共储蓄银行和信用合作社

由于历史背景和分散型的结构，公共储蓄银行和信用合作社成为中小企业主要的金融服务机构。同时，它们又是企业和担保银行，以及企业与德国复兴信贷银行和德国清算银行之间的中介机构。它们从担保银行那里获得支持，有了这些担保银行的支持，一些本来不具备足够的抵押而被银行拒绝授信的企业，就能够获得信用。

公共储蓄银行与信用合作社是中小企业主要的信贷来源。但是，在不同的县，它们的行为是非常不同的，尤其在风险避让方面。它们是成立时间较长的中小企业信贷来源，但是也存在一个针对它们的比较普遍的批评意见，就是它们比较倾向于向一些有长期纪录的企业提供资金，而把一些成长较快的新企业定位为高风险企业。为了避免金融风险，避免银行的倒闭给已经紧张的公共资金资源带来更多的压力，这些银行中的政府代表会竭尽全力地采取一些避让金融问题的管理方式。因此，这些银行的信贷政策常常被认为是过于保守。

作为接受政府支持的金融机构，公共储蓄银行有很高的信用评级。除了正式的金融投资业务和流动资金，公共储蓄银行也是国家和州一级针对中小企业融资项目的主要中介人，它们针对中小企业，具体执行由德国复兴信贷银行、德国清算银行和一些信用担保银行（这些担保银行主要是在州一级的层次上运作）提供的一些融资和担保项目。

除了在组织形式和历史背景方面，信用合作社的任务与公共储蓄银行的任务在很大程度上没有什么不同。虽然并没有对信用合作社一定要在所在地经营的限制，但事实上它们的投资主要还是针对它们所在的地区。

二、州——信用担保银行

信用担保银行作为公共和私有的联合风险分担机构，存在于德国的每个

州中。这种由公共和私人部门得出的共同的创意，是源于对市场失灵引起的信用缺乏的观察。在经过了一个徘徊的开端之后，这些组织获得了很大的发展。一点一点地，抵押担保组织逐渐渗透到了经济活动的各个部门。

担保银行向各家银行提供其对中小企业的贷款、租赁融资合同和投资的担保，因此中小企业可以获得更多的信用。它们支持处于起步阶段的企业，同时也支持对已经存在的企业的一些项目。除了传统的信用和贷款融资，包括那些来自政府支持项目的资金，在借款合同当中担保银行还被认为是"风险伙伴"，同时它们还被认为是股本资本的提供者。其营业范围一方面包括以下方面的资本投资：新公司成立和公司扩张、公司营业地点的转移、公司的合理化改革以及企业对于变化的市场的应变措施；另一方面，也包括整个流动资金的有关项目。

担保银行的创建者和股东们，是一些商会、不同行业的行会、不同经济部门的各种协会，以及一些银行和保险公司。它们提供成立资金、企业的准备金，在决策过程中提供意见和经验。担保银行根据德国的银行法进行运作，它们受到联邦政府金融监督局的监督，就像德国其他类型的银行一样。

除了从建立者和股东那里获得支持，政府也从三个重要的领域对它们提供帮助：1. 作为非盈利机构它们不缴纳企业所得税；2. 联邦政府和州政府对担保银行所做的担保进行再次担保（它们最大的担保份额分别是担保额的39%和26%，但是在德国东部新并入的各州，联邦政府担保的最大份额是48%，而州政府的最大份额是32%）；3. 长期贷款受到联邦政府的资助，资金的来源是欧洲复兴计划基金，利息比较低。

为了获得担保银行的担保，企业必须提交一份申请表格和一份银行对账单，表明他们准备好了来承担担保不能涉及部分的风险。担保银行在信用风险所占的比重从50%到80%不等；担保的平均年限是10年；担保的上限是150万德国马克（有时候可以例外）；收取统一费用和年佣金（统一费用，主要是针对小用户的收费方式，指每一单位时间内收取固定的费用）。

决定一个担保申请是否被通过，最重要的标准是这个项目的可行性。信用官员会收集相关的一些信息并进行评估，如资产负债表、业务计划、资金周转情况、商会行会和各种协会的评价等等，及关于企业所在的经济部门的信息，例如竞争的结构。如果是个人想通过贷款变成个体工商业者而申请担保，那么这个人的职业素质、业务知识和他的经济状况都会受到严格的审查。届时，信息官员将准备一分详尽的报告，然后将由来自贸易和工业、银行、经济和金融部门的代表组成的委员会对这个报告进行仔细的讨论。虽然这个委员会的合作非常重要，但是最终的决定却是由担保银行的管理人员做出的。

三、德国复兴信贷银行和德国清算银行

德国复兴信贷银行和德国清算银行是政府所有的大型银行，它们的任务是支持一些特殊地区的经济发展。是德国中小企业经济中最重要的机构之一，因为德国政府对于中小企业的金融支持项目是由它们来管理的。通过各种中小企业支持项目，它们一方面在企业家和商业银行之间，另一方面在企业家和国家之间起到一种重要的中介机构作用。

（一）德国复兴信贷银行

德国复兴信贷银行（KFW）是1948年根据《德国复兴银行法》成立的一个政策性银行，以支持中小企业的发展而著称。联邦政府拥有它的10亿马克总资本的80%，其余的20%由州政府控制，是德国最大的银行之一。KFW对中小企业的贷款占其在国内贷款数额的40%到50%。其长期贷款为固定利率，利率优惠，而且申请简便（见图6-3）。为支持其对中小企业的资助，政府准许它买卖证券，以筹集必要的资金。

```
         ②              ①
KFW ←──────── 商业银行 ←──────── SMEs
    ────────→        ────────→
         ③              ④
```

图6-3　KFW对中小企业的信贷流程

说明：①代表：中小企业把申请贷款项目的项目评估和信贷风险评估通过某一商业银行交给KFW银行。②代表：KFW银行根据其开发规则对项目进行审核，看看是否合格。同时根据银行业规则看是否可以贷款。③代表：由KFW通知商业银行是否接受中小企业的贷款申请。④代表：如果合格，则发放贷款，进行担保程序，并对项目和贷款进行监督。

该行贷款的重要特点是：贷款通过经验丰富的合作伙伴（商业银行）进行放贷。KFW非常倚重与商业银行的合作，这样的好处在于：第一，可以避免政策性银行的官僚主义；第二，借助商业银行广泛的营业网络进行放贷，银行的评估和银行的责任可以确保贷款用于帮助业绩良好的企业，

而且与地方银行的合作增加开发办法的可接受性。KFW 对中小企业的贷款对象有两类：一是每年最大销售额低于 10 亿马克的中小企业；二是自我经营的自由职业者，如建筑师、医生等。对中小企业贷款的用途是需要长期融资的投资项目，如进行房地产、建筑投资、购买机械和车辆等。

（二）德国清算银行

德国清算银行是德国联邦政府全资的开发机构。它成立于 1950 年，一开始它的目的主要是提供贴息贷款，进行股本融资，以及为了支持中小企业的发展而以联邦政府的名义提供担保。现在，所述这些还是这家银行的主要业务范围。

由于受到德国中小企业经济政策的影响，德国清算银行不仅仅支持商业性的创业企业，它还支持环保项目、教育和社会项目，通过它的全资子公司向一些新的高科技项目筹集风险投资资金，如技术参股公司。德国清算银行通过两种资源对中小企业进行资金援助，即德国从欧洲复兴计划获得的资金和它自己拥有的从国内和国际市场筹集的资金。

德国清算银行是欧洲复兴计划基金在德国的主要的资金外贷银行。

四、DtA 银行

DtA 银行是一家全国性的开发银行。其最大特色是向处于起步阶段的企业提供各种融资支持，以降低企业建立过程中伴随的各种风险。据统计，该行提供的（企业创立）启动资金占全德国的 25%[1]。该行的主要业务方式是通过零售银行和储蓄银行向企业提供投资资本、担保和最为有名的贴息贷款。该行也是年青公司在成长阶段的重要融资伙伴。

除了资金支持外，DtA 还对企业提供广泛的顾客支持（咨询）服务。DtA 越来越多地在企业创建之前的阶段提供咨询服务。该行还把对初创企业的支持领域扩大到诸如人力资源这样的"软"因素上。DtA 对创业者提供贷款的资金主要来自储蓄银行（47%）、合作银行（40%）和私人银行（13%）。

6.2.3 德国中小企业融资体系特点

二战后，德国政府为了促进经济发展，设立了 KFW 等政策性银行，

---

[1] 应惟伟：《高科技中小企业融资方式研究（2000）》，中国人民大学论文阅览室。

以加强对中小企业的融资，形成了以信贷为主、缺乏发达证券市场的融资模式。这种政府主导型的经济发展思路，从深层次上讲与德国的文化有关。

德国在利用银行信贷对中小企业进行融资支持方面，是一个非常有特点的国家。其典型特点是，开发性金融机构在商业银行的辅助下为中小企业提供了大量的信贷资金。而且，德国形成了不同层次的一系列机构，提供多方面服务以促进中小企业发展。既有德国政府的特别基金，也有地方政府的各种政策支持；既有全国范围的开发银行融资支持，也有地方层次的开发银行和担保银行的融资支持。金融机构既提供融资，手段多样，主要包括赠款、优惠条件长期贷款（固定利率）、利息补贴、担保、股权投资等，同时也提供各种咨询服务，促进对中小企业的销售。

6.3 意大利模式

意大利的生产体系是建立在小企业制度上的，70%的雇员受雇于中小

```
                    ┌─ 专为中小企业 ──→ ·提供低息贷款、长期贷款、特殊贷款
                    │   服务的银行      ·认购中小企业发行的股票或公司债券等
                    │                  ·提供相关的金融服务、信息服务、管理服务等
                    │
意                  │                  ·技术创新滚动基金：支持中小企业采用先进技术和生产工艺
大                  │                  ·互助基金：成员可以获得无需抵押担保的低息贷款
利  ─┤  中小企业 ──→  ·补贴基金：针对中小企业的投资计划
中      基金           ·购买高技术产品基金：为购买和租用高技术设备的中
小                        小企业提供补贴
企
业   ─── 信贷担保 ──→  为有资格担保的中小企业支付不低于90%的未偿还部分
融       机构
资
体   ─── 资本市场 ──→  ·证券交易市场
系       （允许SMEs     ·第二板市场：针对新兴、有成长性的中小企业
         进入资本市场） ·柜台交易市场：条件宽松，即使亏损，若有潜力仍能上市

     ─── 风险投资 ──→  成立创新与开发金融公司，向小企业进行风险投资
```

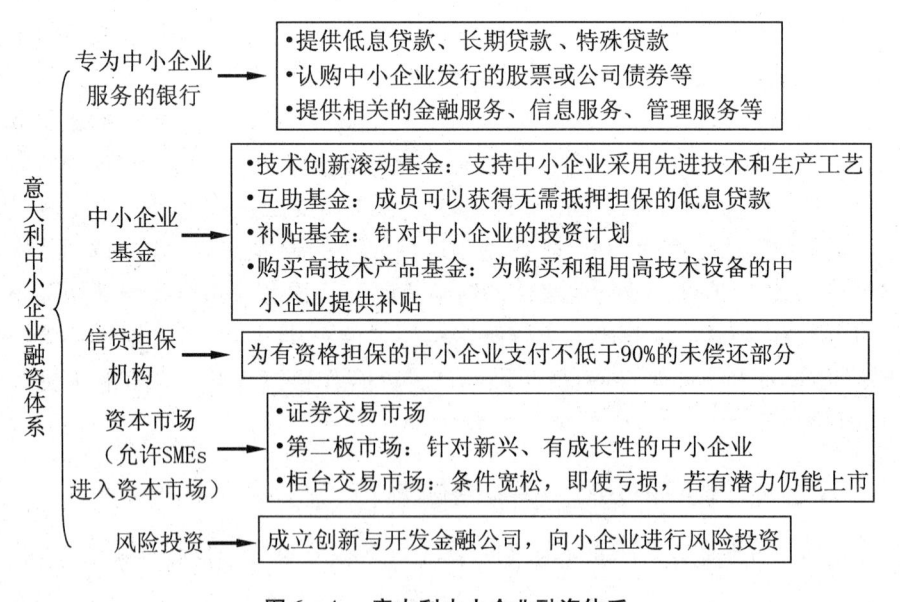

图6-4　意大利中小企业融资体系

企业。意大利中小企业专业化程度高，协作精神强，形成了许多蓬勃发展的专业区。许多中小企业直接融入了国际化、全球化潮流。在这种情况下，扶持不扶持中小企业，不仅关系到中小企业本身的生存，而且也直接关系到整个国民经济的盛衰。

意大利的中小企业之所以能得到迅猛发展，与其建立一整套完善的高效率运作的中小企业融资体系（见图6-4）有关。

6.3.1 成立中小企业银行

意大利政府认为，中小企业在现代市场经济条件下，与大企业相比有许多市场劣势，它们面临的最大难题是筹资困难。因为中小企业中资信好的毕竟凤毛麟角，绝大多数规模小、自有资本少、信誉度低、产品市场不明，缺乏有效的抵押资产，这无疑增加了银行贷款风险。银行惜贷导致整个中小企业难以从一般金融机构得到贷款，特别是长期贷款。在意大利，大小商业银行林立，还有众多非银行金融机构，但中小企业从它们中获得贷款的可能性远不及大企业，中小企业支付贷款的利率也要比大企业高2%~3%。中小企业获得的有限信用贷款中，信用贷款比重小，中长期贷款比重低。

针对这种情况，意大利政府把对中小企业提供适当和稳定的贷款作为一项重要措施，为此专门成立了为中小企业服务的金融机构，如合作银行、互助银行、国民银行等。这些金融机构以较为有利的条件向中小企业直接贷款，贷款大多是低息贷款，通常贷款利率要比市场利率低2%~3%，而且大多数是长期贷款；或由这些银行认购中小企业发行的股票或公司债券等。尤其是互助银行还依据中小企业现代化、调整产业结构、节能、防止污染等特定政策目标提供特别贷款，具有更优惠的利率、期限条件。此外，这些金融机构还向中小企业提供诸如结算、汇兑、转账、财务管理等方面的金融服务和政府行为、商业合同、市场需求、原材料供应、技术咨询等方面的信息服务，以及中小企业贷款制度化、专业化、商业化、规模化等方面的信用服务。

中小企业金融机构通过这些服务，也使自身更清楚地了解到中小企业的生产经营、市场需求、贷款使用等状况，可提前防范金融风险。

6.3.2 成立中小企业基金

意大利政府为了促进中小企业的发展，针对中小企业在融资方面的先天不足，由政府和银行共同出资组建了中小企业基金，为中小企业特别是风险适中、市场前景较好的创新型中小企业提供融资支持。

目前，意大利的中小企业基金分为四类：

一是"技术创新滚动基金"，即特定用途的基金，用以支持中小企业采用先进技术和生产工艺。

二是"互助信贷集团"，即互助基金，加入"互助集团"的中小企业任何时候都可以从该集团得到无息贷款，贷款额度是加入集团入会费的20倍，而且不需要抵押和担保。

三是"补贴基金"，即投资项目补贴，中小企业只要提供详细的投资计划，投资计划经评估通过后即可得到补贴基金，一般而言，最低的补贴额度占投资总额的10%，最高的补贴额度占投资总额的50%。

四是"购买高技术产品基金"，即购买基金向购买和租用高技术设备的中小企业提供补贴，补贴数额一般为购买高技术设备的25%，以提高中小企业的技术创新能力和竞争能力。

6.3.3 建立信贷担保机构

意大利的中小企业信贷担保机构由手工业和行业公会以及国家银行联合组成，并由政府提供一部分必要的基金。意大利的中小企业向中小企业信贷担保机构提出申请，中小企业信贷担保机构向金融机构承诺，当企业逾期不能归还贷款时，保证支付不低于90%的未偿还部分。

意大利的中小企业信贷担保机构，对担保的对象规定一定的前提条件，只有符合条件的中小企业才能获得担保。意大利中小企业信贷担保有一个明显的特征——"倍增器"作用。因为中小企业一旦获得信贷担保机构的担保，往往能够增加其正常的贷款额，也就解决了中小企业有效扩张时的融资困难；而银行由于有中小企业信贷担保机构提供担保，降低了贷款风险，一般也乐意向中小企业发放贷款。这也可以说是一种"双赢"效应。

根据法律规定，为小企业获得贷款提供担保的机构，可以获得国家支持。担保机构如果出现亏损，可从国家扶持担保基金中得到一定补偿，但每个年度的补偿额不得超过亏损额的30%。除了提供补贴外，国家还为机构提供担保，最高担保金为贷款额的80%。

6.3.4 允许中小企业进入资本市场

意大利允许中小企业进入资本市场。具体做法是：依据证券交易法，在全国的证券交易所中实行一些专门针对中小企业上市公司的市场交易办法；对需要从事有价证券业务的中小企业，通过规定不同等级的自有资金的办法，便于其进入证券发行市场，且促进证券市场交易的活跃；证券商对中小企业的融资不必承担回购一部分发行股票的义务，以使其更好地向中小企业进行直接融资；为了减少中小企业在证券交易活动中的税收负担，对其在证券交易过程中的税收一律减半征收；活跃参股市场，以使资本参与公司更多地为中小企业和未来在交易所挂牌上市的企业筹资。

意大利的资本市场比较发达，除证券交易市场以外还有二板市场和柜台交易市场。在二板交易市场上市的多为一些新兴和成长中的中小企业，上市标准低于主板市场，而且当中小企业成长到满足主板市场上市标准时还可以转到主板市场去。柜台交易市场的上市条件一般比较宽松，中小企业即使亏损，若有发展潜力仍能获准上市，为中小企业提供直接融资的机会。

数十年来，意大利政府就是利用资本市场，为中小企业尤其是高成长、高科技、高风险的中小企业，有效地解决了其发展的市场融资及风险分散问题。

6.3.5 提供税收优惠

创新与开发金融公司是向以资金公司形式建立的小企业进行临时性风险投资的投资公司，此类公司采取股份制形式。

创新与开发金融公司可以享受减税优惠。意大利对于法律规定的创新投资，自20世纪90年代起提供相当于投资额25%或20%的税收优惠（增值税除外），但每个企业享受的最高额不得超过4.5亿里拉。

它向小企业进行风险投资，主要通过以下途径：购买有限责任公司（小企业）的股份；购买股份公司（小企业）的股份；取得上述各类公司新发行股票的优先购买权；认购上述公司可转换成股份的债券。此外，还可以为小企业实现创新发展计划提供参与式（参股式）贷款。

对于中小企业将一部分利润进行研究投资，可享受免税待遇，其免税额相当用于研究投资利润额的30%，但每个企业享受此项优惠的总额不得超过5亿里拉。

6.3.6　颁布相应的金融法规

为了从法律上对中小企业发展给予金融支持，提供融资便利，意大利政府先后制定和颁发了一系列的法律、法规，诸如《小企业法》、《特别银行法》、《中小企业基本法》、《中小企业融资条例》等，形成了关于中小企业的融资法规框架。

数十年的实践已充分证明了意大利的中小企业融资立法还是卓有成效的。

6.3.7　意大利中小企业融资体系的特点

同其他西方国家一样，意大利对中小企业的资金扶持，都是通过国家法律、政府政令的形式确定下来的，明确规定有关信贷银行等金融机构在资助中小企业方面应承担的业务范围。

在具体操作上把握的原则是：对扶持资金的掌握和审批不要太集中，而是分散到各大区的信贷银行等金融机构；始终把金融刺激手段作为扶持中小企业的主要途径，对企业从银行的借贷款额给予利率优惠；扶持的目的性明确。

随着中小企业本身素质和经营水平的不断提高，国家对中小企业的扶持，也逐步从普遍扶持转向有选择的扶持，整体思路开始向质量型、内涵型倾斜。

70年代中期以前，国家对中小企业采取的是普遍扶持的做法，凡是中小企业，不管是哪一类投资，都能得到优惠信贷（国家对中小企业从银行获得的贷款给予利息补贴），这方面的法律颁布了好几个。

70年代中期以后，开始采取了有选择扶持的做法，专门支持中小企业某些特定的投资项目。例如，只有进行现代化改造、扩大规模、调整结构、实行转产方面的投资才能享受优惠；另外，对于经济发展落后地区的中小企业给予更大的关注。

80年代后期，扶持中小企业的思路进一步发生变化，选择性更强，重点主要集中于中小企业的研究和创新、节能、购置先进技术、组建联营机构、打入国际市场。

6.4　日本模式

日本从20世纪50年代开始重视支持中小企业，但直到1963年才正式颁布《中小企业基本法》。其目标是促使中小企业适应国民经济成长的需要而发展，改变中小企业逐级雇员的经济和社会福利，这就决定了日本的中小企业融资体系是政府主导型。

据统计，目前日本全国600多万个企业中，中小企业占99%以上，职工人数占80%以上，营业额约占40%左右，远远高于西方各国。这种极少数巨型垄断企业与为数众多的中小企业并存的局面，被称作日本经济的"两重结构"。在政府的支持下，日本逐步建立了一整套维持中小企业生存和发展的中小金融机构。这就是日本独特的与经济两重结构相对应的金融两重结构。

在支持中小企业生存和发展中起主导作用的仍是各种专门为中小企业服务的中小金融机构，主要包括民间中小金融机构和政府金融机构（见图6-5）。

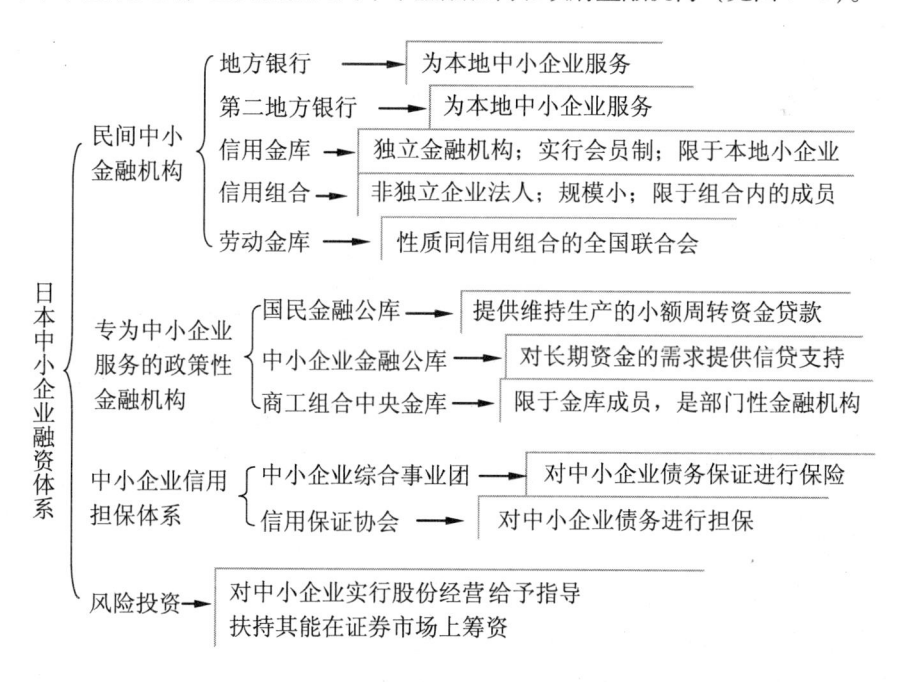

```
                    ┌─ 地方银行 ────→ 为本地中小企业服务
                    ├─ 第二地方银行 ─→ 为本地中小企业服务
         民间中小    ├─ 信用金库 ────→ 独立金融机构；实行会员制；限于本地小企业
         金融机构    ├─ 信用组合 ────→ 非独立企业法人；规模小；限于组合内的成员
                    └─ 劳动金库 ────→ 性质同信用组合的全国联合会
日本
中小    专为中小企业  ┌─ 国民金融公库 ──→ 提供维持生产的小额周转资金贷款
企业    服务的政策性  ├─ 中小企业金融公库→ 对长期资金的需求提供信贷支持
融资    金融机构      └─ 商工组合中央金库→ 限于金库成员，是部门性金融机构
体系
        中小企业信用  ┌─ 中小企业综合事业团 → 对中小企业债务保证进行保险
        担保体系      └─ 信用保证协会 ───→ 对中小企业债务进行担保

        风险投资 ───→ 对中小企业实行股份经营 给予指导
                      扶持其能在证券市场上筹资
```

图6-5　日本中小企业的融资体系

6.4.1 民间中小金融机构

民间中小金融机构主要包括地方银行、第二地方银行、信用金库、信用组合、劳动金库等。民间中小金融机构及其分支机构众多而密集，全国共有 2000 家，占全部民间金融机构及其分支机构总数的 40% 以上。

一、地方银行

地方银行是主要为本地企业服务的银行。由于除东京、大阪、名古屋等少数大城市外，多数地方的企业主要是中小企业，因此地方银行从总体上讲，其主要服务对象是中小企业。目前日本全国共有地方银行 64 家。

二、第二地方银行

第二地方银行的前身是 20 世纪 50 年代初建立的具有合作性质的相互银行。在经济高速增长时期，相互银行业务范围不断扩大，金融功能得到加强。1989 年至 1990 年，相互银行分批转变为普通银行。这些银行转换后被称为"第二地方银行协会加盟行"，简称第二地方银行，目前共有 53 家。

第二地方银行的性质和地方银行并无两样，只是在规模、人员素质、贷款结构、贷款对象等方面与地方银行有差别。

三、信用金库

信用金库是根据 1951 年制定的《信用金库法》在信用协同组合的基础上改组而成的合作制金融机构。

它有以下三个特点：一是实行会员制，且会员限于本地的小企业、小事业单位和个体业主；二是采用合作制，表决权一人（自然人和法人）一票；三是业务范围有一定限制。全国信用金库联合会是以全国信用金库为会员的信用金库中央机关，它同时也是一家独立的金融机构。

四、信用组合

信用组合与信用金库的前身都是信用协同组合。战后，一部分"更具银行色彩"、实力较强的信用协同组合转化为信用金库，其余的还是信用组合。

它们比信用金库的规模要小，在相互合作方面的特点更为突出，业务限于组合内的成员，相互融资的宗旨更为明确。信用组合最多时达到 544

家,目前大概还有 300 家。全国信用协同组合联合会是信用组合的中央机关,它只是一个协会组织,不是独立的企业法人。

五、劳动金库

劳动金库是劳动组合、消费生产协同组合及其他劳动者团体为加强共济活动,提高劳动者生活水平而建立起来的合作性质的金融机构。初建时属于信用协同组合,1953 年实施《劳动金库法》,改为劳动金库。1955 年又建立了其中央机构——劳动金库联合会。该联合会的性质与信用组合的全国联合会基本相同。

6.4.2 专为中小企业服务的政策性金融机构

政策性金融机构是由日本政府提供资金或由政府提供债务担保,原则上不接受存款的非盈利性金融机构,个别金融机构也有少量私人资本参与,但资金来源主要依靠政府。

日本的政策性金融机构总共有几十家,专门服务于中小企业的主要有国民金融公库、中小企业金融公库和商工组合中央金库三家。它们专门向缺乏资金但有市场、有前途的中小企业提供低息融资,保证企业的正常运转。

一、国民金融公库

1949 年根据《国民金融公库法》由政府出资设立,主要为中小企业的发展提供资金便利,其贷款侧重于向零星企业提供维持生产的小额周转资金贷款。资金来源主要是资本金和政府借款。在它的国民金融审议会中设若干民间代表以反映民众意见,重要决议及事项要向财务大臣呈报。

二、中小企业金融公库

1950 年根据《中小企业金融公库法》由政府出资设立。旨在对筹措振兴事业所需长期资金有困难的中小企业提供信贷支持。

除资本金外,资金主要来源于政府借款及发行中小企业债券。资金运用包括两大类,一类是向中小企业提供购买设备、进行长期周转的一般贷款,支持企业更新改造设备和提供经营所需的资金;另一类是向中小企业发放特别贷款,帮助其采用新技术以振兴出口,贷款侧重于支持重点产业。

中小企业金融公库与国民金融公库的主要差别,在于服务对象的经营规模和贷款数额不同。国民金融公库主要面向小企业，发放小额贷款。其贷款对象为资本在1千万日元以下，从业员在100人以内的企业，贷款限额为2500万日元以下；而中小企业金融公库的贷款对象则为资本金在1亿日元以下，从业员在300人以内的企业，贷款限额为2.5亿日元，此外，中小企业金融公库的服务领域也比国民金融公库要广泛。

三、商工组合中央金库

这是一个政府与民间合资建立的、具有半官半民性质的机构，其资金运用主要是向中小企业协同组合和中小企业者团体提供贷款。其存、贷款对象限于出资困扰和金库成员，是一种部门性金融机构，受到政府的特别关照。政府提供一部分资本金，并认购其发行的部分债券，财务、经产大臣对其拥有干部任命权和业务上的认可权，并设监理官以监督其业务。

6.4.3 建立信用担保体系

建立中小企业信用担保体系，是在融资方面支持中小企业所采取的制度性措施。1958年9月，日本政府颁布了《中小企业信用保险公库法》，并依据该法设立了中小企业信用保险金库（现为中小企业综合事业团），各都道县均成立了信用保证协会，从而设立了中小企业信用担保体系。

该体系补充和完善了中小企业信用制度，即在中小企业向金融机构融资时，由信用保证协会对其债务进行担保，而信用担保协会承保的债务再由中小企业信用保险公库进行保险，以顺畅中小企业的融资渠道（见图6-6）。

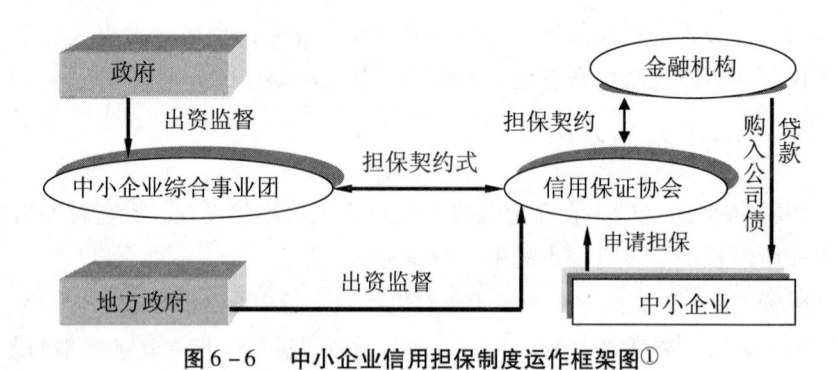

图6-6 中小企业信用担保制度运作框架图[1]

---

[1] 沈炳熙、高圣智（中国人民银行驻东京代表处）：《日本的中小企业金融政策》，载《金融研究》2002年第9期。

中小企业综合事业团的主要职能是对中小企业的债务保证进行保险，并向信用保证协会融通其所需资本。其资金来源主要有资本金、政府投资的保险准备金、保费收入、信用保证协会回收债务时缴纳的款项。资金主要用于保险业务，即向担保中小企业债务的信用保证协会提供担保债务保险；贷款业务，即对信用保证协会进行融资。信用保证协会由各地方政府出资，并接受中小企业综合事业团的贷款援助，主要负责对中小企业债务进行担保。

日本中小企业的贷款担保制度是：债务担保的对象，一般是对新产品的研究开发资金及研究开发成果的企业化所需的资金担保。担保额度为借入资金的80%，保证部分不需负担保品；法人提供担保时，全体负责人均为连带保证人；每一宗担保的额度不超过8000万日元，保证期为8年，保证费用为担保金额的2%。

近年来，由于中小企业面临的经济金融环境日趋严峻，众多的中小企业因为往来金融机构"惜贷"或者经营失败，资金周转陷入困境，日本政府采取措施，进一步充实和完善了中小企业信用担保制度。如：放宽担保要求、扩大担保商品范围、提高担保额度、推动筹资渠道多样化，对中小企业发行公司债券进行担保等等。

建立和完善中小企业信用担保体系，对促进金融机构向中小企业融资起着十分重要的作用。在日本，企业从金融机构融资一般都需要担保。中小企业资信程度相对较低，民间企业往往不愿为其提供担保，这是中小企业融资困难的重要原因。建立并完善专为中小企业融资提供担保的体系，有效地解决了中小企业找不到担保的问题，使大约三分之一的中小企业在利用这一体系中受益。随着中小企业信用担保制度的进一步完善，将有更多的中小企业在更大的范围内得到融资担保。

6.4.4　中小企业与风险投资的结合

日本以美国的中小企业投资法为蓝本，于1963年制定了《中小企业投资育成公司法》。之后，由政府、地方公共团体以及民间企业共同出资，在东京、大阪、名古屋成立了三个中小企业投资育成公司。这类公司对中小企业（资本金在5000万日元以下），实行股份投资，给予经营、技术上的指导，目标在于把企业一直扶持到能在证券市场上市进行筹资。由于该投资公司的资本来源于财政，通过中小企业金融金库拨下来，所以资金的运用受到主管省厅的严格监管。

日本的风险投资公司的董事会成员多由金融机构委派，一般没有科学和技术方面的支持和背景，对技术的评估能力比较弱，对于早期企业所能提供的支持不够，且很少涉及高科技产业，几乎不参与创建企业的投资，对创建10年以上的中小企业的投资占2/3，主要的服务也是上市筹划和融资。而且，日本的企业到OTC市场交易前必须有17年的经营历史，这一特点决定了日本的风险投资者只能集中在后期和过渡期。

6.4.5　日本中小企业融资体系特点

设立专门的政策性银行有效地隔离了政策性银行业务与商业银行业务，各民间金融机构在业务上有严格分工，并且长短期金融业务相分离。

在以间接融资为主导的融资格局下，以股票市场为核心的资本市场对企业融资贡献极小。企业融资不是依靠发行债券、股票，而是主要依靠金融机构贷款。原因就是，战后日本推行"集中信用于银行，限制有价证券市场发展和资本流出"，将国内有限的储蓄集中起来，通过银行贷款的方式投向企业，从而使银行贷款成为企业主要的资金来源。这种银行与企业被捆绑起来的集体力量，为企业提供了大量廉价资金，使得日本企业可以负担很低的资本回报率，向员工提供终身雇用制度，无限制地追求市场份额。从这种意义上说，在追赶先进国家方面，日本融资模式是比较适合的计划金融体系。

20世纪70年代后，日本的融资格局有所变化，企业内部融资比重以及债券和股票融资比重有所上升。不过，相对于其他发达国家，日本仍是一个以间接融资为主的国家。

但是，日本商业银行抵御风险的能力相当低下，几乎完全要仰仗外部的支持。泡沫经济破灭后，日本的金融业却显得不堪一击，不良债务问题严重，大批金融机构纷纷破产，就是一个很好的证明。

6.5　孟加拉模式

1971年穆罕默德·尤努斯放弃优越的美国教授生活，回到孟加拉国。从1976年开始，尤努斯开始试验、创立了"小额信贷"模式。七年之后，成立孟加拉格莱珉银行（格莱珉——孟加拉语，意为"乡村的"）。格莱珉模式颠覆了几百年银行业的法典：借贷给无抵押担保的穷人。世界上第一家专门借钱给穷人的银行，为穷人设立的银行。如今，格莱珉的贷款者拥有银行94%的股权，另外6%为政府所有。

到目前为止，格莱珉银行经历了两个发展阶段：第一代格莱珉银行是"以不变应万变"的信贷模式，或者说是经典的格莱珉模式；第二代格莱珉银行是"量体裁衣"的信贷模式，或扩展的格莱珉模式。

6.5.1 第一代格莱珉模式

一、格莱珉银行的发源地——坦盖尔试点

1974年，当时还是孟加拉国吉大港大学经济系主任的尤努斯看到大量饥民涌入城市，有生以来第一次产生了惧怕授课、想从学术生活中逃离，去发现有关穷人生活的实实在在的经济学的想法。

接下来，尤努斯在走访一个村庄时发现，只需27美元就能让42个有贷款需求的穷劳动者购买原料、维持生计甚至改变命运！这是尤努斯发放的第一笔贷款并且成功收回。这件事情使尤努斯看到，这些穷人并不是因为他们懒惰或是愚蠢，而是因为他们没有获得贷款，因为他们没有抵押物而无法从正规的金融机构贷到资金。

为了使更多的人获得贷款，尤努斯认为有必要设立一个机构。可是，尤努斯每次劝说商业银行向穷人发放贷款的努力都碰到了钉子。他并不气馁，而是继续努力，大门渐渐打开。最初，他获得了农业银行的帮助。该银行向尤努斯提供担保的借款人开了一个特殊窗口。

尽管这一最初的试验获得了成功，但是银行家们仍然半信半疑。尽管传统的信贷理论认定，穷人是没有信用的。但是，尤努斯通过事实坚信，穷人有还钱的能力和意愿。为此，尤努斯在坦盖尔地区开始试验，并精心设计了贷款发放法，小额信贷试验获得成功。

尽管获得成功，银行家们仍然心存疑虑，把试点成功归结为敬业精神，"他们日复一日地工作到深夜，并且像童子军那样挨家挨户地去做工作。这不是一个可以复制的模式，它过于依赖尤努斯教授的人格品质。我们不能在每一个分行都有一个尤努斯。"

尤努斯认识到，不能用常规的工作方法来处理面向穷人的银行业务，他需要一家自己的银行。但无论如何，当时的孟加拉国尚不允许开设私营银行。

二、格莱珉银行的创建

1982年,尤努斯的机会终于来了。当年孟加拉国政府允许开设地方私营银行,并将6家国有商业银行中的2家进行了非国有化改造,借此鼓励私营企业,促进银行业的竞争。在一些热心的政府公务员和中央银行官员的帮助下,随着《1983年特别格莱珉银行法令》的通过,尤努斯的试点项目变成了一个独立的金融机构,并被命名为格莱珉银行,即孟加拉语中的乡村银行。法令规定,"该银行以现金或实物形式,向无地的人从事所有类型的经济活动(包括修建房屋),以商定的条款和条件提供有担保或无担保的贷款。"法令还允许银行接受存款、发行和销售债券、以其财产为抵押或出于银行开展业务之需要开展借贷。

尽管法令允许格莱珉银行提供其他形式的贷款,但是格莱珉只提供无抵押贷款。在此后的20多年里,这个从一个充满敌意的银行体系中运作的试验项目,转变为一家专为穷人服务的独立银行,完全借贷给无抵押担保的穷人,贷款回收率却高达98%以上,彻底颠覆了几百年来银行业的信贷哲学,也成为世界许多国家和团体组织的学习对象。

三、第一代格莱珉银行的经营模式

(一) 强制性储蓄机制

创立之初的设想是格莱珉银行百分之百地由贷款者所拥有,但是政府的批文是政府保留60%所有权,只批给贷款者40%。1985年后,格莱珉银行的股权结构悄悄发生变化,75%的股权授予贷款者,25%留给政府、国有的索纳里银行(Sonali Bank)和孟加拉农业银行。

格莱珉银行的待偿贷款全部由自有资金与存款储蓄提供(见图6-7),68%的存款来自本银行的贷款者。仅存款储蓄已达到待偿贷款的97%,如将自有资金与存款储蓄两项相加,则达到待偿贷款的130%。

1995年,格莱珉银行决定不再接受任何形式的捐助资金,自此再未提请任何新的捐款请求,最后收到的一笔原有捐款的分期付款是在1998年[①]。格

[①] 1998年毁灭性的洪灾后,为了向那些失去财产的贷款者提供新的贷款,格莱珉银行立即向孟加拉中央借贷了30亿塔卡(6112万美元),并通过发行债券向商业银行借贷20亿塔卡(4075万美元),所有这些贷款都已被全数还清。

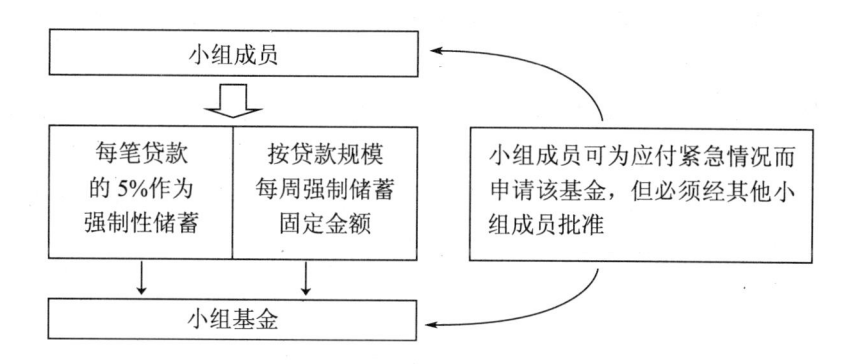

```
┌─────────────────────┐
│     小组成员         │◄──────────┐
└──────────┬──────────┘           │
           ▼                       │
┌──────────┬──────────┐  ┌─────────┴──────────┐
│每笔贷款   │按贷款规模│  │小组成员可为应付紧急│
│的5%作为  │每周强制储蓄│ │情况而申请该基金,   │
│强制性储蓄 │固定金额  │  │但必须经其他小      │
│          │          │  │组成员批准          │
└─────┬────┴────┬─────┘  └─────────┬──────────┘
      ▼         ▼                   │
┌─────────────────────┐            │
│      小组基金        │◄───────────┘
└─────────────────────┘
```

图 6-7　第一代格莱珉银行的强制性储蓄机制

莱珉银行认为没有任何必要再接受捐款,甚至也没有必要再接受国内外的贷款。以格莱珉不断增长的存款储蓄来运作并扩展其信贷项目以及清偿现有贷款,是绰绰有余的。

为了获得贷款,借款人必须存钱。一种方式是每周定额存款,另一种方式是扣留贷款的 5%(被称为小组税)。每周强制性的存款和扣留的贷款被用于设立小组基金,借款人可获得 8.5% 的存款利息。该基金由小组管理,只要贷款数额没有超过小组基金的一半,并且经过小组同意,借款人就可以从小组基金中临时提现。如遇灾难,例如较长的洪水期,小组基金还可全额提取。小组基金被用于多种用途,如支付学费、在饥馑年份购买食物等。银行积累的小组基金超过了孟加拉国许多公司的净值。

(二) 面向穷人的无抵押贷款产品

格莱珉银行的小额贷款不要求任何担保抵押物。格莱珉不打算将任何未能还款的贷款者送上法庭,也不要求贷款者签署任何法律文件。

经典格莱珉银行的储蓄业务,其中强制性储蓄的一部分被用于购买银行的股份,但是银行最重要的业务是发放贷款。在经典的格莱珉模式中,借款人可以获得几种贷款,也就可能有多种未偿还贷款余额。所有贷款均分期偿付(周付或双周付)。

1. 一般贷款

格莱珉银行最典型的贷款被称为"一般贷款",期限为 1 年,均分为 52 期偿还。该贷款发放 1 周后开始偿还。

在早期阶段,最后两期还款作为利息支付,后来对这种安排进行了变更,每次还款中均包括本金和利息。每周的单次还款均包括 2% 的本金,每 1000 塔卡贷款每周支付 2 塔卡的利息，而递减贷款余额的利率是 20%。这类贷款当时的用途是（现在也是）非农业活动。

刚开始的时候，大部分贷款被用于安全的、很快能产生收益的活动，例如奶牛饲养、稻谷去壳、牛催肥、季节性的农产品贸易和手工纺织等。由于贷款的平均规模现在更大了，贷款基金被越来越多地用于高附加值的活动，例如购买农业装备、移动电话和小型灌溉设备等。

2. 新产品

随着格莱珉银行的成长，新产品不断被引进，它们大部分是一般贷款的变种。推出这些新的贷款产品是因为认识到借款人的信贷需求发生了变化，应该让借款人利用新的机会。其中很多新产品是借款人自己提出的建议。新产品的偿还条件与一般贷款的偿还条件是有所区别的。

季节性贷款的引进就是为了让借款人在丰年以较低的价格购买产品，灾荒年以较高的价格出售。

租赁贷款比一般贷款更灵活，在贷款发放一个月后开始偿还。此外，纯粹的租赁贷款的分期付款要有足够的灵活性，以便与设备的需求周期吻合，从而使荒年的还款少一些，丰年的还款多一些。

集体贷款的金额更大，是发放给一个群体而非个人的。引入这些金额更大的贷款的动因是会员们可以用来进行一些利润率更高、需要更多资本的活动（例如购置磨粉机、榨油机和纺织机，租赁摊位、承包果园和租赁水塘）。但是，一些会员认为他们做了大部分工作而其他人却坐享其成。集体中会员的冲突导致这些贷款成功的情形较少，格莱珉银行最终废止了这类贷款。

房屋贷款是另一个重要的贷款产品。格莱珉银行认为穷人更好的居住条件应该被视为一种投资而非消费。房屋贷款是一种长期贷款，借款人在数年内按周还款，年利率为 8%，规定贷款上限。房屋贷款只给妇女，以便使妇女在婚姻破裂后能得到保护。

（三）信用保障和风险控制机制

格莱珉的目的是建立一个行之有效的体系，使穷人释放出潜力为自己创造更好的生活。为此，初始规模控制得很小，渐渐开发出适合的发放和收回贷款机制。

1. 发放机制——小组贷款方案

由于格莱珉银行的核心业务是发放贷款，最大的困难就是如何将贷款发放给那些最需要又符合贷款条件的"穷人"。

经过一段时间的试验,格莱珉发现支持小组对银行的运作至关重要。为了避免孟加拉国合作组织以前所犯的错误,银行坚持以下几条原则:

第一,规模控制。信用合作组织失败的一个主要原因是小组太大。经过一段时间的试验,五个人组成一个小组的模式被确定下来,并且一个家庭只允许一人参加小组,以此防止个别家庭在小组中有不恰当的影响力。

第二,成分控制。银行坚持小组会员应有类似的经济背景,允许不同目的的借款人自发组成一个小组。用最大土地占有量作为加入小组的条件,阻止富人加入小组,目的是防止相对富裕的会员控制小组。小组成员的相似身份,不仅建立起相互的支持和保护,还舒缓了单个成员不稳定的行为方式,使每一个贷款人在这一过程中都更为可靠。来自平等伙伴之间的微妙而更直接的压力,使每一个组员保持与贷款项目的目标一致;小组内与小组之间的竞争意识也激励着每一个成员都要有所作为。将初始监管的任务交给小组,不仅减少了银行的工作,还增强了每个贷款人的自立能力。

第三,会员培训。小组必须经过一段时间的严格培训,学习银行的规定和要求,包括学习如何签名,记住银行关于社会行为的"十六条村约"。"十六条村约"是借款人的社会规章,是银行为了解决贫穷的社会根源而进行的尝试,包括借款人要保证限制家庭的规模、教育孩子、不接受或给予嫁妆、在园子里种植蔬菜,以及其他规定。

第四,小组认证。一个小组要得到格莱珉银行的认同或认证,可能需要几天时间,也可能要花上几个月时间。为了得到认同,这个贷款小组的五个成员都必须到银行去,至少要接受七天有关政策的培训,并要通过口实,表明理解了这些政策。每个组员必须单独接受考试。如果有人通不过,小组就要重新学习。一旦全组都通过了考试,就可以申请第一笔贷款。

第五,小组功能。每个小组都需要选出一位小组长和一位秘书。小组长的主要职责是从其他会员那里收钱,然后交给银行工作人员。刚开始的时候,贷款发放到小组中需要最迫切的两个人,如果他们表现尚好,另外两个人也可获得贷款。通常来讲,小组长是最后得到贷款的人。一笔贷款全额偿还后,新的、数量更大的贷款才会获得批准。贷款被用于事先说定的能产生收入的项目以及修建房屋,不能用于消费。每个会员的贷款合同均由借款人和小组长共同签署,其他会员也须负责任地采取行动来敦促借款人按时还款。由于每一组员的贷款请求都需要由小组批准,小组就为每一笔贷款担负起了道义上的责任。如果有一个组员无法或是不愿偿付贷款，那么直至该偿付问题得到解决之前，该借款人所在小组在随后的几年时间里可能就没有资格申请大额贷款了。这形成了一种强有力的激励，是贷款者们互相帮助解决问题，并且预防问题的出现。当小组的任何成员遇到麻烦时，小组其他成员通常都会来帮助。

2. 偿还机制——每周偿还计划

传统的银行与信贷公司通常要求全额还款，在贷款到期时拿出一大笔现金，通常会使贷款人心理上很难接受，以至拖延还款甚至拖欠贷款。

为了避免大额付款带来的还款心理障碍，格莱珉设立"每日还款规划"。每笔还款的数额非常小，使借贷者几乎根本感觉不到。每日还款的数目非常小，甚至小到可笑的数目，但是它的确制造出稳定的增值收入。

为了使偿付机制尽可能简化，减少不必要的纠纷，格莱珉放弃"每日偿还制度"，转向仅次于它的"每周偿还制度"。一线的银行职员每周到村里贷款者那里收款。同时，简化借贷程序，并将其转化为琅琅上口、容易明白和记忆的语言：贷款期一年；每周分期付款；从贷款一周后开始偿付；利息是10%；偿付数额时每周偿还贷款数额的2%，还50周；利息为：每1000塔卡贷款，每周付2塔卡的利息。

在偿付机制方面，格莱珉的基本假设是，每一个贷款者都是诚实的。即使贷款者逾期偿还一笔贷款，银行对此的设想是那些人的境况使他们无力按时偿还，银行为此需要做更多的事情，去帮助客户取得成功。

3. 治理结构

每个借款人均需购买1股的银行股份，股份的面值是100塔卡；小组基金的第一个100塔卡被用来购买银行股份。除了拥有银行的股份外，借款人还共同选举董事会的大部分成员：董事会13名成员中有9名直接由借款人选举，目前借款人拥有银行94%的股份（见图6-8）。

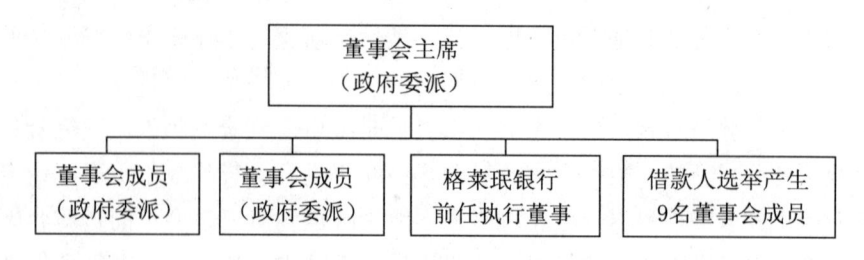

图6-8 格莱珉银行的董事会

＊说明：这9名董事会成员均为女性。平均每619500名成员直接选举出一位董事会成员，总共有9名董事会成员是由借款人直接选举的。银行划分了9个选区，选区按地理区域划分，其大小不完全一致。

银行的基层管理单元是分行，通常包括1名分行经理，1名高级助理，几名工作人员，以及1名信差兼保安。1家分行通常管理80个中心，每个中心又包括6~8个小组（见图6-9）。1名银行工作人员（又被称为中心管理员）负责10个中心。

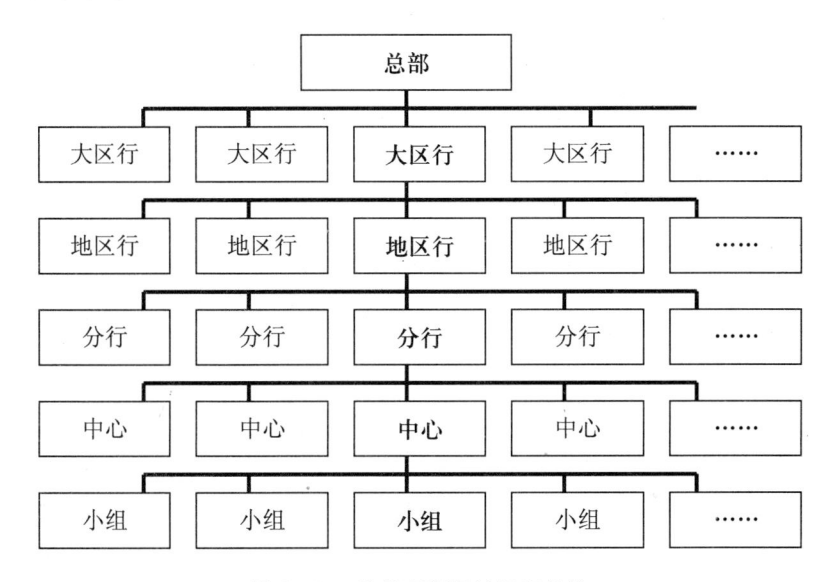

图6-9　格莱珉银行的组织结构

银行经营中上一个管理层级是地区行，它管理着10家分行。10个地区行构成一个大区行。大区行由位于首都达卡的总行管理。每个分行以12%的利率从总行借钱，再以20%的利率贷给借款人。分行应以8%的息差弥补所有的成本；经过3~4年的经营，分行通常就开始赢利了。总行每年召开一两次大区行经理会议。会议开3天，所有的大区行经理（还包括每个大区的一位地区行经理），以及总行所有部门的负责人，包括总裁、副总裁和总经理们都参加。通常来讲，大区行的审计官也受邀参加所有这些非常重要的会议。在总裁的主持下，与会人员讨论银行面临的重大事宜。许多重大决定，例如引进新产品、制定重要的政策、规则变更等都是在这些会议上做出的。在这些会议上，与会人员还讨论大区之间在重大政策和执行方面的差异。

当银行决定开设一家新分行时,已被任命但尚未上任的经理被派往目标村庄,他的任务是准备一份社会经济报告,重点说明该地区的地理状况、人口状况、经济结构、交通和通讯网络以及政治结构。这有助于经理熟悉其工作的地方,然后报告被送往总行审批。一旦报告获批,经理在该地区召开一个公开会议,邀请所有阶层的人参加。在会议上,经理介绍来访的地区和大区经理,说明开设银行的目的、规定和计划。经理还要说明当地人有权决定是否允许格莱珉银行开业。一旦获准开设分行,员工就邀请有兴趣、符合贷款条件的人组成一个经济背景类似的5人小组。

6~8个这样的小组组成一个中心,每周按时在约定的地点与银行的工作人员开会。这些中心要选举负责人,负责管理中心的事务,帮助解决任何单个小组无法独立解决的问题,并与银行指派到这个中心的工作人员密切协作。在中心会议上,中心管理员(银行工作人员)负责收取储蓄存款和还款,并批准贷款计划(见图6-10)。当一个成员在一次会议期间正式提出一项贷款申请时,银行工作人员通常会问组长和中心负责人,就申请人的申请数额和目的,是否会支持这一贷款申请。

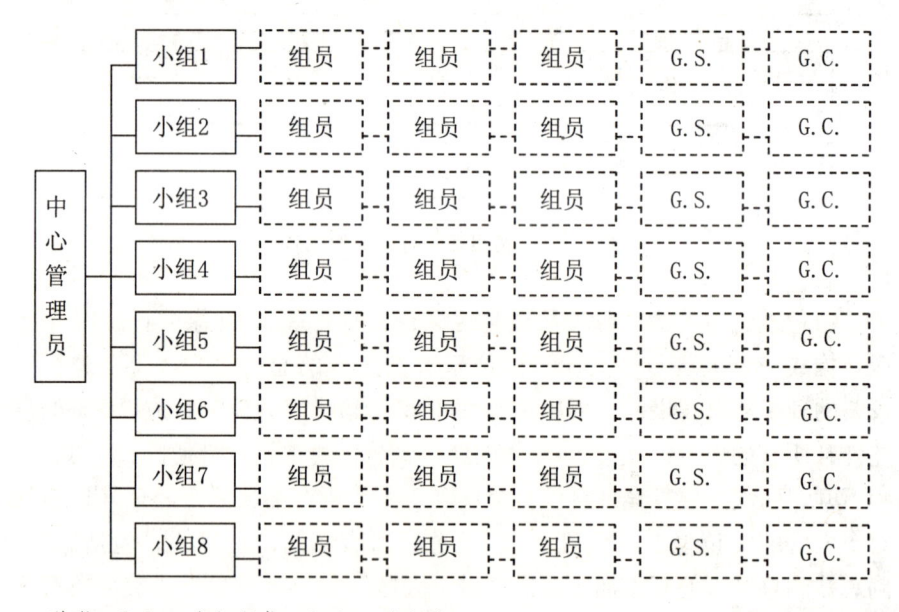

说明:G.S.=小组秘书;G.C.=小组长

图6-10 格莱珉银行传统模式下的中心会议

获批准的贷款在分行办公室发放。会议期间还讨论借款人在使用贷款方面可能遇到的困难以及如何解决。在会议上，银行工作人员会以成本价发放种子和树苗，就卫生和其他社会事务（例如节育）向借款人提出建议，并敦促他们为孩子接种疫苗等。

从一开始，中心会议上的所有业务实施都要求公开，这样做会降低腐败、管理不当和误解的风险，并使负责人与银行工作人员直接对贷款者负责。尽管每个贷款者都必须属于一个五人小组，但小组并不需要为其成员的贷款提供任何担保。偿还贷款是每一位贷款者个人的责任，而小组与中心要以负责任的方式关注每个人的行为，以确保不会有任何人发生拖欠贷款的问题。没有任何连带责任，即组员不承担为其他有拖欠行为的组员偿付的责任。

四、第一代格莱珉运营的特点

第一代格莱珉银行模式，主要有以下几个特征：

1. 以穷人为目标，尤其是贫穷的妇女，以土地所有权为判断标准；
2. 是为了创造一种可以产生收入的自我雇佣活动，以及为穷人提供房屋，而非消费；
3. 基础是"信任"而非抵押品或法律可强制执行的合同；
4. 所有贷款均分期偿还（周付或双周付）；
5. 为了获得贷款，借款人必须加入一个借款人小组；
6. 如果借款人偿还了上一次贷款，就可以获得新的、通常规模更大的贷款。一个借款人可以同时有多个未偿还贷款余额；
7. 借款人有存款的义务，也可自愿存款；
8. 第一代格莱珉模式是建立在一个民主的治理结构上。借款人定期选举出小组长和中心领导人和董事会成员。借款人的行为受到"十六条村约"的约束，该社会发展约章基本上由借款人起草[①]。

6.5.2 第二代格莱珉模式

一、第二代格莱珉模式产生的契机

第二代格莱珉银行摒弃了小组贷款和储蓄的模式，将其转化为个人借

[①] [孟加拉] 阿西夫·道拉（Asif Dowla）、迪帕尔·巴鲁阿（Dipal Barua）：《穷人的诚信》，中信出版社2007年版，第15~27页。

贷和储蓄,并把原本不同种类的信贷产品合并为一种产品,即基本贷款,同时以灵活贷款的形式对还款困难的借款人给予暂缓,推出针对其会员的养老金计划,还开始大规模地从普通民众中吸收定期储蓄。

做出这一重大改变,是因为一场灾难。1998年,孟加拉国遭遇了史无前例的大洪水,全国三分之二的地方被淹,部分地区的银行业务受到了欠款的困扰。许多会员终止还款、不再参加每周的例会,银行甚至完全失去了和会员的联系。

然而,尤努斯和格莱珉银行却认识到,洪水和经济紊乱并不是问题的根本原因,因为有的地区虽然也遭受了洪水冲击,却继续保持着良好的还款款率。在危机中,尤努斯坚持从银行内部找原因,他认识到第一代业务模式中僵化的条款才是问题的主要原因。这一认识直接推动了第二代格莱珉银行模式的出现。

二、第二代格莱珉银行的经营模式

2001年,格莱珉银行开始一个规划,正式将其运作的一揽子方法转化为一个新版的东西,名为格莱珉总体系统GGS,即第二代格莱珉银行。

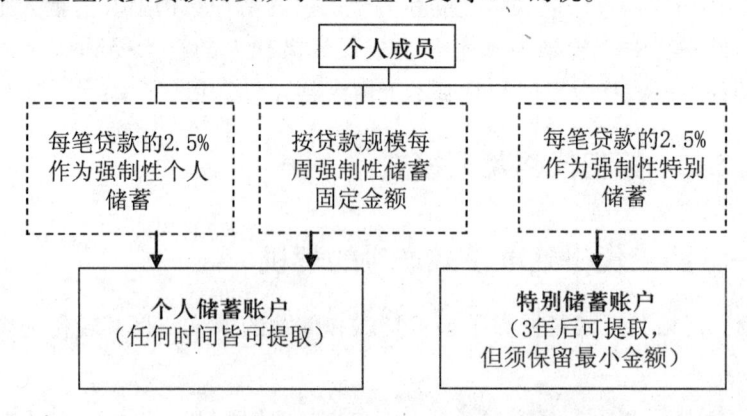

(一) 第二代格莱珉银行的强制性储蓄机制

在第一代格莱珉银行中,作为贷款的一个前提条件,人们需要在小组组建过程中开始储蓄。但是,这些每周存在小组基金内的储蓄并不是可以自由支取的。一经小组同意,会员们可以从小组基金中借款。直到1995年,小组基金成员贷款需要从小组基金中支付5%的税。

图6-11 第二代格莱珉银行的强制性储蓄机制

在第二代格莱珉银行中，小组基金的概念不再使用，取而代之的是借款人每人会获得分配给自己的"个人账户"（见图6-11）。对于每个贷款者获得的每笔贷款，都按贷款额的5%扣除并存入其个人账户。这笔存款被分成两部分：2.5%的强制扣款会存入一个可供支取的"个人储蓄账户"，另外2.5%会被存入一个"特别储蓄账户"。

如果一个借款人有一笔银行贷款，他现在还必须每周向其个人储蓄账户存入一笔最低额度限制的款项。尽管借款人可以在任何时候从其个人储蓄账户中取出任意金额的款项，但是当其中有一笔搭桥贷款或弹性贷款时，就不能支取存款。

在正常情况下，存入强制性"特别储蓄账户"的款项在最初的三年内是不能支取的。三年后，成员可以从这个账户支取任意金额，但必须保留2000塔卡。这个账户中的资金可以用来购买格莱珉银行的股份。该账户的本金和利息可被用来支付尚未偿还的贷款余额，借款人获得剩余部分。如果遇到自然灾害或者危机，借款人可以申请从该账户中支取资金。借款人在"特别储蓄账户"和"个人储蓄账户"将获得8.5%的利息，每年计息一次。

动员会员和非会员自愿储蓄及存款额的快速增加，是促进格莱珉银行业务模式转型的重要一步。GGS强调从会员（贷款者）和非会员（非贷款者）那里得到存款。这个体系包含各种各样的储蓄产品。

1. 定期存款计划

银行引入面向会员和非会员的固定存款计划，有点类似定期存款或存单。该账户的最低起存金额为1000塔卡，存款期限为1~3年，利率视存款时间长短而定。每个会员可以拥有数个这样的账户。该存款方案允许账户的自动续存和提取，但利息要取决于取款的时间。

另一个计划是"七年翻番"。此类存款的实际利率要稍高，最低起存金额为1000塔卡，所存金额必须为1000塔卡的倍数，所以所存款项七年之后翻番。借款人可以在到期前取款。

定期存款计划使非会员和会员能够为诸如子女高等教育或女儿出嫁等大额预期费用进行储蓄。这些计划让储蓄者能够以货币形式、而非以牲畜等更具风险的实物资产进行储蓄。这些实物资产容易遭受死亡、失窃等风险。

2. 月度收入计划

根据该计划，借款人可以在一个账户先按20000塔卡的最低存款要求起存，然后再存入 10000 塔卡的倍数金额，存款期限为 5~10 年。这个计划与其他计划的区别在于，借款人每月可以收到利息，而不必等到最后才收回本金和累计利息。该计划可以由存款人续展或由银行自动续展，也可以随时结户，但利息计算有所不同。

3. 养老金储蓄计划

这是一个合约式的存款安排，借款人被要求定期向一个账户存入固定数额的款项。GGS 要求所有贷款超过 8000 塔卡（138 美元）的借款人每月最少在一个养老金储户上存 50 塔卡（0.86 美元）。由于利率很高，十年后总金额将几乎翻番。不过如果未能按时支付存款达 4 个月以上，该账户将会转换为普通账户，利率也会下降。

随着老年将至，那些借款者也在经济上自力更生，退休时，他们可从养老基金积累起来的储蓄中得到每月的收入。同时，银行也会有足够的钱扩张它未来的借贷活动。

4. 贷款保险储蓄账户

GGS 中包括一个贷款保险项目。这个保险项目非常简单，在每年的最后一天，都要求贷款者在一个贷款保险储蓄账户上存一笔小钱。它是根据到那一天该贷款人未偿付的贷款与利息计算出来的，贷款人存入未偿付数额的 2.5%。如果一个贷款者在第二年的任何时间死去，他的整个未偿数额就由那个保险基金来付。这笔钱由贷款保险储蓄账户的利息收入来提供。此外，他的亲人们将得到她在那个贷款保险储蓄账户中存入的数额。

（二）贷款产品

第二代格莱珉银行贷款基本分为两类：即基本贷款和灵活贷款。

1. 基本贷款

与第一代格莱珉银行模式下的多种贷款产品不同，第二代格莱珉银行模式仅有一种最重要贷款：基本贷款。与第一代格莱珉银行不同的是，除了房屋贷款和新引入的教育贷款外，其他所有贷款都被并入基本贷款项下。

这类贷款的期限从 3 个月到 3 年不等，而第一代模式下的贷款期限仅有一年。与第一代格莱珉银行模式下固定的分期还款额不同，第二代格莱珉银行的分期还款额可以根据借款人经营环境的不同而进行调整，但每次还款的最低还款额不得低于贷款总额的 1%。与第一代所采用的针对小组成员交错时间放款不同，第二代对小组成员同时放款，前提是所有成员都已经全部偿还了以前的贷款。

2. 灵活贷款

借款人可以脱离基本贷款而选择灵活贷款。借款人可以重新协商一个新的贷款合同，并制定一个符合他们还款能力的分期付款计划。

这种灵活贷款使借款人可以减少分期还款额，从而延长贷款期限。但是它不是一个独立的贷款品种，而只不过是基本贷款的变通，是期限和金额重组的基本贷款，并带有一套独立的规则。

借款人可以用其储蓄账户的资金还清其目前的贷款余额，也可以选择灵活贷款，从而不必使用其储蓄账户的资金。但在灵活贷款项下，借款人不能够支取其储蓄账户的任何资金，除非用于归还贷款。

与基本贷款不同，在灵活贷款项下，要从借款人托管的储蓄账户余额中扣除5%用于归还已到期利息及贷款。灵活贷款的借款人并不要求持有格莱珉养老金账户，但如果借款人在首6个月顺利归还约定的金额，银行会鼓励借款人开立一个这样的账户。

灵活贷款的借款人最长可以有三年的期限归还贷款，如果他以前没有迟付任何到期的分期付款的话，还可以将首6个月或首26个星期归还的贷款再借出两次。但是借款人只有在有极好的还款记录时才能享受这种便利，这种记录包括按时还款、有诚信参加中心会议、每周向储蓄账户存款。

设置贷款最高限额的方式在新模式下也发生了变化。在第一代模式下，没有一个硬性、快速的调整贷款最高限额的规则，在第二代模式下，最高限额由储蓄账户存款多少、参加中心会议的频率和借款人及其所在小组、中心以及分行的整体表现决定。另外，在第一代模式下每周存款额是一样的，而现在的安排是将每周存款额与贷款额捆绑。灵活贷款有一个上限，就是无论借款人偿还多少借款，他（她）在6个月期间内只能再借两倍于已还款金额的贷款，此后每隔6个月可以再借与已偿还额等量的贷款。

3. 微小企业贷款

有许多贷款者生意的增长比其他人快得多，因为他们有一些更有利的条件，比如，更接近市场、家庭男成员的参与等。格莱珉银行为这些进步很快的成员提供名为微小企业贷款的较大贷款，贷款规模没有限制。

微型企业贷款的常见用途包括购买电犁、灌溉泵、运输车、水运及渔业工具等。

(三) 信用保障和风险控制机制

1. 责任捆绑

分小组提供贷款的最初原则依然有效，但是，新模式相对于传统的格莱珉银行模式，最重要的变化是小组不再对其成员的个人贷款负责了。这意味着小组将无须为其成员的个人贷款提供担保。

为了服务更多的小组，银行对中心会议的座位安排进行了变更。在第一代格莱珉银行模式下，小组成员坐成一排，而小组长则坐在这排最后一位。在第二代格莱珉银行模式下，小组成员面对银行工作人员围成半圆（见图6-12）。这种坐法可以使大家自由转动并很容易地就能面对其他成员。

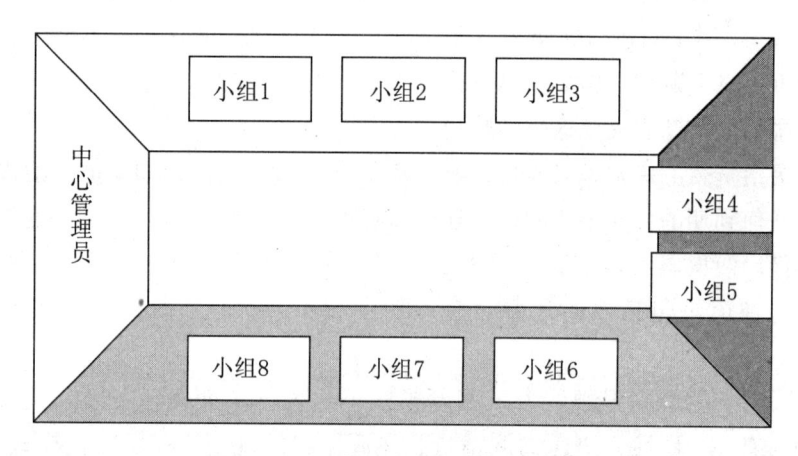

图6-12 第二代模式下的中心会议

偿付责任由小组向成员个人的转移，并不意味着小组不再起任何作用。在第一代格莱珉银行模式下，小组的作用是简化还款流程、降低贷款回收成本以及为那些需要帮助的小组成员提供支持。小组成员将小组视为一个承担责任和提供永久性支持的地方。

小组的中心会议对借款人而言是一个非常重要的平台，可以持续确保金融交易的透明度。小组的中心会议依旧通过提升良好行为标准来建立社会资本，建立设计提高健康和提供业务发展机会的共享信息网络，以及扩大原来只在家庭成员中存在的狭窄的"信任半径"。

通过把贷款上限与个人、小组、中心乃至分行的表现捆绑在一起，银行缓解了自己不考虑借款人业绩表现而提高贷款上限的压力。

2. 6个月还款量监控

银行使用6个月的时间界定,来适时评价贷款的质量,而不是延误评估从而在年末面对问题。不能通过6个月测试的借款人,或者不按要求出席会议的借款人,将被要求转移为灵活贷款方式。

6个月质量控制检查对于银行是非常有益的,因为它承担了早期预警系统的作用,这样就可以避免银行在年末被大量的违约所震惊。这种方法同样改进了对贷款的管理,因为银行可以提早而不是在贷款到期时才发现问题贷款。早期检查可以使银行在问题信号出现的第一时间内采取改正措施,从而改善银行运作的透明度和效率。

6个月质量控制检查对借款人同样有利。如果借款人的还款正常,就可以按照自己的愿望再次贷款来扩大生意规模。相反,如果借款人的业务进展不顺利,或者面临其他非自己可控的问题,以致无法正常还款,也可以将贷款转换为合同贷款以避免违约。

3. 贷款坏账损失提存

格莱珉银行的坏账预提政策非常严格。如果一笔贷款未能按时付清,即被归入一个特殊贷款项目:"弹性贷款"。弹性贷款在第一年度末要预提50%坏账准备,第二年末预提100%,至第三年度末,即使贷款的分期还款还在继续,也将被作为坏账注销。

4. 系统性服务体系

经典的格莱珉银行的设计方案使1998年危机进一步恶化,因为它缺乏应有的灵活性来应付那样的灾害。洪灾只是暴露了长期掩盖在表面下的问题。

面对危机的挑战,银行通过调整其资源配置来解决问题。尽管有大量的内部修补,银行从未有打破整个体系的压力。但是,结果显示,系统的结构性缺陷是比洪灾更为严重的导致问题产生的原因,有必要对银行体系进行彻底检查。

无论选择怎样的方法解决各自的问题,对于银行而言,一个主要的使命是帮助借款人找到按照合同条款偿还贷款的收入来源。

5. 银行制度

转型的具体实施是一个更大的挑战,它需要转换原有发放贷款和收取还款的思维模式,去实施不熟悉的金融交易模式,在账户方面做大量的案头工作和细微的调整工作。为了正确做事,银行需要形成新制度和新规则,并进行相应的培训。为了使转型过程尽可能实现互动,还需要把各方关于转型经验的反馈意见汇总起来,不断完善规则和实施细则,并以书面形式公布(见图6-13)。

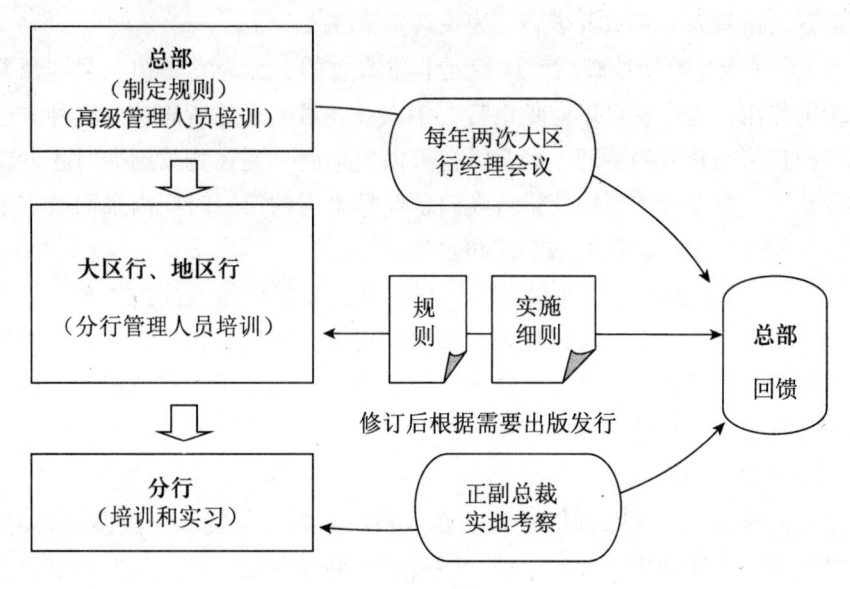

图6-13 第二代格莱珉银行制度的形成

三、第二代格莱珉银行经营的特点

第二代格莱珉产生于格莱珉银行的一些基本变化,比如基本贷款、灵活贷款,以及6个月还款质量的监控等。这些变化与银行工作人员地有效参与解决危机密切相关。

除了确定重新安排选择贷款外,第二代格莱珉银行有许多方面的创新,具体表现在:高息吸收储蓄存款,包括公开吸收方式和合同储蓄账户方式;根据穷人未被满足的储蓄需要,设法满足养老和其他长期的储蓄需求;通过较方便地提供安全可靠和多样化的储蓄产品为会员和非会员服务;利用银行的法定定位为非会员提供储蓄服务,运用这种媒介完成自求平衡并为贷款提供可靠的资金来源;一有可能就建立独立的分支机构,通过使用来自于非会员用来支付贷款的储蓄存款把它们变成利润创造中心;为女性借款人和其丈夫建立贷款保险计划;鼓励个人贷款和个人储蓄;认识到穷人已遭不测打击这一现实,通过使用灵活贷款为他们提供临时的宽限来重新安排贷款计划;将个人贷款上限,与偿还记录和储蓄行为挂钩,使按期还款行为得到激励;根据小组、中心和分支机构的表现给予借款人更多贷款的激励,把团队变成一个提供积极反馈的平台;将正常出席会议作为增加贷款规模的一个条件,对于未能出席会议达到一定次数者,降低他们的贷款最高限额作为惩罚;为具有较高投资能力的借款人提供大额贷款,使他们迅速脱贫;使用内部资源增加会员之间的关系;通过收集详细的信息和在组织内实现信息共享强化对系统的监管;在6个月后通过检查贷款质量建立一个早期的预警系统;对在前6个月有良好偿还纪录的贷款者可足额发放贷款;使用物质和精神激励使员工在组织中适应大规模的变革;通过"星级体系"、使用公开奖赏来奖励表现良好的员工;在银行各个层面上如分支机构、大区行和地区行,通过开展竞争来提高经营业绩;制定特别计划接收乞丐为会员,使其摆脱贫困;设立为借款人的子女接受高等教育提供资金的贷款;设立不同标准的奖学金,鼓励借款人的子女接受教育;通过设立地区信息管理中心,从分支机构到姊妹组织实施数据化管理;使审计体制信息化,使审计人员从地区信息管理中心搜集数据进行汇总和分析[①]。

对金融机构的挑战是找到还款问题的真正原因,通过发放新的贷款并允许以小额分期付款的形式给借款人以机会,直到借款人能做到自给自足。为此,格莱珉银行常常不拘一格做事,这些创新帮助格莱珉银行战胜信贷危机。

6.6 中国台湾模式

在我国台湾经济发展的早期,尤其是70年代以前,由于中小企业先天结构不足,后天经营管理上的不良,以及相应的金融体制发展滞后,中小企业同样在资金信贷市场上成为竞争的弱者,很难从正式渠道获得所需资金,这就催生了无组织民间借贷机构的迅速发展,而后它与有组织的正式

---

① [孟加拉]阿西夫·道拉(Asif Dowla)、迪帕尔·巴鲁阿(Dipal Barua):《穷人的诚信》,中信出版社2007年版,第159页,第229~230页。

金融体系相结合共同构成现在台湾中小企业融资体制最重要的特征——"金融双元性"，即正规的有组织的金融体系和非正规的无组织的民间借贷。"财政部"负责金融业的行政监督管理，"中央银行"负责金融业的业务监督管理工作。

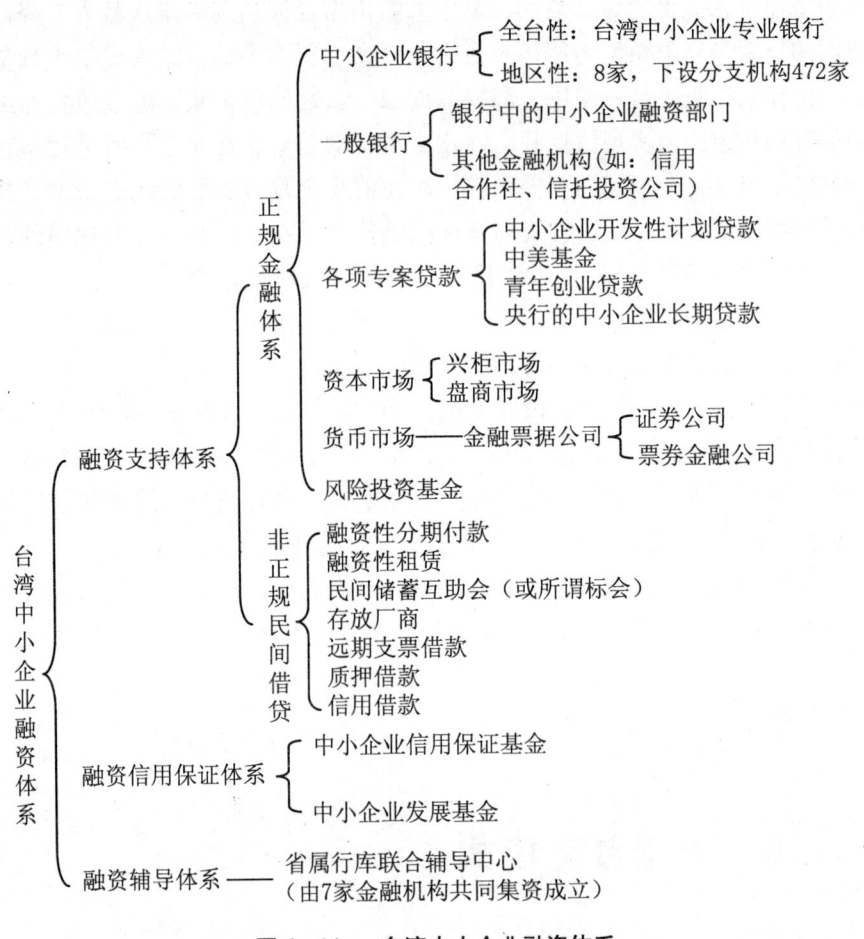

```
台湾中小企业融资体系
├─ 融资支持体系
│   ├─ 正规金融体系
│   │   ├─ 中小企业银行
│   │   │   ├─ 全台性：台湾中小企业专业银行
│   │   │   └─ 地区性：8家，下设分支机构472家
│   │   ├─ 一般银行
│   │   │   ├─ 银行中的中小企业融资部门
│   │   │   └─ 其他金融机构（如：信用合作社、信托投资公司）
│   │   ├─ 各项专案贷款
│   │   │   ├─ 中小企业开发性计划贷款
│   │   │   ├─ 中美基金
│   │   │   ├─ 青年创业贷款
│   │   │   └─ 央行的中小企业长期贷款
│   │   ├─ 资本市场
│   │   │   ├─ 兴柜市场
│   │   │   └─ 盘商市场
│   │   ├─ 货币市场──金融票据公司
│   │   │   ├─ 证券公司
│   │   │   └─ 票券金融公司
│   │   └─ 风险投资基金
│   └─ 非正规民间借贷
│       ├─ 融资性分期付款
│       ├─ 融资性租赁
│       ├─ 民间储蓄互助会（或所谓标会）
│       ├─ 存放厂商
│       ├─ 远期支票借款
│       ├─ 质押借款
│       └─ 信用借款
├─ 融资信用保证体系
│   ├─ 中小企业信用保证基金
│   └─ 中小企业发展基金
└─ 融资辅导体系──省属行库联合辅导中心
                （由7家金融机构共同集资成立）
```

图6-14　台湾中小企业融资体系

现行台湾的中小企业融资体系主要是由三个子系统（见图6-14）构成：一是融资支持体系，包括正规的有组织的金融体系和非正规的无组织的民间借贷，旨在通过中小企业专业银行、一般银行及民间借贷，满足中小企业的融资需要；二是中小企业信用保证体系，旨在对具有发展潜力但抵押担保品不足的中小企业提供信用担保，并分担金融机构贷款的风险，以提高金融机构信用贷款的意愿；三是融资辅导体系，旨在通过省属行库

中小企业联合辅导中心，提供融资诊断服务。

台湾中小企业融资体系的主要目标是，辅导中小企业改善财务结构，健全财会体制，并协助中小企业提供资金融通以加速中小企业投资和发展。其功能主要包括融资供给、融资保证和融资辅导三种功能。具体而言，融资供给功能，主要是满足中小企业融资需求，一般为中小企业银行和一般银行发放的贷款（含有关基金支持的专项贷款）、票据贴现、上市上柜募集的资金、中小企业开发公司和风险投资公司投资以及民间借贷等；融资保证功能主要是对具有发展潜力但缺乏担保品的中小企业提供信用保证，并分担金融机构融资风险，以提高金融机构对中小企业提供信用融资的信息和意愿；融资辅导功能是为中小企业发展提供政策保障、协调和融资诊断服务等。

其中，正规的有组织的金融体系包括资本市场、货币市场和金融机构。非正规的无组织的民间借贷是指个人、企业、家庭等民间的直接借贷行为。台湾的金融机构由银行及非银行金融机构组成，前者由商业银行、储蓄银行、专业银行、基层银行金库和中央信托局等组成。专业银行包括工业银行、从业银行、不动产信用银行、输出入银行及中小企业银行。基层合作金库包括信用合作社、农会信用部和渔会信用部。非银行金融机构由邮政储汇局、信托投资公司及保险公司构成。

6.6.1 中小企业融资支持体系

台湾由于金融体制具有"双元性"的基本特征，因此，中小企业融资渠道亦来自有组织的正规融资体系，包括中小企业银行、一般银行及金融票券公司、资本市场和货币市场等，以及无组织的非正规民间借贷。

一、正规的金融体系

对中小企业提供资金融通的金融机构有中小企业专业金融机构和一般金融机构。

（一）中小企业银行

中小企业银行，是政府专为中小企业融资而设立的专营银行。1975年，当局修正了银行法，增加了成立中小企业专业银行的条款，确立了中小企业专业银行在金融体系中的地位。修改后的银行法规定了中小企业专业银行应以"供给中小企业长期信用,协助其改善生产设备及财务结构,健全经营管理为主要任务"。

中小企业银行包括公有的台湾中小企业银行(1998年1月改制为民有银行)和民有的地区中小企业银行(8家,下设分支机构472家,遍布台湾各地),其资金除自身资本、公众存款外,政府也有适当扶持。此外,"财政部"亦规定,它对中小企业放款比率不得低于放款总额的70%。根据"台湾中华经济研究院"公布资料显示,中小企业银行虽然对中小企业放款额占70%以上,但占全部银行体系的放款比率低于25%,也就是说中小企业所需的资金大部分是由一般性商业银行解决的,且中小企业银行放款期限以中短期为主,长期占少数比例。

(二) 一般金融机构

中小企业融资的一般金融机构,可以分为银行及其他金融机构。

银行中通常有专门针对中小企业的部门,如台湾银行中相应的业务部门,叫中小企业金融部;其他金融机构则包括台湾合作金库、各地信用合作社、信托投资公司、农渔会信用部以及证券公司和票券金融公司。此外,还有为中小企业融资服务提供的各项专案贷款:如小企业开发性计划贷款、"中美基金"中小企业辅导贷款、青年创业贷款,"央行"的中小企业长期贷款等。

(三) 票据市场

台湾的商业本票分为交易型和融资型商业票据两类,交易型商业本票期限近3天,无需保证。融资型商业本票是企业自身融资而发行的,在商业本票发行总额中,所占比例超过99%,主要参与者是民有企业。由于公有企业较易从银行融资,故民有企业除了上市途径外,发行票券也是一条十分重要的融资渠道。据统计,公有企业一般占交易总额的2%~5%,而民有企业则占25%~50%。

(四) 风险投资基金

1983年台湾"财政部"颁布《创业投资事业管理规则》,开始同意成立创业投资公司。该宗旨是为加速促进高科技型中小企业的发展。台湾的风险投资具有其自身特点:风险投资的主管机关是"财政部"。在台湾，风险投资的设立必须由"财政部"主管的政府部门特许审查后，才能再向"经济部"申请公司成立。风险投资的资金主要来自岛内的产业界，政府投资比重已逐渐下降，但是缺乏长期资金注入。风险投资的对象主要是岛内外科技事业。总体来说，从产业看，创业投资多投资于资讯业、半导体产业，从时间看，以风险相对较小的成长期的科技公司为最多。

（五）资本市场

台湾的股票市场分为4个层次。第一层次是公司制的台湾证券交易所，第二层次是财团法人制的证券柜台买卖中心，对中小企业融资更具有普遍意义的，是第三层次的兴柜市场和第四层次的盘商市场。

台湾的权益资本市场对中小企业的开放度相当高，主要表现为中小企业可以合法地私募或公募股本，中小企业的股票可以通过兴柜市场或盘商市场进行交易。

1. 兴柜市场

未上市（柜）的股票是通过盘商中介来交易，当局认为这种交易弊端丛生，不仅发行公司信息不明，相关财务、业务资料不能即时公开，而且交易信息也没有客观公正的披露渠道，盘商操纵股价的事情也时有所闻。为给未上市（柜）公开发行股票的公司一个合法、安全、透明的交易市场，并将未上市（柜）股票纳入制度化管理，以保护投资大众，2002年2月1日兴柜股票正式挂牌。兴柜市场可视为柜台买卖中心主管的一个特殊板块。在当局的强力干预之下，台湾的三个股票市场之间没有竞争或并列的意味，而是形成一个从低级到高级的垂直分工模式。

2. 盘商市场

盘商，是专门从事未上市（柜）股票交易经济业务的证券商，但均不合法。在非公开市场买卖的股票虽然流通性低、交易成本高、筹资效果不免受到限制，但是以地下盘商为中介的非公开股票市场确实是中小企业从资本市场筹集资金的一个重要途径。任何取消盘商市场的意图或措施，恐怕终归是徒劳。

二、非正规的民间借贷

台湾经济是以中小企业为主体的民间经济。除了正规金融机构的贷款之外，民间渠道借贷在台湾相当普遍，总金额不小，交易形式多种多样，有信用借贷、质押借贷、民间标会或民间互助会等。据统计，台湾民有企业大约有36%的资金来自民间借贷市场，可见非正规民间借款渠道的重要性。

在台湾，民间借贷的交易形式包括信用拆借、质押借款、远期支票借款、存放厂商（指员工及员工亲友的存款）、民间储蓄互助会或所谓标会、融资租赁及融资性分期付款、股票交易丙种垫款等。这类民间借贷组织的特征有两点：其一，除了融资性租赁及分期交易付款交易外，大多数不存在正式的市场和组织。交易双方多需要具有亲友之谊、雇佣关系或是业务往来，否则难以成交，因此既无正式组织，市场也都非常狭隘且零碎，甚至不足以称之为市场。其二，民间借贷尚未被纳入金融法规的管制，所以台湾财经主管部门难以有效进行规范与管理。因此，台湾民间借贷市场又被称为"地下金融"或未纳入管理的金融体系。

通过民间借贷渠道借贷的年利率一直保持在银行借贷利率的两倍以上，差距始终超过十个百分点。尽管民间借贷利率如此之高，但民间借贷在企业资金融通中的比重却一直居高不下。究其缘由，第一是台湾金融市场自身失灵造成的。由于在金融市场中存在信息不对称，银行对借款者信用的了解远不及借款者本身，高利率必然导致高风险，而这正是银行所不愿承担的。因此，一个比平均放款供需均衡利率低一点的利率对银行更为有利，也因此造成对正式金融体系资金需求的扩张与膨胀，部分借款者需求得不到融通成为常态，而首当其冲的受害者是资信状况较差的中小企业，这也就为民间借贷的活跃创造了市场空间。第二是台湾民间借贷自身的竞争优势。民间借贷组织来自于民间，地缘性强，放款者常与借款者有着千丝万缕的联系，或是亲戚朋友，或者雇佣关系，业务往来，所以对借款者的信用状况较容易掌握，也就容易克服信息不对称的困扰，信息成本较低；再加上它们经营具有弹性，手续简便，放款迅速，管理成本较低等特点，因此民间借贷成为中小企业融资的重要途径。

6.6.2 中小企业融资信用保证体系

台湾中小企业融资信用保证体系，包括中小企业信用保证基金和中小企业发展基金。

中小企业信用保证基金按企业机制运作，设立的目的一方面对具有发展潜力但担保品欠缺的中小企业提供信用保证，弥补其信用之不足，以利其获得金融机构的融资，另一方面分担金融机构对中小企业融资的风险，以提升其办理融资的意愿。信用保证对象是按照台湾当局颁布的《中小企业辅导准则》来办理。依企业性质与规模划分为生产事业、一般事业及小规模商业等三类，除少数行业，如金融保险业、房屋建筑业、经纪业和特别娱乐业不给予保证外，均已纳入保证范围。另为配合当局辅导青年创业政策及为协助企业在国际上建立并推广自有品牌，分别将经"行政院"青年辅导委员会审查合格的创业青年及符合"财政"、"经济"两部合颁的"自创品牌贷款要点"规定的企业，纳入保证对象。其信用保证项目有一般贷款信用保证、商业本票信用保证、外销贷款信用保证、购料周转融资信用保证、政策性贷款信用保证、小规模商业贷款信用保证、履约保证的信用保证、进口税捐记账保证的信用保证、自创品牌贷款信用保证、青年创业贷款信用保证、发展贷款信用保证等。

中小企业发展基金规模为 20 亿新台币，用以办理中小企业专业贷款，支持中小企业辅导计划和投资开发等业务。

6.6.3 中小企业融资辅导体系

中小企业融资辅导体系即由台湾直属 7 家金融机构按照政府的指示，共同集资成立的中小企业联合辅导中心。成立的宗旨，主要是针对缺乏银行融资经验和策略性，但具有发展潜力的中小企业，给予财务诊断及辅导，协助其取得融资。除了融资诊断辅导外，该体系的其他辅导项目，包括经营管理辅导、中小企业融资咨询服务，举办创业者辅导讲座等，目的在于协助中小企业建立会计制度，改善财务结构，强化经营体制，并取得所需的融资。中心向中小企业提供多方面的咨询服务，同时，该中心也对中小企业的融资需求提出建议报告，提交银行贷款时参考。

在融资辅导方面，中小企业向往来银行申请贷款遇到困难时，可向该中心申请融资辅导，辅导中心经由洽谈并了解企业申请贷款之后，要求该企业提供相关财务资料并进行深度访问等调查诊断工作，并将诊断结果提报"诊断调查报告审议会"决议，以决定辅导方式。如果是经营辅导，则暂缓融资，建议信保基金提供保证，使中小企业先行改善经营管理。如果是融资辅导，则建议往来银行给予融资、信保基金提供保证，使中小企业的融资能够顺利进行。

6.6.4　台湾中小企业融资体系的特点

许多台湾学者的研究认为,支撑台湾中小企业发展的其实是来自民间的信贷。民间金融对台湾经济的成长发挥了相当关键的作用。更重要的是,民间金融的存在硬化了企业的信贷约束,使资金的配置效率大大提高了,而"创造性毁灭"的过程或体制的"灵活性"无疑是一个重要的解释因素。

银行体系的效率主要来源于银行之间的"适度竞争"。垄断银行可能是高效率的,但垄断的银行市场一定是低效率的。台湾经济长达50年的快速增长,是导致台湾金融自由化的根本原因。台湾银行业长期受到严格的管制,直到金融自由化由民间推动改变为政府主导之后,才逐渐实现了金融参与的自由。在金融自由化的过程中,民有银行既是金融制度的创新,也是金融机构的创新。

以中小企业为主导的组织结构嵌入的不是政府的偏好体系,而是民间的系统。

把合会改造为地区性民有银行,这是台湾金融制度上的成功改革。尽管其中还存在一些严格的业务和分支行设立的管制因素,而且中小企业银行业不能抵消金融主体对地下金融的需求,但从制度变迁的角度上讲,却形成了台湾独特的银行体系发展的路径依赖。1989年7月11日,《银行法》的第二次修订为民有银行的设立提供了法律依据;1990年4月颁布的《商业银行设立标准》,开始受理新银行的设立申请,使得民有银行迅速成长起来。而台湾公有银行的民有化则进一步加速了这一制度变迁的步伐。台湾银行民有化采用出售公股的方式,1997年释股之前,公股的比例高达93.2%,主要由省属行库持有。民有化之后,其中三大银行的公股股权均降低到50%以下。

6.7　中国的实践

2005年银监会颁布《银行开展小企业业务指导意见》后,2006年银监会主席曾提出包括利率定价、独立核算、贷款审批、激励约束等在内的

"六项机制",完善小企业贷款服务。在 2006 年的《关于进一步做好小企业贷款业务的通知》中,关于独立核算的要求表述为"要设立小企业贷款的专业部门,组建一支专业队伍,为小企业贷款提供专业服务。要制定专项指标,准确统计分析小企业贷款的相关数据信息,对小企业贷款实行独立核算和专项考核"。考虑到实践差异较大,本书特从地区、银行、企业三个角度进行实证研究。

6.7.1 北京模式

据北京市发改委统计,2007 年北京市拥有中小企业约 32 万家,占企业总数的 98% 以上,贡献了 64% 的生产总值,创造了 81% 的就业机会和 60% 以上的缴税总额。

北京的中小企业绝大部分是服务行业,但北京最有特色的则是高新技术企业,《北京高新技术企业发展状况和服务需求报告》显示,58% 的企业存在资金不足,其资金缺口平均为 1800 万左右。

对中关村民营科技企业发展与金融创新所做的调研显示,在被调查的 964 家企业中,有 733 家企业将"内部积累"作为其主要资金来源,占被调查企业总数的 76%,而且这一点几乎不因企业所处的发展阶段不同而有所改变。还有 30% 的需求必须寻求"体外供血",可选择的体外渠道包括贷款、专项资金和自己融资,目前主要是第一种和第二种,比如中关村科技园区提供的留学生创业贷款绿色通道。银行或信用社贷款成为继内部积累之后最重要的资金来源,占全部外源性资金来源的 42.1%,其余比如民间借贷、资本市场、国际政策性贷款、私募股权融资等的比例不超过 18%。

一、"基础设施"建设

中小企业不能从金融机构获得贷款,一方面因为它们没有合格的抵押品,另一方面也因为其缺乏信用。为发展信用融资,北京市在中关村实行了信用体系建设试点。凡是申请政府基金、向银行申请贷款以及自愿的企业,都将进入中小企业信用体系,可以供公众查询。

2006 年,由北京发改委牵头,联合北京银行、市内发展较好的 5 家担保公司共同建立北京市中小企业网上融资平台,包括国家开发银行、工商银行北京分行、光大银行以及一些外资银行也在积极加入这个平台。银行和担保机构在共同为中小企业融资努力。

尽管北京市的担保在全国走在前列,但依然赶不上银行许诺的新增贷款额。为解决担保能力的不足,北京市已经在中关村、密云和大兴三个地区试点互助担保业务,由每家出50万元,把10家企业的500万元委托给一家指定银行,这样各家企业都能从银行获得放大规模的贷款。此外,积极开展再担保的研究。

为了测试政策的有效性,北京市发改委和市工商局合作,跟踪企业的成活率,在清华创业园区展开试点工作。

二、细分需求寻求突破

根据融资条件,对不同企业的融资问题进行细分,北京尝试建立一个立体的融资服务体系,有针对性地分别帮助初创期、成长期、成熟期的中小企业扩大融资渠道。

这些融资方式包括,研究成立一家中小企业融资信用再担保公司,缓解中小企业的间接融资难问题;由政府全额成立中小企业创业投资引导基金(下称"引导基金"),以投资入股的方式引导社会资金共同成立创业投资企业,由该创业企业向创业初期中小企业股权投资,改变中小企业创业初期的资金困境;构建中小企业上市培育体系,加快中小企业改制上市进程等。

(一)初创期:创业投资引导基金扶持

对于处于初创期的企业,它们自身条件不符合银行发放贷款的要求,北京市在2008年正式成立引导基金,有针对性地解决初创期企业,特别是创新型企业的融资困境。

引导基金和社会投资一起共同组建创业投资企业,引导资本向高科技、创新型企业等政府引导的产业发展方向上投入。在合作成立的创业投资企业中,政府所占的份额要小于30%,而社会投资的份额将超过70%。政府将通过选择委托专业管理团队或成立一家专业的资金管理公司来管理上述资金,同时引导这部分政府资金在投资企业一定年限后推出,以便使资金循环使用。

(二)成长期:再担保公司助力

对于成长期的中小企业,对策是政府加强协调、引导和服务,整合各方面资源促进融资。北京市通过扩大中小企业融资平台的规模和金融产品创新为企业带来方便。上述措施已在 2007 年取得了良好成效。

2007 年，北京市有超过 2500 家中小企业通过北京市设立的中小企业间接融资服务平台获得了 500 亿元的新增贷款。中关村科技园区试点的信用贷款合同使 17 家中关村园区企业得到了 9350 万元的贷款，中小企业知识产权质押贷款业务也向 29 家中小企业提供了 24625 万元的贷款。

如果中小企业融资信用再担保公司在 2008 年成立，中小企业将更为方便地获得担保贷款。目前北京现有的信用担保公司在保金额为 300 多亿元，如能对现有担保公司担保规模的 50% 提供再担保，那么整体的在保金额规模有可能扩大 30%~50%。再担保公司通过向各担保公司收取再担保费，为担保公司分散风险。在前一个担保人不能清偿债务时，由后一担保人完成债务清偿，这将缓解中小企业的间接融资困难。

（三）成熟期：推进企业上市

相对于高新技术企业的数量和产值，中关村地区在中小企业板只有两家上市企业，这是不相称的。

针对成熟期中小企业，北京市构建了中小企业发行上市培育体系，研究制定相关扶持政策，鼓励企业利用资本市场融资，并通过开展一系列培训活动引导专业机构为拟上市企业提供改制上市服务，加快企业改制上市进程。

2007 年，北京市累计培训拟上市企业超过 1000 家，已有 333 家中小企业申请成为上市重点培育企业，目前已有 16 家中小企业申请上市并获国家证监会批准，中关村园区累计有超过 100 家中小企业在国内外资本市场成功上市，筹集资金超过 630 亿元。此外，北京市中小企业集合发债取得突破，4 家中关村园区中小企业集合发债规模达 3.05 亿元。

三、信贷运作模式

（一）中关村担保实践

改善园区中小企业融资难，首先要改善园区的信用环境，这是当年北京中关村科技担保有限公司（以下简称"中关村担保"）成立的目的。从 1999 年 12 月 16 日成立，中关村担保 6 年多利用 3.83 亿元的担保资金，累计为 2635 家科技型及符合国家产业政策的中小企业提供了总计 110 亿元融资担保。这意味着，每一元担保本金直接带动了 28 元贷款及信用融资资金运用，而这么大的担保余额里，中关村担保平均代偿率①不到 2%。

经过几年实践，中关村担保摸索出一些较成功的模式。

1. 模式 1：瞪羚计划

北京中星微电子公司是中关村科技园区的"瞪羚企业"，在取得担保贷款支持后，企业发展迅速，并于 2005 年 12 月成功在美国纳斯达克股票交易所上市。

中关村科技园区将高速成长企业比喻为"瞪羚企业"，虽然这部分企业的数量仅占园区企业的 10%，但其每年创造的技工贸收入占园区全部收入的 40% 以上。

进入瞪羚计划的企业，不仅可以增加信用，还可以以更短的时间、更低的成本获得所需要的资金。进入该计划的"瞪羚企业"，通过银行、信用中介机构、政府的联合担保，从银行获得贷款的流程更加简便，1~3 个月之内就能以基准利率获得贷款。此外，政府还给予 20% 的贷款贴息。按照规定，中关村担保的最高额度为 3000 万元，但若银行愿意多给企业放贷，中关村担保也欢迎。在获得贷款的同时，企业的信用评级工作也完成了，而且政府补助 50% 的评级费用。

截至 2006 年，中关村担保公司已累计为 355 家"瞪羚企业"提供了担保支持，担保金额达 34.4 亿元，为它们的高速增长提供了基础。北京科兴生物技术公司是专门从事病毒灭活疫苗的高新技术企业，2003 年承接了研制 SARS 疫苗的国家项目。该企业申请贷款担保时尚处于研发生产阶段。企业获得担保贷款资金后得以快速发展，当年便取得了 2500 多万元的销售收入并实现了扭亏为盈。北京英力科技有限公司是在 2001 年、2002 年先后得到 500 万元、1500 万元的担保贷款后，生产与销售能力稳步增长，产品主要销往国外。2003 年实现销售收入 12451 万元，比 2002 年增长了 73%，企业发展迅速。

2. 模式 2：小额创业担保

在创业投资机构举步维艰的时候，担保机构介入创业期企业风险更

---

① 代偿率是指因借款人不能按时偿还到期贷款而由担保代为清偿的资金总额，占担保公司小额担保贷款责任余额的比例。计算公式为：小额贷款担保基金代偿率 = 担保基金代偿金额 ÷ 小额担保贷款责任余额 × 100%。

大。中关村担保却比较成功地进入这个领域,为回国创业人员开辟了以"留学生创业企业融资担保绿色通道"为代表的运作模式,为创业企业开辟了一条融资新途径(见图6-15)。

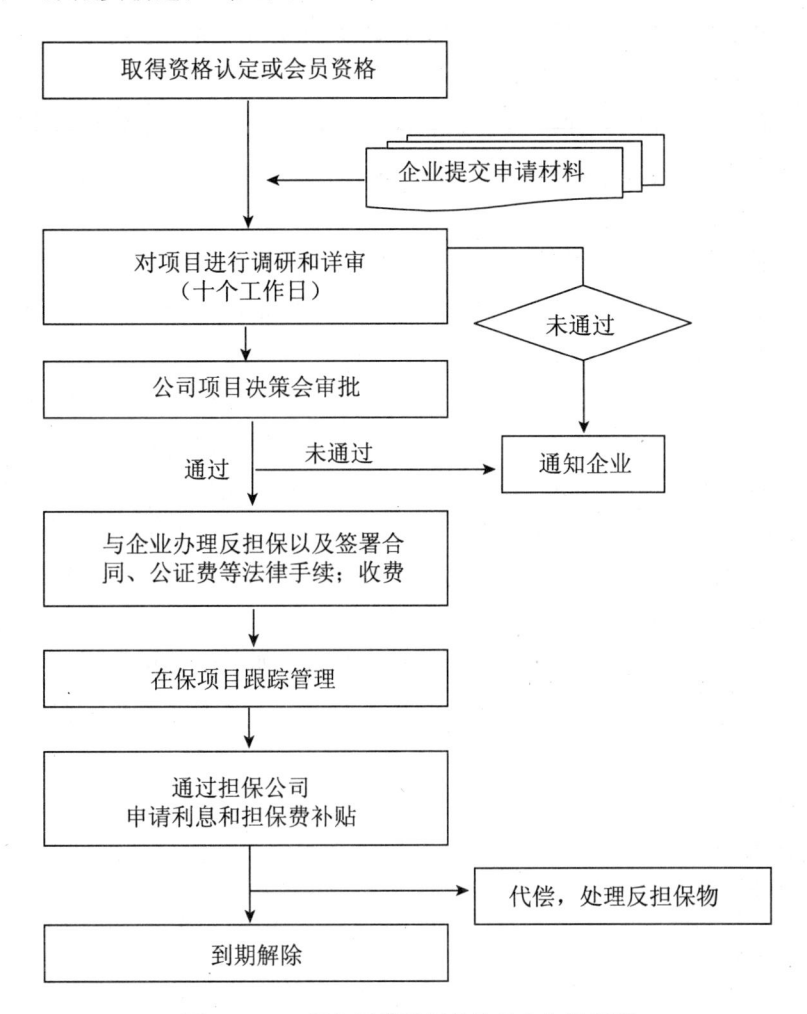

```
取得资格认定或会员资格 ← 企业提交申请材料
          ↓
对项目进行调研和详审 ─→ 未通过
(十个工作日)
          ↓
公司项目决策会审批 ──未通过──→ 通知企业
     通过↓
与企业办理反担保以及签署合
同、公证费等法律手续;收费
          ↓
在保项目跟踪管理
          ↓
通过担保公司
申请利息和担保费补贴
          ↓                代偿,处理反担保物
到期解除
```

图6-15　绿色通道担保贷款的业务流程图

北京奥瑞金种业公司是一家由美国学成归国的留学人员创办的企业,其玉米制种技术处于国际先进水平,并在我国许多农业生产区得到了广泛应用。但在创业初期,它曾面临资金的难题。在该企业发展初期,中关村担保为其提供了50万元小额创业贷款,帮助其开拓市场。在销售规模逐步扩大之后,又分别为其提供了500万元和2000万元流动资金贷款担保。

从2002年9月份开始,中关村管委会就开始着手建立金融"绿色通道"。首先以文件的形式通知了担保公司,主要是利用中关村科技园区的担保公司,帮助中关村归国留学人员创业获得银行贷款。同时,管委会利用政府资金的杠杆,为留学生贷款进行贴息和补贴保费,这就意味着留学生可以无偿使用一笔资金。

利用这一评价系统和操作模式,中关村科技担保公司已累计向183家创业企业提供了总计1.34亿元的贷款担保支持。

3. 模式3:捆绑式融资

中关村科技园区内有一些能够带动园区经济规模总量扩大的龙头大企业。虽然这些企业在金融机构已经建立了自己的信用,不需要担保公司直接的信用保证支持,但它们与许多中小企业有着密切的上下游交易关系。因此,通过向为大企业提供上游产品供应和下游产品销售的中小企业提供信用保证服务,不仅可以直接促进这些企业的发展,而且有利于大企业产品销售规模的扩大和市场占有率的提高。

2003年,中关村担保与联想集团签订了合作协议,共同为联想推荐的AAA级销售代理商提供融资担保支持,这被认为是一个融资担保和信托业务结合的成功典型。

捆绑式集合信托的推出,突破了中小科技企业不能直接面向社会融资的瓶颈。几年来,中关村担保为5家成长强劲的科技企业筹集1.3亿元信托资金提供了全程担保。

受捆绑式信托试验的启发,中关村尝试组织一些符合发债条件的企业实行捆绑式联合发行企业债券,以解决科技型中小企业单独发债成本高、手续复杂、时间长的问题。

(二)北京银行借力

截至2007年10月末,北京银行中小企业贷款余额超过460亿元,是北京地区中小企业贷款的主要提供者,目前开立结算账户的中小企业已超过10万户,约占全市中小企业总量的三分之一。但是,在中国诸多上市银行中,北京银行的中小企业贷款(5000万以下贷款占比)仅为13%,为上市银行最低。提高中小企业贷款占比势在必行。

1. 银企合作

实际上,北京银行做中小企业业务并非始于今日。十年来,北京银行已累计对中小企业发放贷款2500亿元，支持中小企业5000余户，其中不乏如汉王科技、科兴生物、华旗资讯、迪信通等类型的企业。

北京银行于2001年成立首家银行内部的中小企业服务中心。同年，推出"小巨人发展计划"，将公司成长前景好、治理规范、财务管理科学、企业信用较好、客户忠诚度高的优质中小企业列入"小巨人"范围，并将其作为融资支持的重点企业，在贷款金额、品种、利率、期限、担保方式等方面提供优惠服务，并对其提供综合授信业务。2002年，北京银行成立中小企业贷款审批中心，针对中小企业资产规模小、交易量小、资金周转快等特点，设计开发一套独立于大企业的中小企业信用评级指标体系。通过独立的中小企业信用评级体系，客观评价中小企业的信用等级，作为发放中小企业贷款的依据。2006年成立负责中小企业贷款管理的小企业中心，成立专业的队伍，全程负责贷前贷中贷后管理，逐步形成前台（负责销售）、中台（负责审批）、后台（负责风险控制）协同作战的方式。

2. 银政合作

银政合作是北京银行开辟中小企业融资服务的另一个创新。十年来，北京银行与全部18个区县建立中小企业合作关系渠道，与5家专业担保公司、13家具有区县政府背景担保公司、4家具有区县政府背景的担保基金建立合作，也是北京市发改委推行的互助担保试点的合作伙伴。

2005年12月18日，北京市发改委与北京银行签订《支持中小企业发展合作协议》。按照协议，未来3年内，北京将设300亿元的信贷资金，用于解决中小企业融资难的问题。按照协议，北京地区包括港澳台及外资中小企业，只要在北京工商部门登记注册具有独立法人资格的中小企业，且经营一年以上，均可通过北京中小企业网申请贷款。依据协议，北京银行与北京市发改委联合开发了中小企业贷款项目征集系统。通过该系统，京城各区县中小企业融资项目可以迅速归总到贷款审报平台。北京银行基于该平台进行调查筛选、报审和审批。

2007年，北京银行通过引进国际金融公司（IFC）推动的能效融资项目贷款合作机制，着手改变中小企业贷款的短板局面。

能效融资项目贷款合作机制是国际金融公司根据财政部的要求，针对国内企事业单位特别是中小企业提高能源效率、利用洁净能源及开发可再生能源项目而设计的一种新型融资模式。根据双方签署的协议，IFC将在其中国能效融资项目（CHUEE项目）框架下，向北京银行提供总额为1.3

亿人民币（约1700万美元）的风险分担担保，以帮助北京银行在5年项目期内实施总额为3亿元人民币（约3900万美元）的能效项目的贷款组合。贷款将提供给专业的能源服务公司或项目业主，用于支持能效项目的实施，如工业锅炉改造、余热回收、热电联产与热电冷三联供、节电改造，以及工业能源利用优化等。

能效融资贷款项目原则上额度是1600万，但单笔贷款封顶可以在4000万，根据协议，如果能效融资项目不良率控制在10%以内，IFC将分担其中的75%的损失。

这种援助对北京银行完善起刚刚形成的中小企业贷款风险管理体系有很大的帮助。IFC对北京银行的风险管理提出了严格的要求。首先，贷款必须是合格贷款，贷前、贷中、贷后是否按照条款履约，如果没有履约，IFC最后不会分担损失；其次，出现不良贷款后，IFC会要求银行在所有手续都履行完毕的情况下，比如确认客户贷款出现不良损失（比如法院对不良贷款客户资产的执行），才会进行损失分担。

为此，在项目实施过程中，北京银行可以获得IFC在中小企业信用评级、风险定价、财务及项目现金流分析、能效项目尽职调查等方面的技术援助。北京银行风险管理部门也积极展开与IFC、标准普尔就中小企业贷款方面的合作。IFC联合若干家商业银行，建立违约概率和违约损失的数据模型，为贷款风险进行分析支持，模型建成后将大大提高中台的审批效率。

6.7.2 温台模式

改革开放近30年，珠江三江地区甚至整个东部沿海地区成为中国民营经济发达、中小企业活跃的地区，号称"中小企业经济"，从所有制结构看，以民营企业为主导；在企业规模上，以大量小型企业为绝对主流；在中小企业生态上，具体表现为以下特点：

第一，集群经济。中小企业的发展与块状经济紧密结合在一起，往往一个村或邻近的几个村就是某一类或某一种产品的产销小基地，一个镇或邻近的几个镇是某一类或某一种产业的产销大基地。这种区域集群经济，具有高度的社会化分工和专业化协作的特点，形成了技术、资金等生产要素以及品牌的集聚优势。这种优势最终体现为成本优势、价格优势和竞争优势。如温州打火机就是凭借这个优势，打破了日、韩等国垄断世界打火机市场几十年的局面，致使日、韩等国90%以上的打火机生产企业关闭。

第二，以轻工业为主。从产业比重看，轻工业的产值占工业产值的2/3；从市场竞争力看，不少轻工产品在国内有较高的市场占有率，以温州地区为例，鞋 25%、服装 10%、金属打火机 90%、眼镜 5%、剃须刀 60%、锁具 65%、合成革 70%、低压电器 35%，等等。

第三，虚拟经营。中小企业可利用资源非常少，没有多少人才和技术，但却能做到"无中生有"，外包加工等虚拟生产方式被广泛应用于服装、制鞋、低压电器、打火机、眼镜以及灯具等传统行业。如温州没有整车生产企业，但瑞安市塘下镇却有数以千家的汽摩配件生产企业，成了全国四大汽摩配件生产和销售基地之一。又如美特斯·邦威没有车间和厂房，专注核心业务产品开发和品牌经营，却能做到年销售 2000 多万套休闲服，有着二三十亿元年销售额。在虚拟经营中，特许连锁加盟和代理制已经是非常普及的销售方式，而抛开中间商、直接与客户打交道的网上销售等也正成为新趋势。

民间有一句俗语：东部经济看浙江，浙江经济看温台。温州和台州是浙江模式的缔造者之一，也是全国民营经济最发达的地区之一。据调查，中小企业初创期的资金主要来源于劳动积累、合伙集资和企业盈利等，内源融资占 60% 左右，民间借贷（包括向亲戚朋友及非正规的民间金融组织机构借贷）是主要的外源融资形式，银行等正规金融机构的支持比例不到 30%。从当时的融资环境来讲，正规金融不可能为中小企业的发展做出适当的安排，加上中小企业创业本身面临着极大的不确定性，并且众多的私营小企业信息通过市场收集成本较高，难以吸引银行等正规金融机构的投入。随着民营中小企业的发展壮大，资金瓶颈制约日益明显，迫切需要开拓更多更宽的融资渠道。

温州台州的典型意义不仅在于温台模式，也是最具活力的投资晴雨表。对于这样具有标志性含义的区域经济体来说，构筑与中小企业成长过程中的融资需求相适应的金融支持体系，既往的实践已作出了有益的探索。真正推动中小企业贷款业务发展的是信贷市场格局的变化。许多银行在中小企业云集、经济发达的江浙、广东等省纷纷落户，开展业务。

一、草根金融崛起

以商业银行为首的各家地方性民营中小金融机构是支持个私企业发展的有效金融组织形式，其自身也在产融互动中实现了信贷资产的高质量。

以台州为例，2006年6月30日，银监会批准了台州市泰隆城市信用社改制成为"浙江泰隆商业银行"的申请。紧随其后，温岭市城市信用社筹建浙江民泰商业银行的申请，也在当年7月获银监会批准，加上此前成立的台州市商业银行，台州拥有了三家城市商业银行，这在全国地级市中恐怕首屈一指。

这些地方性民营中小金融机构具有机制灵活、管理层次少、委托代理链条短、自主性强、监督成本低等经营特征，导致运行成本较低。其组织结构较为扁平化，实行的是总行对支行的一级管理体系，避免了大型机构因中间层次多引起的管理信息传递失真、决策效率弱化、市场反应能力受制、运作费用高昂等问题。并且作为地方性金融机构，其营业网络分布在大体同构的经济环境中，客户金融需求的异质性弱，由此每一项创新业务品种可在机构范围内推广，这也降低了业务创新成本。

地方性中小金融机构立足当地，地缘性强，能较充分地利用地方上的信息存量，与当地中小企业有着千丝万缕的联系，对中小企业的品德、才能等有较为透彻的感性认识。因此，无需支付太多额外的信息收集成本即可了解到中小企业的经营状况和信用水平，从而使自己与小企业成为良好的合作伙伴。

主要的做法是推行劳动密集式的客户经理制。如台州市商业银行的客户经理数占到全行员工1/3左右，他们不仅调查客户的产品、市场、经营及投资状况，而且还对客户的家庭结构、人品、社会信誉等信息有较为详尽的了解，加上通过网络、电话、柜台等渠道收集的各类静态交易记录和动态客户回应，从而建立了以客户关系为导向而不是以数据处理为导向的信息库。同时，"存款积数、存贷挂钩"制度能够监测分析客户的现金流量，把其与客户经理日常所积累的各种"软信息"互相印证，就可以评估客户信用风险，实施有效的信贷投放和管理。正是因为有了坚实的信息基础，地方中小金融机构能够对小企业借款人作出正确的选择，对贷与不贷、贷多贷少、利率高低等问题迅速作出决策，避免了融资过程中对抵押品的过度依赖。

二、银行竞争激烈，小企业受青睐

近些年，各家银行陆续进驻。以温州为例，到2006年，除了几大国有银行、温州商业银行、每个县区的信用合作总社，温州还有10家股份制银行分支机构,是全国股份制银行最多的地级市。"草根金融"的发展壮大,缩小了经济结构与金融组织体系结构的不对称程度,增大了金融配置中市场化的份额,给体制僵化的国有金融机构施加了强大的外部压力。

与此同时,近年来,银行业存款呈现强劲增长态势。存款余额不断增加和银行业竞争日趋激烈使当地银行机构面临两重压力。再加上大企业不多,当地银行的视线只好向下移。在此背景下,广大中小企业自然成为当地贷款市场开拓的对象。

近年来,各国有商业银行纷纷确立了"扩充前台、稳定中台、整编后台"的原则,不断加强客户经理队伍建设,建立了以客户为中心的市场营销方式,以抢占信贷市场。如建行台州市分行的客户经理人数已占该行在岗人员的20%以上,为其构建全新的营销机制、业务管理机制奠定了扎实的基础。同时,建行对市区各分支经营机构进行扁平化管理,以更有效地使用和配置网点资源、人力资源和信贷资源。工行则建立适合中小企业的风险控制体系,专设了中小企业信贷处,负责全市中小企业市场调查和中小企业客户库的建设和维护,组织对中小企业技术改造项目的评估;同时突出客户经理在业务拓展中的作用,客户经理报酬不再与处室考核挂钩,而是由人事部门根据客户经理业绩直接计算到个人,从而极大地调动了其工作主动性。

在竞争推动下,中、工、建、农四大国有银行均实现了优良的经营业绩和超低的不良资产率。据统计,2005年以来工行新增贷款90%投向了中小企业,名列全国工行系统第一。2005年底,省工行与市政府签订协议,决定在3年内对台州民营企业的信贷业务规模,在原有100亿元的基础上新增投入150亿元。截止到2006年9月,小企业贷款不良率低于各类贷款的平均水平。公开数据显示,当地主要面向中小企业的温州商业银行2005年的净利润为6934.3万元,净资产收益率10.86%,建行温州分行7年多来,各主要经营指标均保持30%以上的递增。

小企业之所以贷款不良率低,主要是由于小企业总体数量大,银行的选择余地大、标准严。同时,小企业贷款还具有分散风险的特点,即便出现不良贷款,也不会像大企业贷款那样损失惨重。所以,尽管一些温州银行也希望做大企业贷款,但是温州小企业和个体工商户旺盛的资金需求和优质的资产质量,也给他们带来了不错的收益。温州许多金融机构都在考虑如何建立更科学的风险定价机制,如何结合企业的需求提供高效的服务，以期在未来日趋激烈的市场竞争中取胜。

三、民间借贷活跃

温州等地民间金融活动（见图6-16）在解放前就已存在，盛行于改革开放后的20世纪80年代中后期，正值浙江民营经济的兴起。

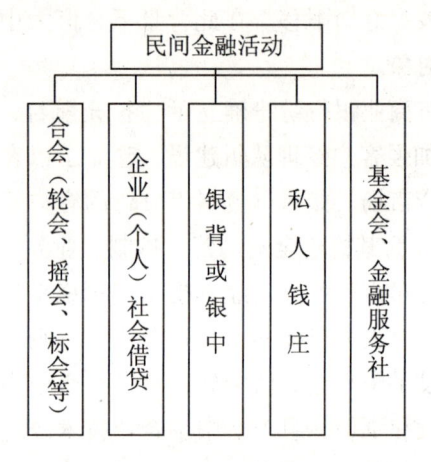

```
                    民间金融活动
    ┌────────┬────────┬────────┬────────┬────────┐
  合会       企业      银       私       基
 （轮会、   （个人）   背       人       金
  摇会、     社会      或       钱       会、
  标会等）   借贷      银       庄       金融
                      中                 服务社
```

图6-16　民间金融活动的构成

民间借贷以自由借贷为主，此外银背、典当行等形式也较为常见。传统的各种"会"因融资金额有限，已较为少见。地下钱庄经过90年代的各种风波，数量较少。近年出现了基金会、金融服务社和担保公司等，也加入民间借贷，主要为短期的抵押融资，利率远高于自由借贷的平均水平。

自由借贷资金中，主要是自有资金，有少量来自亲朋好友。资金借方一般为亲朋好友，体现出地缘性的特点。资金需求者大多为实业投资，其个人信用非常重要。若资金的需求者不是亲戚朋友等熟悉的人，一般经熟人介绍。资金贷方有时会将资金借给"银背"或者典当行。贷方对此类交易比较谨慎，一般需要熟人介绍，在合同形式上是两份合同。自己和熟悉的介绍人一份，介绍人与"银背"或者典当行负责人一份。

在一个年度的生产周期中，企业之间互欠现象较为普遍。年末是企业和个体户讨回欠账的时间，年末的资金供给较多，年末的资金需求也较为旺盛，因此年末借贷发生频繁。此外，利息也在年末付清。借贷合同为普通的借条，注有金额、借贷双方的名字、借钱日期。借条通常只有一张，由贷方保管。在借贷合同上，自由借款一般不约定期限，贷方可随时抽回资金。借方若是想续借，则在年末付息后，与贷方定一份新的借贷合同，日期是第二次续借的日期。

四、借贷手续简便、利率低

自由借贷的利率受民间资本充裕以及金融机构贷款加大的影响，具有一定的稳定性。同时，受投资方向的变化又具有一定的弹性变化，灵活性较大。

2004年5到2005年6月，自由借贷的利率保持一个较高的水平。主要是原料持续涨价，给整个制造行业带来困境，造成资金短缺，故对流动资金需求增加，民间利率也随行就市上浮。2006年和2007年证券市场的繁荣，也使得资金流向资本市场。2006年，在温州当地，向亲戚、好友借款月利率为8‰左右，如果有朋友介绍向其他人借款，月息一般为1‰，向银行借款则为6‰左右。自由借贷的利率水平基本和银行贷款水平保持一致的波动。2007年中央银行实行一系列紧缩货币政策，6次提高存贷款基准利率，一年期的贷款基准利率为7.47%，因此自由借贷的平均利率水平也已经达到月利率1.2%。自由借贷的资金供给和需求随着新的投资变化而变化，利率变化比较明显。而这种敏感与投资方向有直接的联系（见表6-1）。

表6-1 1978~2001年温州民间利率水平

年份	1978	1980	1983	1985	1988	1990	1995	1998	2001
年利率（%）	42	34.8	26.4	36	45	34.8	30	226.4	18

资料来源：人民银行温州市支行对民间信用利率的检测报告。

向银行借款一般需要申请、抵押、抵押品评估及贷款审批等多个环节，周期比较长。只要能够提供符合要求的有效担保，温州当地的小企业或个体工商户一般都可以在温州商业银行、各县区农村信用社、工行等金融机构方便地办理贷款。

温州当地的民间借贷手续十分简单，且无需担保、抵押。不过，由于民间借贷比银行借贷的成本高，近年来，当地小企业和个体工商户越来越多地尝试以不动产抵押、担保等方式向银行融资。而小企业向银行借款期限一般在一年以下，银行借款金额往往不到企业总产的20%。

五、信用保障机制

（一）民间信用

民间借贷主要借助亲缘和地缘关系解决资金难问题。温州等地的信用普遍较高，失信很少。民营经济发达使得人与人之间的信息传递较迅速，失信的成本极大。即使投资项目发生亏损，资金借方会继续支付利息。若确实濒临破产，申请破产保护，此为积极的保护措施。若没有自动申请破产，一部分资金贷方会到当地法院起诉，由法院强制进行破产；更多的情况是，资金贷方仍保留借贷合同，不追讨本金和利息，由其发迹之日或者其下代偿还。

（二）三方担保模式

除民间信用外，中小企业信用担保体系具有鲜明的区域特色：以商业性担保机构为主体，而非政策性担保机构为主体；以政策性担保机构和互助性担保机构为重要补充。

以温州地区为代表，现150家信用担保机构中，完全由民营企业和个人出资组建的商业性担保机构占绝大多数，注册资金和担保额均占到98%以上。由政府出资，社会参股的准政策性担保机构一家，即温州银信中小企业信用担保公司；少数是由行业协会组建的互助性担保机构，如温州兴农投资担保公司。这种信用担保模式与温州民营经济发达的特点相适应，且呈现出良好的发展势头。

浙江省信用担保协会的2007年度年报显示，该省306家担保机构与银行的合作中，风险全部由担保机构独家承担的254家，占83.01%，52家担保机构与银行承担风险的比例为9：1到5：5之间，大多数是8：2。担保公司一直肩负着银行和中小企业之间的融资桥梁。

（三）桥隧模式

但在2007年下半年以来，银根紧缩，银行惜贷，中小企业融资更是难上加难。浙江担保信用行业独创的"桥隧模式"疏通了企业融资之路。与传统的三方担保模式,即银行、担保公司、企业相比,这个新模式中出现第四方创投公司,为中小企业担保贷款建起"第二道风险控制防线"(见图 6-17)。

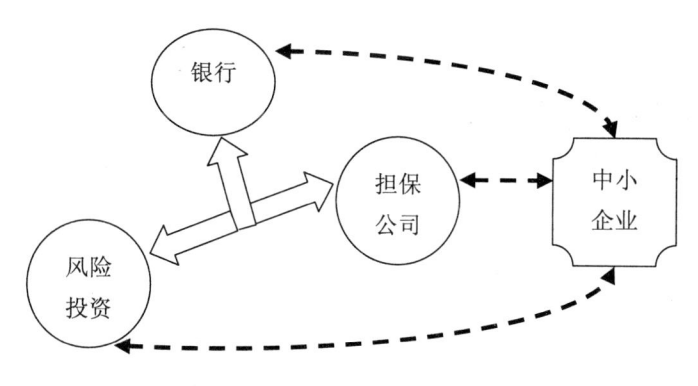

图 6-17　桥隧模式

该方式打通了信贷市场与资本市场的通道与桥梁,故名"桥隧模式"。这是一种对传统模式的突破。银行、担保公司、企业原本构成了担保融资的铁三角,而第四方搭建了一条有别于传统的融资链条。桥隧模式通过引入第四方,达到了联保与再担保的双重效果,实现了担保风险的再转移及资源的有效整合。

作为企业方的好处在于以最小的代价获得了便宜的银行资金;风投的潜在股东身份为企业经营带来压力,担保机构与风投共同为企业提供更广阔的视野、资源和咨询服务;成本上,比较传统担保,企业没有额外的付出,只是以高于净资产的价格引入一名潜在股东;银行看重的是项目的风险大小,而风投更多关注未来价值。担保公司把银行和风投两大机构引导到一个主体上达成合作,但由于与第四方风险共担,担保机构的风险状态得到了极大改善。

杭州动漫基地丰泽科技创办人朱晓锋就是桥隧模式的受益者之一。2007 年 9 月,朱晓锋正在运作他最为看重的《西行》剧本。在启动期间,他投入了大部分的自有资金。然而,做原创需要大量投入,剧本要进入制作程序,需要更多的资金。但是,像这样的动漫公司从银行融资几乎是不可能的。而且当时正值宏观调控,市场资金非常紧张,民间利率处于飙升状态。懂行的人都知道,原创动漫投入巨大,回收成本的周期太长。不懂的人,更加不愿意冒风险进入。在朱晓锋融资无望的时候,中新力合担保介入，在其周旋下，风险投资公司红鼎创投与朱晓锋经营的丰泽科技达成了合作意向。根据协议，中新力合与红鼎创投共同担保，在丰泽科技无力还款时承担偿付责任，向商业银行融资 100 万。作为对潜在风险的对价，红鼎创投获得丰泽科技 10% 的期权行权权利，期限为三年。丰泽科技的股权则质押给中新力合。对丰泽科技而言，电影的投资周期比资金短缺期间提早了至少半年。该模式的成功运行，将使从未得到信贷支持的文化收藏品经营户得到贷款。

6.7.3 银行 SMEs 信贷实践

一直以来，银行都热衷于"傍大款"，依赖大企业信用，放贷倚重大企业。商业银行在小企业贷款领域竞争越发激烈，经营思路也有差别。

一、结构调整的艰难改革

由于国内贷款的利率风险机制尚未真正形成，如果没有独立核算的机制安排，出于业绩考虑，业务人员仍把主要精力放在大客户上，开展小企业贷款业务的动力不足。为此，一些银行进行组织结构调整，尝试以独立核算的事业部来运作小企业金融服务。

民生银行、交通银行和兴业银行采用 SBU（Strategical Business Unite，战略事业单位）模式，而其他银行比如深圳发展银行，小企业金融服务主要在其贸易融资服务的框架下，在温州等地设立试点分行成立专门的小企业客户服务团队。从一些银行的实践来看，改革的短期效果并不显著。

（一）民生银行事业部制改造

民生银行的小企业事业部是一个拥有人事权的财务独立的 SBU。这个 SBU 与公司业务部是一个平行的部门设置。SBU 在分行将采用矩阵式管理架构，项目管理与专业所、室呈矩阵关系，其优点为资源共享、迅速解决问题、员工能有更多机会接触自己企业的不同部门。但在支行层面，客户经理的大客户、零售和小企业服务是否要决然分开还没有最终确定。

单独划拨一部分人做小企业业务，在体制变动和成本支出上的影响都很大。推进独立核算带来的垂直管理成本增加是一个绕不开的话题。在小企业贷款业务独立成本和利润核算问题上，成本计提和分摊的口径较难取得统一是独立核算推进缓慢的重要原因。小企业贷款成本包括职员薪酬、交易成本、分摊成本和资金成本等多方面，比如分摊成本里面，小企业业务要和其他公司或者零售业务分摊银行 IT 系统、客户服务甚至行长薪酬等多种形式的成本支出，这之间如何匹配需要做大量细致的工作，分歧也会较大。对此，采用扁平化的机构设置控制，改变过去大企业贷款需要层层审批的做法，小企业贷款的审批可下放到支行。比如一个客户经理可以为 50 个小企业客户服务，并拥有部分决定权。多个这样的客户经理上面都只需要很少的稽核和评估人员，效率和成本控制都可以很好实现。

独立核算在机构设置和具体实现形式上，并不拘泥于哪一种形式。SBU 或者专营支行都是可行的方式，主要是实现小企业贷款业务的专业化经营和管理目标。

（二）兴业银行业务流程改造

2006 年上半年，作为国内银行业首家零售业务流程化改革的试验，交行在汇丰银行的战略援助下，把原来的零售银行部一拆为四，按照业务流程重新设置了零售业务的规划部、产品部、风控部和营销部，从而启动了零售银行体系流程化改革。

但是，一年之后，零售银行流程化改革并没有给交行带来零售业务快速发展的预期结果，零售贷款占整个贷款的比重在下降，交行把零售业务旗下的四个部门合并成两个，这意味着汇丰援助下的国内首家零售银行流程化改革受挫，广大中小银行向零售银行转型仍然是一大挑战。

国际上，先进银行都是按照流程化而不是部门设计组织架构，从而实现对于事业部制下的企业银行、零售银行、投资银行和私人银行（财富管理）业务单独核算，对于每一个业务单元按照流程设置机构并进行相应核算和考核。流程化改造不仅仅是某个业务部门或者某条业务线的事情，而是涉及到整个银行。

国内银行是总分行的块状结构，而推行流程银行的国际银行都实行垂直管理的事业部制架构。块状结构体系本身就与流程银行的理念相冲突。在交行现有组织架构下推行零售银行流程化改革，以部门为基础的组织架构体系并不支持流程化，它无法对每个流程进行核算和考核，从而确定资源分配和激励机制。在没有建立事业部制、分行与总行零售业务体系各流程分割的情况下，总行和分行是两张皮，总行的决策和安排很难在分行推行。

二、供应链金融模式

所谓供应链金融,简而言之,就是银行将核心企业和上下游企业联系在一起提供灵活运用的金融产品和服务的一种融资模式,深圳发展银行把它描述为"1+N",即很多小企业是依赖一个大企业而生存的。企业的关系不是厂家间的堆积,而是一个生态群的整合。在供应链金融中,银行不会只是考虑供应链中某个企业的资信情况,而是把供应链企业间的贸易关系综合起来考虑,提供的融资会渗透到这个交易链的每一个环节。

(一) 供应链金融的创新点

一般来说,一个特定商品的供应链从原材料采购,到制成中间及最终产品,最后由销售网络把产品送到消费者手中,将供应商、制造商、分销商、零售商、直到最终用户连成一个整体。在这个供应链中,竞争力较强、规模较大的核心企业因其强势地位,往往在交货、价格、账期等贸易条件方面对上下游配套企业要求苛刻,从而给这些企业造成了巨大的压力。而上下游配套企业恰恰大多是中小企业,难以从银行融资,结果最后造成资金链十分紧张,整个供应链出现失衡。

而供应链金融最大的特点就是在供应链中寻找出一个大的核心企业,以核心企业为出发点,为供应链提供金融支持。一方面,将资金有效注入处于相对弱势的上下游配套中小企业,解决中小企业融资难和供应链失衡的问题;另一方面,将银行信用融入上下游企业的购销行为,增强其商业信用,促进中小企业与核心企业建立长期战略协同关系,提升供应链的竞争能力。

在供应链金融的融资模式下,处在供应链上的企业一旦获得银行的支持,资金注入配套企业,也就等于进入了供应链,从而可以激活整个产业链条的运转,而且借助银行信用的支持,还为中小企业赢得了更多的商机。银行通过提供资金、信用、服务进入供应链,不仅有效解决了中小企业融资问题,也促进了金融与实业的有效互动。供应链金融促使银行跳出单个企业的局限,从更宏观的高度来考察实体经济的发展,从关注静态转向企业经营的动态跟踪,这将从根本上改变银行业的观察视野、思维脉络、信贷文化和发展战略。

困扰中小企业融资最大的问题就是风险控制。但是,在供应链金融中，对中小企业融资风险的认识和控制则换了一个新的视角。以往银行对风险的评判，主要是把单个企业作为主体，关注的也是静态的财务数据，而中小企业财务信息的透明度往往比较低，财务指标难以符合评判标准，可抵押资产少，因此很难从银行融资。但是在供应链金融中，由于银行更关注的是整个供应链交易的风险，因此，对风险的评估不再只是对主体进行评估，而是更多地对交易进行评估，这样既真正评估了业务的真实风险，同时也使更多的中小企业能够进入银行的服务范围。加上供应链金融主要开展的是风险较低的票据业务，因此，银行风险也得到了有效的控制。对于银行而言，供应链整体信用要比产业链上单个企业信用要强，银行提供的利率与贷款成数乃是随着生产阶段而变动，并随着授信风险而调整，例如：订单阶段，因不确定性较高，其利率较高，可贷款成数较低，但随着生产流程的进行，授信风险随之降低，利率调降，贷款成数调升。因此，风险与收益相互配合，完全符合银行的风险控管与照顾客户的融资需求。同时，通过要求客户购买保险产品，防范货物在库、在途期间出现的意外风险和境内外交易各方信息不对称造成的交易风险。另一方面，由于供应链管理与金融的结合，产生许多跨行业的服务产品，相应地也就产生了对许多新金融工具的需求，如国内信用证、网上支付等，为银行增加中间业务收入提供了非常大的商机。

可以说，供应链融资模式跳出了单个企业的传统局限，站在产业供应链的全局和高度，切合产业经济，提供金融服务，既规避了中小企业融资中长期以来存在的困扰，又延伸了银行的纵深服务，在解决中小企业特别是贸易型中小企业融资难题上可谓独树一帜，也为银行的业务扩展开拓了一片新空间。

(二) 具体实践

1. 案例1

深圳发展银行从1999年开始规模化经营供应链贸易融资业务。2005年7月，正式确立公司业务"面向中小企业，面向贸易融资"的转型战略后，开始着力树立贸易融资专业银行的形象，并全力打造供应链金融品牌。目前，深发展重点围绕供应链初步整合了20多项产品和服务，包括担保提货、代理贴现、动产质押、仓单质押、进出口押汇、应收账款票据化、保理、出口信用险项下融资、打包放款、福费廷等等，这些产品主要关注的是企业在应收、应付、存货三方面对短期流动资金的融资需求,是企业非常需要的一些服务,对任何一个处在供应链上的企业来说,都可以从中选择到合适的产品。永业钢铁(集团)有限公司是重庆市的一家民营钢铁企业,该公司与上游企业攀钢集团的结算主要是采用现款现货的方式,由于流动资金紧张,无法向上游厂家打入预付款,有好的订单也不敢贸然出手,在价格选择和行情把握方面都处于被动,公司业务发展严重受制于资金瓶颈。2005年底,永业钢铁开始与深圳发展银行接触。深发展重庆分行为该公司设计了一套融资方案:在没有要求该公司提供抵押担保前提下,给予该公司4500万元授信额度,主要通过现货质押和预付款融资等业务模式进行,从而解决了该公司的融资难题。

2. 案例2

深发展在供应链金融业务上已取得了巨大成功,国内其他银行业也都开始竞相模仿,比如浦东发展银行、民生银行都相继推出各自的供应链金融产品。

浦发银行推出了"企业供应链融资解决方案",在提升企业信用、方便企业采购、促进存货周转以及给予账款回收支持等方面,以6项子方案有针对性地为企业提供服务支持,包括在线账款管理方案、采购商支持解决方案、供应商支持解决方案、区内企业贸易融资方案、工程承包信用支持方案、船舶出口服务方案等。

招商银行从2005年开始将中小企业作为公司业务转型的重点,颠覆性变革业务流程,在9家分行试点推进以供应链金融作为突破口,开发大型客户上、下游中小企业,提供买方或他方付息商业汇票贴现和国内信用证议付、汽车销售商融资、商品提货权融资等特色创新融资服务,为中小企业成长注入活力。

工商银行则推出了"沃尔玛供应商融资解决方案"。沃尔玛每年在华采购额达200亿美元,上游供货商有上万家,其中大多为中小企业,很难从银行获得贷款。为解决这类企业的融资困难,工行依托沃尔玛公司的优良信用,对相关物流、现金流实行封闭管理,为沃尔玛供货商提供从采购、生产到销售的全流程融资支持,破解了沃尔玛供货商的融资困局。

3. 案例3

深圳市财信德实业发展有限公司(以下简称"财信德")是一家从事国内商业批发、零售业务的贸易公司,成立于1998年,注册资本1000万元，是内蒙古伊利牛奶（上市公司，以下简称"伊利股份"）在深圳地区的总代理。伊利股份2003年资产规模已达40多亿元，年销售额60多亿元，是国内经营良好、绩优蓝筹股的上市公司。财信德作为一家成立时间较晚、资产规模和资本金规模都不算大的民营企业，它们的自有资金根本不可能满足与伊利的合作需要。同时它们又没有其他可用作贷款抵押的资产，如果再进行外部融资，也非常困难，资金问题成为公司发展的瓶颈。此时财信德向当地民生银行提出以牛奶作为质押物申请融资的业务需求。在了解财信德的实际需求和经营情况、并结合其上游供货商伊利股份，民生银行广州分行经过研究分析，大胆设想，与提供牛奶运输服务的物流企业合作，推出了以牛奶作为质押物的仓单质押业务。物流企业对质押物提供监管服务，并根据银行的指令，对质押物进行提取、变卖等操作。银行给予财信德综合授信额度3000万元人民币，以购买的牛奶做质押，并由生产商伊利股份承担回购责任。该业务自开展以来，财信德的销售额比原来增加了近2倍。这充分说明了供应链金融服务能够很好地扶持中小企业，解决了企业流动资金不足的问题，同时也有效控制了银行的风险。

4. 案例4

2004年，中国建设银行江苏省分行为江苏工业园区内的冠鑫光电公司（以下简称"冠鑫公司"）提供了应收账款质押贷款业务。冠鑫公司主要从事生产和销售薄晶晶体管液晶显示器成品及相关部件，其上下游企业均是强大的垄断企业。其在采购原材料时必须现货付款，而销售产品后，货款回收期较长（应收账款确认后的4个月才支付）。随着公司成长和生产规模扩大，应收账款已占公司总资产的45%，公司面临着极大的资金短缺风险，严重制约了公司的进一步发展。江苏建行详细了解到冠鑫公司的处境后，果断地为其提供了应收账款质押贷款业务，由第三方物流企业为该项贷款提供信用担保，帮助冠鑫公司解决了流动资金短缺瓶颈[①]。

三、产业集群贷款方式

在银监会推出小企业贷款管理办法一年之后，2006年6月，东莞市商业银行正式推出产业集群贷款方式，此后不久，光大银行也在江浙地区进行了产业集群贷款试点。

---

① 何涛、翟丽：《基于供应链的中小企业融资模式分析》，载《物流科技》2007年第5期。

产业集群贷款方式，是以专业市场为单位集中打包授信，即以专业市场为单位，集中给每个专业市场授信。市场中符合资格的商户可以来申请贷款，规定每一笔贷款不能超过授信额度和授信有效期。

产业集群贷款通过集中打包授信，实现系统与个体风险评估相结合。集中打包的方式不仅可以降低风险，还可以降低银行成本。在这种模式下，企业之间的发展关联性高，企业的发展与整个产业集体联系在一起，中小企业自身的信用评估，很大程度上取决于对整个区域的总体评估。

在东莞这个全球最大的制造业生产基地，除了木材市场，还有钢材、塑胶、五金等很多专业市场，在这些市场里的专业个体户都有融资的烦恼。

刘方（化名）在东莞吉龙木材市场有一个经营木材的摊位，每个月的营业额至少有几百万元，通常需要100万元至200万元的周转资金，但银行不愿意和他谈，因为他不能提供有效的抵押，虽然他在市场旁边还拥有一栋房子，但由于房子是在集体土地上建起来的，依照现行担保法，"集体土地使用权不能抵押"，所以不可能借此获得银行贷款。而100万元、200万元的贷款数额也被银行认为金额太少不划算。单在东莞吉龙木材市场里面，像刘方这样的木材商铺大概就有1200余间。在那里的个体户几乎都是外地人，没有东莞本地的户口，即使有房产，但由于土地属于村委会，也不可以进行抵押，并且由于进货商需要预先付款，而下游家具厂通常结款又需要一定周期，因此木材商流动资金紧张。在木材市场里，由于有大量的流动资金需求，民间借贷的利率甚至已经高达20%，而普通的6个月到一年间的银行贷款利率仅为6%左右。

这些企业虽然小，个体稳定性差，但是它们所处的产业发展是稳定、可以预期的。例如吉龙木材市场处于东莞大岭镇，全镇家具年出口总量占全国的1/3强，是亚太地区最大的家具出口基地，木材原材料生意肯定有的做。所以，即使个体户的信用问题难以解决，但是市场总量却很大。2006年，东莞市商业银行与一个木材市场签订了一笔20亿元的贷款额度，这个市场符合资格的商户可以来申请贷款，不过每一笔不能超过200万元，授信有效期可达两年。之后，该方案在东莞各个专业市场推进。

银行控制风险的方法，主要是让市场经营者进行担保。市场经营者通常有政府背景，或者是一些有实力的私营企业主。市场经营者以保证金的方式进行担保，保证金比例通常为20%。虽然比例颇高，但是市场经营者有动力做这件事情，因为商户发展了，市场才有发展。同时，市场监管方也有一些方法可以进行保障，就是要求贷款的个体户在市场都有仓库，存货需要质押仓库中，由市场经营者进行监管。

一般担保的贷款额，会小于存货的价值，对于贷款的商户，利率一般也要进行上浮，约在10%以上。银行也接受其他的担保方式，例如企业互保以及企业主的有效财产担保，还有担保公司的担保，但主要还是市场管理方保证。

担保公司也看到了这个"专业市场"的存在。东莞融通担保公司在吉龙木材市场设立了担保仓库，用于监管企业质押的存货，一般一个专业市场派3~4个人去监控。虽然企业需要支付一定的担保费用，一般是2%~3%，但是比较民间利率，更能让企业接受。截止到2006年底，这种业务只发生一笔代偿，但是担保公司没有什么损失，因为其存货在市场中很快就变现了。银行之所以选择木材等原材料专业市场作为该模式推广的地方，也是因为原材料的变现能力强，风险较好控制。

四、开发性金融模式

不少国家为解决中小企业融资问题引入了政策性金融体系，但效果并不理想，原因之一就是给政府造成大量的隐性财政负担。为此，开发性金融将成为一些国家和国际组织扶持中小企业的新动向。在国际上，最早的开发性金融大约出现在150年以前，目前已经为化解中小企业融资困境发挥了巨大作用。与政策性金融相比，开发性金融更多的带有市场建设的色彩；与商业性金融相比，开发性金融通过开发市场来盈利，但并不以利润最大化为经营目标。开发性金融追求的是社会协同发展目标，并且使这些目标和盈利目标有机结合在一起。

为了支持中小企业的发展，开发性金融机构除了需要投入大量资金以外，还必须运用正确的方法。目前国际上的开发性金融机构已经为此设计出多种发展模式。其中，泛美银行提出的三种模式带有普遍意义。

第一种模式是一种风险资本模式。为此，泛美开发银行的多边投资基金努力寻找业绩良好的高增长部门进行风险投资。这些企业的内部收益率往往达到35%或者更多，并且最终会通过首次公开发行渠道为相当部分的投资找到退出渠道。该基金只为每家公司投资50~100万美元，吸引了大量的国外资本、技术以及先进的管理经验。通过这些投资可以获得15%以上的回报。

第二种模式是一种开发性资本模式。虽然风险仍然较高,但与风险资本不同,开发性资本并不以追求高收益率为条件,为5%左右。开发性资本金仅仅为每家公司投资5~25万美元,很大程度上是用于贫困地区的发展,目的在于获得开发性或者环境性收益。最后以管理层回购的方式找到投资的退出渠道。

第三种模式是一种"动手做"资本模式,是一种最为值得推广的模式。在此模式之下,"动手做"资本与相当多的中小企业保持密切的合作关系,为后者各方面的发展都提供较为深入的商业援助(包括开展市场研究和寻找资金退出渠道等)。这类投资的出口大多是管理层回购或卖给战略合伙人,并且期望获得10%的税前投资回报率。

1994年中国成立了三家政策性银行,但还缺少专门负责中小企业融资支持的政策性银行。值得注意的是国家开发银行在2005年做了一些尝试。国家开发银行与重庆合作,未来三年由开发银行给重庆放贷100亿元;全市30多个开发园区,利用自有资产为中小企业贷款100亿元;重庆工商联、重庆中小企业局等部门担保为中小企业贷款100亿元。据悉,开发银行的100亿贷款采用银行、政府、社会中介和企业"四位一体"的融资新模式给中小企业贷款,由各区县政府组织专管机构、担保机构、评议小组、会计师事务所和代理经办行等机构搭建融资平台,中小企业因此可获得原来不可能得到的贷款。据了解,由于中小企业通常没有多少资产可供抵押,这三个百亿元贷款工程实际上是采用政府信用进行担保模式为中小企业融资。这也在某种意义上说明了支持中小企业融资的政策性业务的可行性。

6.7.4 中小企业融资实践

在众多的中小企业融资案例中,本书之所以选择蒙牛、维达这样的企业,是想透过这些企业折射出企业如何从无到有、从小到大,最后稳步走上实业发展之路。中国的未来离不开这些"脚踏实地"的民族企业。

一、蒙牛的融资成长之路

内蒙古蒙牛乳业(集团)股份公司由自然人出资,采取发起设立方式于1999年8月成立。1999年的最后3个半月就实现了3,730万元的销售收入。之后,它的销售收入开始以223.2%的年复合增长率上升。2000年是

2.467亿元，2001年升至7.24亿元、2002年再升至16.687亿元、2003年40.715亿元，2004年达72.138亿元（市值），收入攀升77.2%，净利润增加94.3%，人民币3.194亿元。业务主要涉及乳品领域，5000多个花色品种，市场覆盖全国，直销40多个国家和地区。中国商业联合会和国际著名调查机构AC尼尔森公布的调查结果都表明，"蒙牛液态奶"不但市场销售份额（20.6%，2004年）位列第一，市场综合占有率、市场覆盖率也均居市场前列。其中，蒙牛的利乐枕销量已经是世界第一。

1999年蒙牛成立时，在全国乳业排名第1116位。短短几年间，蒙牛以平均每天超越一个对手的速度前进。乳业界曾用一头"牛"跑出了火箭的速度，来形容蒙牛的超速发展。

2004年6月10日，公司股票在香港联合交易所成功上市，股份代号：2319。年仅5岁的蒙牛，就成为中国首家在香港上市的乳品企业，也是内蒙古自治区首家在大陆地区以外的国际化证券交易所上市的企业。

众所周知，乳业竞争激烈，国内外知名品牌林立。蒙牛单靠起家时的有限资金，在"一无奶源，二无工厂，三无市场"，贷款无门，国内上市批不下来的情况下，如何以小搏大，在短短的时间内突破资金瓶颈，实现超速发展的呢？

蒙牛起步主要以私募融资方式为主。用了3年的时间，先后进行了增资、股改等几次资本运作，实现了初步的原始积累。随着公司品牌和知名度的提升，银行贷款的比重开始逐渐增加。经历国内上市失败后，2002年9月起，蒙牛与摩根士丹利、鼎辉、英联走到了一起，三家风险投资机构开始给蒙牛动起了资本运作的大手术。

（一）上市前的融资历程（1999.8~2002.9）

1. 起步时以自然人私募融资为主

（1）1999年10个自然人发起创立蒙牛，注册资本1398万元

在创业的初期，和其他初创企业别无两样，都是一穷二白，公司的经营启动资金主要靠自然人发起的私募融资。

初创的公司注册名为"蒙牛责任有限公司"，注册资金100万。这钱是牛根生[①]在伊利集团的一帮旧部凑起来的。他们在呼和浩特的一个居民

[①] 牛根生，内蒙古蒙牛乳业股份有限公司董事长兼总裁。创业前为内蒙古伊利集团生产经营副总裁，任期8年。同时，也是中国蒙牛乳业有限公司的董事长兼总裁，是该公司的发起人之一。

区里租了一间小平房作为办公室，一共只有53平方米，月租金200多元。

1999年5月，在北大学习的牛根生回到呼和浩特后在这帮旧部的拥戴下，出任公司法人代表。募股事宜也立刻展开。得知公司开始募股，牛根生的旧部、朋友、与他做过生意的人还有这些人的亲朋好友纷纷掏钱要求"加盟"。

1999年8月18日，"蒙牛"进行股份制改造，名字正式变更为"内蒙古蒙牛乳业股份有限公司"，注册资本猛增到1398万元，折股1398万股，发起人是10个自然人。按照出资额度排序，他们是：牛根生、邓九强、侯江斌、孙玉斌、邱连军、杨文俊、孙先红、卢俊、庞开泰、谢秋旭。其中，邓九强是蒙牛冰淇淋、牛奶工业设备的供应商，谢秋旭是广东潮州阳天印务有限公司的董事长，以前与"伊利"合作时认识了牛根生并成为挚友。其他人大都是原伊利集团的管理与技术人才。牛根生个人筹集资金180万，成为第一大股东，占蒙牛股份的12.88%。

这样，牛根生从创业伙伴、部分客户及供应商手中得到关键性的第一笔启动资金。在"一无奶源，二无工厂，三无市场"的情况下，公司董事会确定了"先建市场，后建工厂"的发展战略。通过虚拟联合，开始了第一步的资本运作。

①用其中的300多万在哈尔滨承包了一家经营不善的乳制品厂，通过输出人才、技术与管理优势，对该厂进行技术改造和设备更新，为蒙牛生产产品。之后，又以租赁、托管方式，与区内外八家乳制品企业建立合作关系，盘活近8亿资产。

②其中的300多万做广告宣传，通过在呼和浩特市铺天盖地的露天灯箱广告轰炸，几乎一夜之间，"蒙牛"从默默无闻变得家喻户晓。

③用第三个300多万建新工厂。1999年底，蒙牛总部一期工程竣工投入使用。自此，蒙牛有了自己的工厂，开始由"虚"变为"实"。

由于前两个300多万的巧妙运作，在新工厂还没有建好之前，"蒙牛"牌乳制品已经走进超级市场，当年实现销售收入4400万元，总资产4500万元。

（2）2000年第一次增资扩股，股本金达到2588万元

1999年下半年，蒙牛开始筹划集资入股。以每股1.4元的价格，溢价发行，吸收新股东。大到几百万的社会股，小到工厂内普通清洁工的几千股，包括自购车辆加盟车队的司机也配发了股份，全员参股，蒙牛完成了

资本运作第二步。

（3）2001年第二次增资扩股，股本金增到4598万元

以每股5元的价格，溢价发行，股东数量增至30个自然人股东，5个法人股东。凭借创业者个人魅力和企业发展前景的昭示，蒙牛的设备供应商、利乐枕公司等通过前期赊销、分期付款等多种方式，为蒙牛提供了急需的设备。通过企企之间的商业信用，蒙牛完成了资本运作第三步。

2. 扩张中多种融资方式并用

随着蒙牛品牌知名度的提升及市场占有率的提高，企业扩张的步伐随之加快。

（1）争取政府财政支持

蒙牛选址定在了内蒙古呼和浩特市较贫困的和林格尔县，享受了一般企业难以享受的政府免税等各种政策支持优势。同时，作为国家级农业产业化重点龙头企业，利用国家对农业产业化企业加大支持力度的有利时机，积极申报改、扩建项目，争取政府财政贴息。

（2）借助于银行贷款

开始于2000~2002年的和林本部基地二、三、四期工程，总共占地面积61.8万平方米，建筑面积17.8万平方米，日处理鲜奶1400吨，是目前全球放置生产线数量最多、处理鲜奶能力最大、智能化程度最高的单体车间，被世界上最大的牛奶设备制造商利乐枕公司列为"全球样板工厂"。同时，蒙牛生产基地以总部呼和浩特为轴心，开始向西、向东、向南延伸。

为了保证在建项目的资金需求，蒙牛通过银行解决建设资金不足的问题。基本原则是，不盲目跟进，每个项目按照自筹30%~40%，贷款60%~70%筹集资金，维持企业不超过60%~70%合理的资产负债率。

随着公司产品市场供不应求，资金周转快，现金流量大，蒙牛在各家金融机构信誉好，银行争相给蒙牛提供贷款，公司有较为充足的银行贷款授信额度。

（3）整合社会资源为其服务

乳业产业链条较长，蒙牛聚精会神做工厂、一心一意做品牌和市场，其他的包括产业上游的种植业、养殖业、奶站、牧场，产业下游的包装、运输、销售，蒙牛都不做，而是利用市场手段，整合社会资源，全部交给社会去做。这种做法，无形中节约了大量的资金。例如，参与公司原料、产品运输的600多辆运货车、奶罐车、冷藏车，为公司收购原奶的900多

个奶站及配套设施,近 10 万平方米的员工宿舍,合计总价值达 5 亿多元,均由社会投资完成。

(4) 输出无形资产

处于高速发展期的蒙牛,通过品牌与管理输出,收购、兼并、托管了省内外 30 多家工厂,一方面,有效缓解了企业运作成本;另一方面,通过低成本扩张,迅速壮大了资本力量。通过无形资产的输出,蒙牛完成了资本扩张第四步。

(二) 成功上市 (2002.9~2004.6)

1. 搭建"牛棚",引入国际风险资金

2002 年 9 月,牛根生等 15 人和供应商谢秋旭等 16 人在海外分别成立金牛公司和银牛公司,成为蒙牛在海外的股东公司。

摩根、英联和鼎辉三家国际机构,分别于 2002 年 10 月和 2003 年 10 月两次向蒙牛注资。

2002 年 10 月,摩根、英联和鼎辉三家国际机构联手向蒙牛的境外母公司注入 2597 万美元（折合人民币约 2.1 亿）,同时取得 49% 的投票权。

首轮增资完成后,蒙牛的销售收入增长了 1.5 倍,管理层的突出表现赢得了三家海外战略投资者的认可。

2003 年 10 月,三家战略投资者再次注资 3523 万美元,折合人民币 2.9 亿元。二次增资的最大特点是发行可换股证券,这不是通常意义上的上市公司可转债,其存在形式更像是一种延期换股凭证。

2. 在港上市,风险投资退出

2004 年 6 月 10 日,蒙牛在中国香港上市,并立即在证券市场融资近 14 亿港元。

6 月 15 日,蒙牛乳业通过香港联交所发布公告称,摩根士丹利、鼎晖投资和英联投资 3 家机构投资者和公司管理层共向市场配售 3.15 亿股旧股,套现 15.62 亿港元。配售之后,摩根士丹利等跨国机构手中只剩下蒙牛乳业股票 130 多万股,占公司总股本的 0.1%。可以说,国际投资者基本上已经退出蒙牛。

配售的对象,是与摩根有关系的全球最顶尖的 6 家机构投资者,他们都对蒙牛股票的发行下了大额订单并成为蒙牛的核心投资者。

蒙牛的此次上市融资,为其跻身世界乳业巨头行列,成为"世界蒙牛"打开了大门。

（三）蒙牛融资之路解析

总体看来，蒙牛的融资之路是凭借智力不断整合社会资本和国际资本的过程。蒙牛的融资理念就是以智力支配财力，重在支配，而不在拥有。智力就好像是"蒙牛人"手中的杠杆，拿着它，借势发挥，可以撬动整个地球。

1. 整合智力资本

智力就是蒙牛人撬动"地球"的杠杆。牛根生有一个著名的"三力法则"：他认为，从古至今人类的竞争无非是三种力量在博弈，一是体力竞争，二是财力竞争，三是智力竞争。野蛮社会体力统驭财力和智力；资本社会财力雇佣体力和智力；现在和将来的信息社会，是智力整合体力和财力。

（1）创业之初，确立企业使命

纵观蒙牛的成长历程，有一点特别引人注目，那就是：蒙牛在创业之初，面临"无工厂、无奶源、无市场"的"三无"状态，竟为自己确立了"百年蒙牛，强乳兴农，创世界乳业领先品牌"的神圣使命。在企业使命的统领下，用大智慧整合大资源。

（2）组建中国乳业的梦之队

与众不同的是，蒙牛这个初创企业拥有不同凡响的智力资本。在中国乳业排名前十位的企业里面，没有任何一个团队的从业经历总和是超过蒙牛这个团队的。

对中国乳业来说，伊利就是一所"黄埔军校"。而蒙牛则聚集了一批毕业于这所学校的特种兵。牛根生扛着企业使命的大旗，凭借在伊利树立的个人威望，振臂一呼，人才纷至旗下。其中，有5位蒙牛创业元老和90%的中层干部均来自伊利。

牛根生个人从业经历21年，在养牛场做了五年，在伊利集团做了近10年的生产经营副总裁；领导团队中的成员还有伊利原液态奶总经理杨文俊，伊利原总工程师邱连军，伊利原冷冻事业部总经理孙玉斌，伊利原广告策划部总经理孙先红。他们的从业经历至少都在15年以上，对乳品行业的运营规律有着深刻的认识和把握，熟悉产业文化，理解国家政策，了解市场需求，拥有广泛的人脉关系和可资利用的市场渠道，他们在生产、经营、销售、市场、原料设备方面都是行业内顶尖的人才。而且，管理团队中还有四五百人也来自伊利，他们的平均从业时间都超过10年。

(3) 建立人才激励机制

蒙牛的成功充分诠释了"一个企业的成功,必然是一个团队的成功"的道理。一个公司的成败主要取决于能不能充分发挥蕴藏在职员当中的极大干劲和能力,产生以一当十、以百当千的乘数效应。

创业时的特殊股本结构。1999年,正好是体制改革、市场开放空前绝好的时期。蒙牛在特殊的时期,建立了管理层集体持股,没有政府性投资和国内投资机构入股的100%自然人持股的特殊体制。在蒙牛独特的股权机制、激励机制的策动下,管理学中的乘数效应在蒙牛得到了最大的发挥。蒙牛创业初期清晰完善的股权结构保证了其坚实与稳健的发展。

上市后的股权结构变动。经过几轮企业重组的蒙牛在香港主板上市后,其管理层、雇员及业务联系人拥有中国蒙牛乳业有限公司54%的发行股本。蒙牛的高管成为公司控股股东,蒙牛的兴衰同每一个蒙牛人息息相关,这种股权结构也为蒙牛管理层提供最强的源动力。

培养接班人的制度安排。公司上市后,牛根生将自己拥有的不到10%的蒙牛股份全部捐出,成立老牛专项基金,其股份所有权永远归老牛专项基金。一代又一代的继任董事长传承两项权力,一是表决权,二是红利分配权,用来奖励对蒙牛发展做出突出贡献的人或机构,同时帮扶公司特困员工。牛根生的妻子和儿女将没有继承权,没有决策权,也没有建议权。散财之后是散权。2005年,蒙牛在董事会下边成立了顾问委员会,各个部门年龄大的不适应岗位但有经验的元老,都被招进顾问委员会。其宗旨是给年轻人腾位子,为接班人出点子。蒙牛希望通过这种制度创新,实现人才的晋升和引进,从而吸引并留住优秀的智力资本。

2. 整合社会资本,解决生产运营

以智力整合资本,把传统的"体内循环"变为"体外循环",把传统的"企业办社会"变为"社会办企业",不断吸纳社会资本。

蒙牛的成功很大程度上得益于"先市场后工厂"的经营模式。1999年蒙牛创立的时候,公司大胆采用"先建市场,后建工厂"的发展战略。通过虚拟联合,分阶段运作,蒙牛投入品牌、管理、技术和配方,把别人的工厂变成自己的加工车间,为蒙牛OEM产品。

首先,蒙牛与黑龙江一家经营不善的美资企业合作,按照自己设计的先进生产模式催生出了"蒙牛"牛奶。之后,蒙牛还通过采用托管、承包、租赁、委托生产等形式,实现了企业的初步扩张。

虚拟联合渗透到企业运营的各个方面。建立工厂后，按照乳业的常规做法，公司需建员工宿舍楼、建奶站、购置配套设施及运输车辆。蒙牛公司用智力整合财力，把传统的"企业办社会"变成"社会办企业"。通过经济杠杆的调控，蒙牛公司没出一分钱，全部由社会力量投资完成。这些资产，虽不为蒙牛所有，但皆为蒙牛所用。

3. 整合地域文化资源，创品牌价值

国家或地区被人们普遍认为在某些方面有特别优势，称之为区域心智资源优势。这种优势有的源自历史和传统，有的源自多品牌崛起带来的区域声誉，是支持品牌发展的强大动力。

（1）挖掘特殊文化和地域所带来的无形资产

从历史上看，草原是牛的故乡、奶的摇篮。千百年来，人们一提起内蒙古，首先想到的是"天苍苍，野茫茫，风吹草低见牛羊"。这首脍炙人口的歌谣，不仅是宝贵的草原文化遗产，更是古人留给内蒙古的一笔巨大的无形资产。

从地域上看，世界畜牧专家认为，北纬45度左右是最佳的天然养牛带。内蒙古大草原恰位于北纬40～45度。内蒙古具有发展乳业得天独厚的优势。

（2）打造"中国乳都·呼和浩特"的区域品牌

启动"中国乳都"的概念，通过公益广告的形式打出"我们共同的品牌——中国乳都·呼和浩特"的口号，将经营企业品牌与经营区域品牌有机地结合到一起。通过多种媒体的广泛传播，"中国乳都·呼和浩特"的概念已在国人心目中渐趋形成。蒙牛不仅巧妙地扩大了自己的知名度，更为内蒙古创造了一笔巨大的无形资产。这样做的直接结果是，蒙牛赢得了政府的支持，使自己的命运和内蒙古的经济发展大局捆绑在一起，抬高竞争对手的同时保护了自己。

（3）借势造势，实现品牌资本运作

借势伊利。蒙牛和伊利同城而居，作为"后起之秀"，蒙牛在公开场合称伊利为"老大哥"。抱着这样的心态，他们的第一块广告牌子上写的是"做内蒙古第二品牌"、"为民族工业争气，向伊利学习"的字样。尽管蒙牛和伊利两家企业时刻在关心着对方的增长曲线，但蒙牛深信，只有把产业蛋糕做大了，大家才都有饭吃。于是，就有了这样一句"名言"：提倡全民喝奶，但你不一定喝蒙牛奶，只要你喝奶就行。

在蒙牛看来，一个品牌并不单单是一种产品的问题，而是一个地域的问题，内蒙古就是一个大品牌。所以，他们的广告牌上还频频使用："为内蒙古喝彩"、"一荣俱荣，一损俱损"、"千里草原腾起伊利、兴发、蒙牛乳业"等用语，两个品牌经常一起出现。

蒙牛与伊利绑在一起，既可利用伊利的知名度，无形中提升了蒙牛的品牌。这样，蒙牛傍着"老大哥"伊利大打"草原"牌、"自然"牌，几年内便树立起了内蒙古的乳业声誉。反过来，借助这种区域心智资源优势，蒙牛走捷径实现了品牌的资本运作。

之后，蒙牛借神舟飞天和奥运之势，创造出航天员和运动员专用牛奶热点，为品牌的资本运作起到了很好的加分效果。

4. 整合产业上下游，推动企业价值社会化

蒙牛企业文化的核心理念是"大胜靠德"，"德"就是大智慧。企业的德行就是要做到与各种内部外部要素共同分享收益，而不能把一己的利益隔离起来。"得人心者得天下"，宁愿增加公司成本，让消费者得实惠，取得消费者信赖；宁愿散尽股份搞激励制度，实现人才的晋升和引进；宁愿以德报怨对待竞争对手，做大行业蛋糕。

（1）奶源环节，整合资源的触角伸向农村牧区

生产乳品的企业需建许多奶站，而建一个奶站通常需要约 40 万元。蒙牛则另辟蹊径，没花一分钱建奶站。从 2000 年开始，蒙牛把整合资源的触角伸向了广袤的农村、牧区，制定了帮助农民贷款养牛的策略，辅助别人建奶站的策略。本着互惠互利的原则，在每一个自然村庄和每一个养牛区，找有钱人出资建奶站，为蒙牛供货。目前，蒙牛已在自治区境内扶持、带动为其配套的奶牛养殖小区、牧场 500 余个，奶站 900 多个，成为自治区最大的收奶户。每年仅向养牛奶农发放的奶款，就高达数亿元。而蒙牛这次成功上市，将带领数以百万计的奶农走向国际市场。蒙牛将 IPO 后管理层所获 3 亿多人民币奖励中的 80% 捐给对企业发展后劲做支撑的工人和农民，"拿股民的钱，办农民的事"。

（2）在生产环节，由起步的虚拟资本到发展中的社会资本

公司起步时确定了"先市场后工厂"的发展战略，采取"研发与销售在内，生产加工在外"的"哑铃型"企业组织形式。随着市场拓展的需要，1999 年底，公司与当地政府就和林格尔地区达成土地租赁协议，通过当地政府和蒙牛的动员组织，所有建设均由社会投资完成。2000 年，蒙牛制定在全国各地建立新工厂的策略。

在内蒙古自治区境内，蒙牛的生产基地是"一体两翼"：以总部呼和浩特为主体，向西进入包头市、巴彦淖尔盟等地，向东进入兴安盟、通辽市等地。

为实现"蒙牛—中国牛—世界牛"的梦想，蒙牛先后在北京、天津、山西、山东、湖北、甘肃、新疆、浙江、河南、黑龙江等地区，以独资或合资等方式，共建生产基地20多处，从而实现了在全国更大范围内的资源整合。而蒙牛此次在香港上市，正是这一工程向国际市场的延伸。这不仅使企业获得了发展，更使企业价值最大的社会化了。

（3）物流配送环节，实现社会化的管理和运营

参与公司原料、产品运输的600多辆原料车、产品车、运货车、奶罐车、冷藏车，没有一个是自己买的，全部是面向社会招标，进行社会组合，由社会来管理、运营。如果蒙牛自己买车，再加上两千名司机，每天车辆的事故、保险包括配件、加油等等，不仅管理成本高，而且占用大量资金，支付很多费用。所以，蒙牛用社会资源来做。

（4）市场营销环节，低成本进入传统渠道

大型超市系统巨额的"入场费"和便利店所需要的大笔传媒费用使得刚起步的蒙牛望而却步。然而在后来的三年半时间内，蒙牛以一种低成本的方式进入传统销售渠道。

创业初期，蒙牛主要是依靠经销商进行渠道扩建，鼓励并协助经销商进行深度分销。在渠道关系的维护上，蒙牛的高明之处在于突破传统的松散型合同模式，向经销商派股，吸纳经销商成为公司股东，与经销商建立长期的战略联盟，形成协同竞争与利益共享的双赢机制。蒙牛经销商的双重身份使得他们在关注自己利益的同时，更多着眼于市场长期有序的建设，以及蒙牛的未来发展。

5. 借助外力，整合国际资本

（1）慎重选择，借势大牌风险资本

经过初期的奋斗，蒙牛进入二次创业。为了实现"世界牛"的战略目标，蒙牛需要搭建走向国际化发展的平台。

这时候的蒙牛并不缺钱，但为了走向国际，蒙牛决定引进国际风险投资，而非产业资本，以帮助蒙牛在香港上市，用国际资本完成自己的宏伟战略。

蒙牛之所以选择摩根士丹利、英联、鼎辉三家国际投资机构，看重的正是他们在国际资本市场上的声誉和影响力。可以说，蒙牛把大摩等看做

是自己在国际资本市场登堂入室的"介绍信"。如果有摩根这样的大牌风险投资的推荐,蒙牛这个初生牛犊就可以得到越来越多的国际投资机构和国际基金的认可和支持。而且,与大摩等国际资本的联姻也将促进企业高层管理者管理理念的国际化,加深其对国际化游戏规则的认识和掌握,加深对国际资本市场运作规律的掌握,加快企业国际化的步伐。

而三家投资机构看重蒙牛的,一是蒙牛的超常发展速度,二是中国乳制品产业巨大的市场发展潜力。根据专家预测,在未来10年中,中国将是世界上潜力最大的牛奶消费市场。

(2) 融资前围绕控制权的争夺

引入战略融资前,整个融资谈判一直围绕着股权结构这个关键问题进行。三家国际投资机构看好盈利前景,希望多持股。蒙牛董事长牛根生在"谁说了算"的控制权问题上,始终不让步。最后,摩根士丹利等三家投资机构占有蒙牛的相对控股权,蒙牛的管理层持股者占有绝对控股。而牛根生自己的控股比例经过三次增资扩股,从最初的12.88%下降到2.99%。这个结果显示了牛根生这个创业者和董事会人员、高层管理人员之间高度的事业认同感和人格信任感。

(3) 首轮风险投资改善股权架构

首轮投资前,蒙牛的股权结构见图6-18。

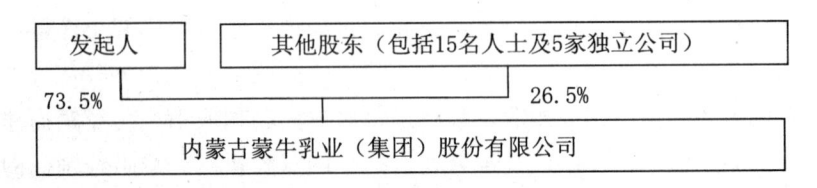

```
┌──────────┐  ┌──────────────────────────────────┐
│  发起人   │  │ 其他股东(包括15名人士及5家独立公司)│
└──────────┘  └──────────────────────────────────┘
      73.5%                      26.5%
         ┌──────────────────────────────┐
         │ 内蒙古蒙牛乳业(集团)股份有限公司 │
         └──────────────────────────────┘
```

图6-18 首轮投资前蒙牛的股权结构

2002年6月5日,摩根士丹利在开曼群岛注册了China Dairy Holdings(下称"开曼公司")和MS Dairy Holdings。七天后,开曼公司在毛里求斯设立了全资子公司(简称"毛里求斯公司")。2002年9月23日,蒙牛的发起人在英属处女群岛注册成立金牛公司;同日,蒙牛的投资人、业务联系人和雇员注册成立银牛公司。两家公司注册股本各5万股,注册资金5万美元,每股面值1美元。然后,金牛和银牛各以1美元的价格随即收购了开曼公司50%的股权,各自持有500股(见图6-19)。

第6章 中小企业融资的实践模式

```
        金牛                    银牛
         |                      |
        50%                    50%
         └──────开曼公司────────┘
                   |
              毛里求斯公司
```

图 6-19 "蒙牛系"与"外资系"的股权安排

遵照控制权谈判的协议，开曼公司扩股，设置 A 类股和 B 类股①。A 类一股代表 10 票投票权，B 类一股代表一票分红收益权，合计 1000 亿股。"金牛"和"银牛"拿了 5102 股 A 类股，外资投资机构拿 48980 股 B 股，双方投票权之比恰好为 51%：49%，但是，股份数量比例却是 9.4%：90.6%。蒙牛系股东只持有开曼群岛公司 5102 股 A 类股，却拥有 51% 的投票权，就是控制力、决定权的表现。而外资持有 48980 股 B 类股，只有 49% 的投票权，但可以分享 90% 的利润，从而在股权设置上解决了股权与投票权的差异化安排，既保证了投资的回报，又遵守了控制权协议。

同年 10 月，摩根士丹利等 3 家国际投资机构以认购 B 类股方式向开曼公司注入约 2597 万美元（折合人民币约 2.1 亿元），取得该公司 90.6% 的股权和 49% 的投票权。该笔资金经毛里求斯公司最终换取了蒙牛乳业 66.7% 的股权（见图 6-20）。

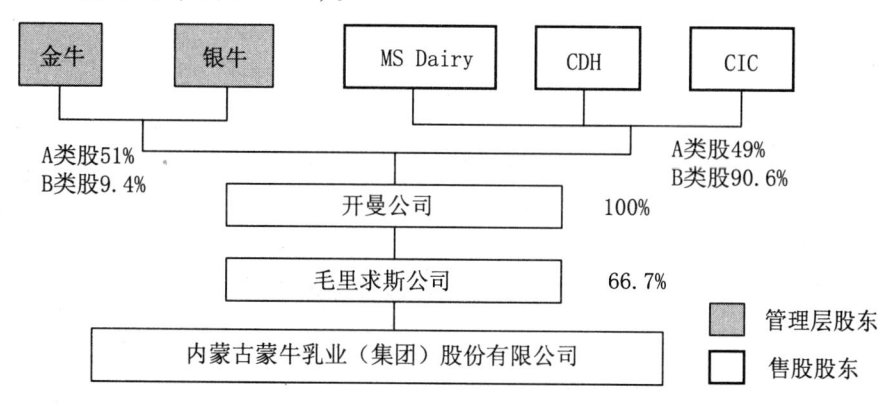

```
   金牛    银牛        MS Dairy   CDH    CIC
    └──────┘            └─────────┴──────┘
        |                        |
  A类股51%                    A类股49%
  B类股9.4%                   B类股90.6%
        └────────开曼公司─────────┘
                    |  100%
               毛里求斯公司
                    |  66.7%
        内蒙古蒙牛乳业（集团）股份有限公司

                              ■ 管理层股东
                              □ 售股股东
```

图 6-20 首轮投资后蒙牛的股权结构

---

① 根据开曼群岛法律第 22 章公司法（1961 年法律三的合订与修订本），公司的股份可以分成 A 类和 B 类。

内蒙古蒙牛乳业股份有限公司得到境外投资后改制为合资企业，而开曼公司也从一个空壳演变为在中国内地有实体业务的控股公司。企业重组后，蒙牛乳业的创始人对蒙牛的控股方式由境内自然人身份直接持股变为通过境外法人间接持股。

（4）对赌协议 I 和二次注资

作为首轮投资的一部分，三家机构为了激励管理层努力工作，设定了激励目标。若管理层股东在一年内能够达到有关目标，便有权将其所持 A 类股转换成为 B 类股。结果，蒙牛用一年就跨越了这个目标。所以，2003年9月19日 A 类股转换成 B 类股份。转换股份后，管理层股东在开曼公司发行股本中所占的股权与投票权实现一致，均为51.0%（见图6-21）。

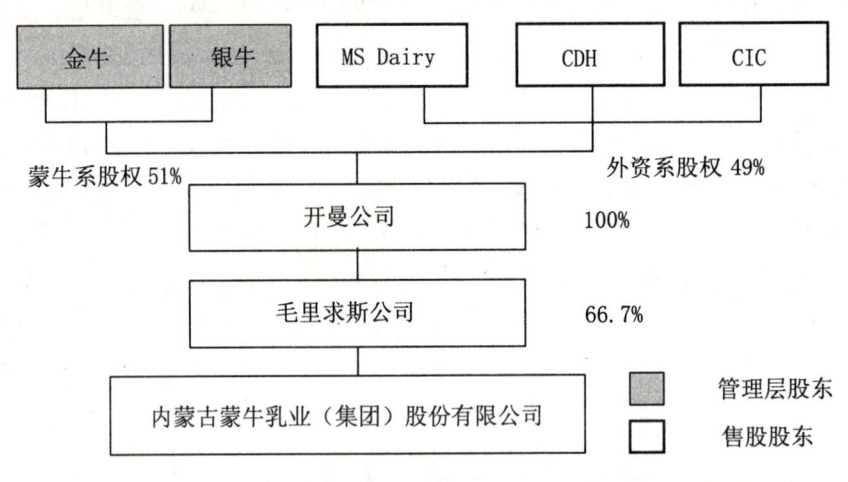

图 6-21　A、B 股转化后"蒙牛系"与"外资系"股权结

2003年10月，三家机构通过购买开曼公司每股面值0.001美元的可换股证券①，再注资3523万美元，折合人民币2.9亿元。可换股证券持有人可以获得普通股的同等股息。所以，在分派股份股息和次轮投资完成后，管理层股东拥有开曼公司65.9%的股权和投票权。毛里求斯公司用次轮投资所得款项认购内蒙古蒙牛股份，最终持有蒙牛已发行股本总额的约81.1%（见图6-22）。

（5）上市前夕持股层的股权结构调整

---

① 可换股证券，指开曼公司每股面值0.001美元的无投票权可转换可赎回优先股，将会在紧接全球售股前由三家机构投资者转换为可换股文据。

第6章 中小企业融资的实践模式

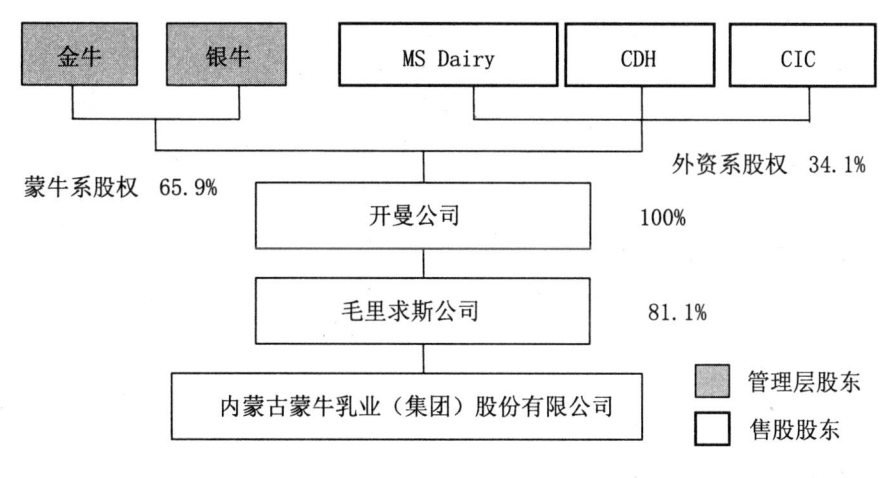

图 6-22 分派股份股息和二次注资后的股权结构

为了进一步肯定蒙牛管理层的成就，开曼公司对各股东的持股比例进行了调整。

①管理层股东的股权结构调整

银牛股份的第一大股东谢秋旭，持有银牛63.5%的股权，但其中只有5.149%是他自己真正持有的，其余都是他人（蒙牛执行董事推荐的包括雇员、业务联系人等，共计1000人）通过谢氏信托①信托给他的股权。谢秋旭把他持有的全部股权（包括他人信托给他的）的投票权，都再托给牛根生。因此，自银牛注册成立以来，牛根生实际控制银牛63.5%的投票权。谢秋旭虽是发起人之一，但没有参与管理。

2004年3月22日，金牛与银牛扩大法定股本，由5万股扩至10万股，面值1美元/股。同日，金牛和银牛向原股东发行32294股和32184股新股，其中谢秋旭依然以面值认购银牛新股份的63.5%（1,108股为其实际拥有，其余19,338股以谢氏信托名义。同样，谢秋旭依旧将63.5%的投票权托给牛根生）。同日，金牛和银牛出台新的权益计划，规定金牛的换股价格为112美元，银牛的换股价格为238美元，使得未来双方新投资者投资价格仍旧维持原股东最初投资成本的1634∶3468比例。这样，在金牛和银牛现有股东既有股权没有重大变化的情况下（如图6-23），老股东的

---

① 谢氏信托，指谢秋旭先生就其以信托方式为一群包括蒙牛雇员及业务联系人的获选人员持有的银牛股份而声明的一项信托，2003年9月生效。

溢价投资退出以及蒙牛的期权激励安排问题得到解决。

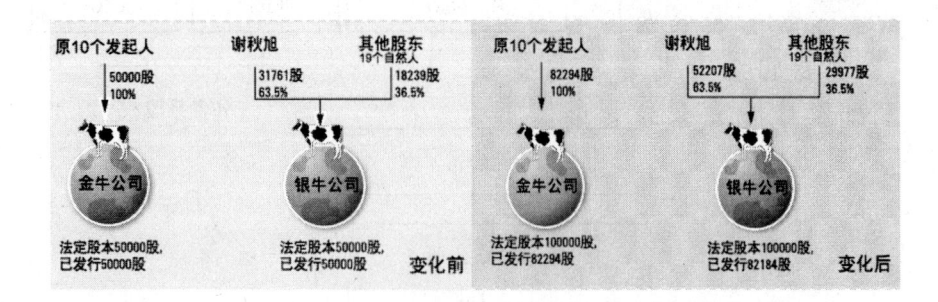

图 6-23　2004 年 3 月金牛和银牛的股权结构变化

②牛根生购入股份后的股权结构变化

2004 年 1 月 15 日，获得商务部的批准后，牛根生向谢秋旭购入 18,100,920 股蒙牛股份，占蒙牛 8.2% 的注册股本。

2004 年 3 月 23 日，三家金融机构投资者为了奖励牛根生的贡献，与其订立买卖协议。牛根生分别以象征性代价 1.00 美元从 MS Dairy、CDH、CIC 购入 5,816 股普通股、1,864 股普通股、1,054 股普通股。至此，牛根生持有 8,716 股普通股，占开曼公司已发行股本总额的 6.1%（见图 6-24）。同时，牛根生承诺五年内不加盟竞争对手，并向三家机构授出蒙牛注册股本的协议认购权。

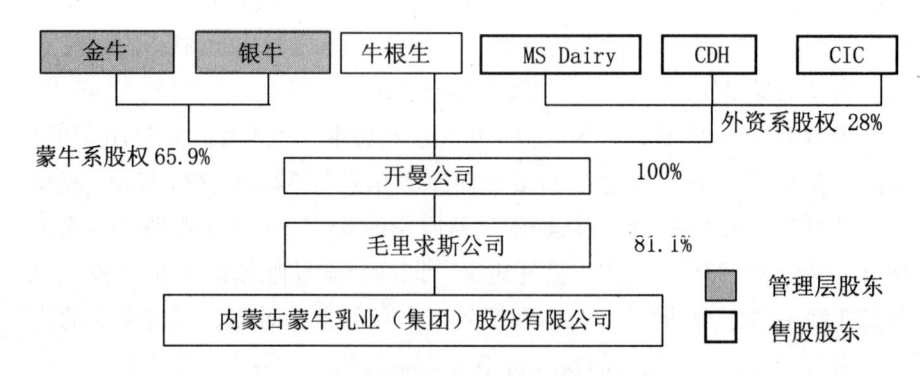

图 6-24　牛根生购入股份后的股权结构架

附：蒙牛四位执行董事及五位发起人直接持有其余股票 18.9% 投票权中的 10% 以上。

③中国蒙牛乳业有限公司成为最终控股公司

为了配合 IPO，向开曼公司各股东配发和发行股份，以换取各股东持有的开曼公司的股份，中国蒙牛乳业有限公司于 2004 年 2 月 16 日在开曼群岛注册成立。2004 年 5 月 14 日订立证券交换协议，该公司向三家国际机构投资者发行可换股文据①，以换取三家机构投资者持有的开曼群岛公司可换股证券。同时，根据 5 月 14 日的补充协议，该公司还负责金牛和银牛持有的股份转让事宜（见图 6-25）。这样，中国蒙牛乳业公司通过开曼公司和毛里求斯公司的股权，成为主营子公司内蒙古蒙牛的最终控股公司。

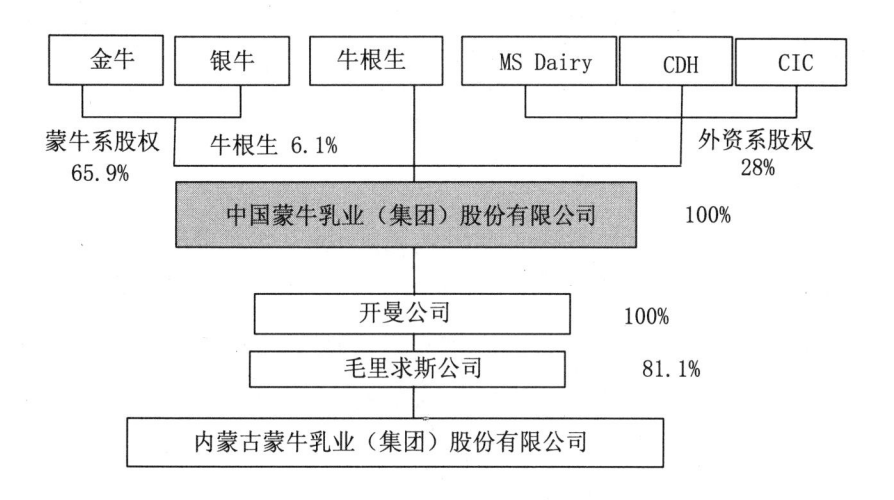

图 6-25　全球 IPO 前的股权结构架构

附：蒙牛四位执行董事及五位发起人共直接持有其余股票 18.9% 投票权中的 10%以上。

上市前，3 家国际投资机构为了激励管理层维护投资收益，与其签订对赌协议：2004～2006 年，如果蒙牛复合年增长率低于 50%，即 2006 年营业收入低于 120 亿元，蒙牛管理层要向 3 家国际投资机构支付最多不超过 7830 万股蒙牛股票（约占总股数的 6%），或者支付等值现金；反之，3 家国际投资机构要向蒙牛管理团队支付同等股份。2005 年 3 月，鉴于蒙牛业绩迅猛增长，国际投资决定提前终止对赌协议，兑现给蒙牛管理层 6261 万股股票的奖励，约合 3.75 亿港元的市值（近 4 亿元人民币）。

---

① 可换股文据，指将会发行以换取由三家金融机构投资者持有的可换股证券的可换股文据，这些可换股文据可以转换为蒙牛股份。

2004年6月10日，蒙牛乳业在香港上市，共发售3.5亿股，获得205倍的超额认购。

表6-2　中国乳业四巨头资本运作成绩

	蒙牛乳业（2319.HK）	光明乳业（600597）	伊利股份（600887）	三元食品（600429）
上市日期	2004.6.10	2002.8.28	1996.3.12	2003.9.15
上市地点	香港	上海	上海	上海
每股发行价	3.925港元	6.5元	5.95元	2.6元
IPO融资额	13.49亿港元	9.75亿元	1.02亿元	3.9亿元
IPO市盈率	19倍	20倍	12倍	20倍
紧随IPO后流通市值	40亿港元	9.75亿元	1.02亿元	3.9亿元
持股跨国公司	摩根士丹利、鼎辉、英联投资	达能		

上市后，管理团层股东在上市公司持股49.4%，牛根生个人权益4.6%，国际投资机构持股11%，公众持股35%（见图6-26）。

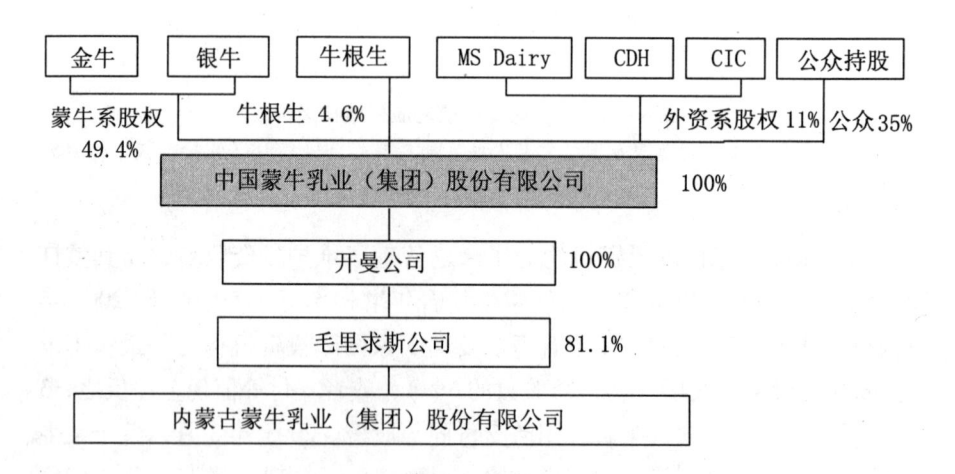

```
金牛   银牛      牛根生       MS Dairy  CDH  CIC    公众持股
蒙牛系股权       牛根生 4.6%              外资系股权11%  公众35%
   49.4%
        ┌──────────────────────────────────────┐
        │   中国蒙牛乳业（集团）股份有限公司   │ 100%
        └──────────────────────────────────────┘
                          │
                      开曼公司           100%
                          │
                      毛里求斯公司       81.1%
                          │
              内蒙古蒙牛乳业（集团）股份有限公司
```

图6-26　全球IPO后的股权结构架构

附：蒙牛四位执行董事及五位发起人共直接持有其余股票18.9%投票权中的10%以上，其中，牛根生的个人权益9.8%。

6月13日，3家国际风险投资机构、蒙牛管理层和部分员工合计出售了3.15亿股蒙牛股票，占蒙牛已发行股本的28.4%，每股售价4.95港元，共变现15.6亿港元。其中，公司管理层及部分员工套现近6亿港元。

至此，3家国际风险投资实际已退出蒙牛。管理层股东银牛和金牛的持股量，分别降至18.51%及13.30%，而3家国际投资机构的持股量合计剩131万股，占蒙牛总股份不到1%，仅为0.10%（见图6-27）。

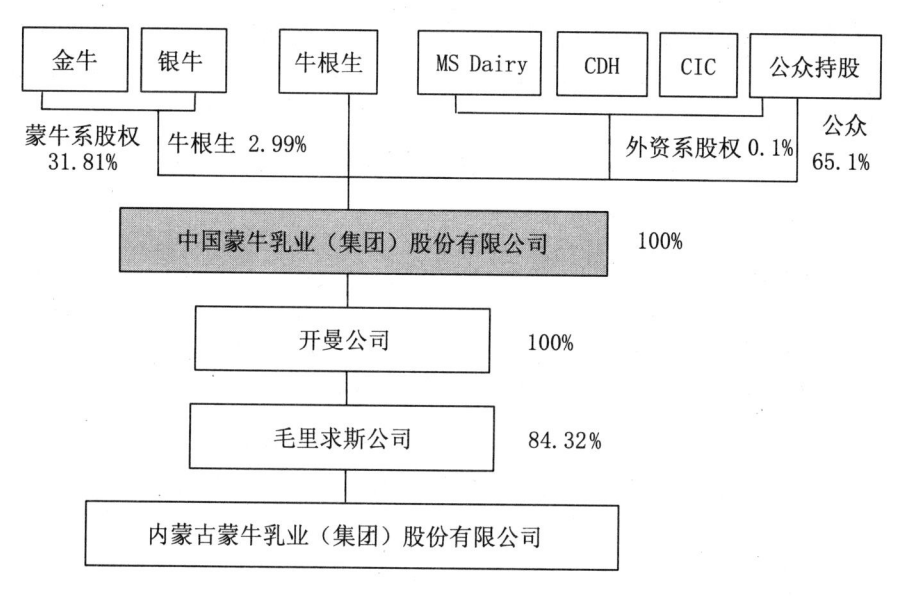

```
金牛  银牛    牛根生      MS Dairy  CDH  CIC   公众持股
蒙牛系股权   牛根生2.99%            外资系股权0.1%    公众
31.81%                                              65.1%
              ↓
       中国蒙牛乳业（集团）股份有限公司      100%
              ↓
              开曼公司                     100%
              ↓
              毛里求斯公司                 84.32%
              ↓
       内蒙古蒙牛乳业（集团）股份有限公司
```

图6-27 变现后的股权结构架

附：蒙牛四位执行董事及五位发起人共直接持有其余股票18.9%投票权中的10%以上。

（四）小结

回味蒙牛融资历程，对埋头创业的企业家会很有意义。

贯穿蒙牛融资过程的核心理念，就是"借用外部资源，办自己的事"，通过资源整合启动企业前行的车轮。

美国经济学家、诺贝尔奖金得主斯蒂格勒曾这样看待国外企业的发展路径："纵观企业的历史，没有哪一个企业是靠自身扩张的方式成长起来的，又没有哪一个企业不是靠兼并而最后发展起来的"。虽然说，企业所需资源无处不在，它可以在企业体内，也可以在企业体外，但关键是企业用什么样的方式将这些资源有效地聚合,变为企业发展的核心要素,推动企业成长。

在具体的操作方式上,蒙牛融资模式有以下几点启示:

1. 起步的创业融资需要好的信用关系

企业新生时,每走一步都非常艰难,最艰难的就是融资,简直是"不堪回首"。合作伙伴的加入则是一条最好的创业融资途径,不论中外,创业者都是靠自己及亲朋好友的积蓄起步的,但这需要创业人有很好的信用关系作为支撑。蒙牛的发起人在创业之前,都已基本完成个人的原始积累。但大家都愿意"添砖献瓦",甚至"倾其所有",唯牛根生"马首是瞻",很大程度上是创业者牛根生前期积累的很好的人脉关系在支撑。

2. "先市场后工厂"的虚拟资本经营模式

这种模式对那些资金匮乏,在创业之初无法与市场领导者抗衡的中小企业尤其有着深刻的意义。这一模式的确有其独特之处,然而对于创业之初的中小企业来说,如何运用"先市场后工厂"这一经营模式仍是一种充满风险的挑战。"先市场后工厂"的关键在于市场如何建设,而市场建设的关键在于智力资本的支撑。也就是说,该种模式成功运作的前提是要拥有一支既掌握技术又熟谙市场、充满激情的人才队伍。他们"作战经验丰富",熟悉行业的游戏规则,了解竞争对手的优势劣势,对市场需求和消费者心理有很强的洞察力。

3. 扩张融资要选择好方向

当公司小有成就、呈现良好成长势头时,单靠自有资金"滚动"发展有可能会错失良机。创业者们都知道此时融资是必然的。这时候需要考虑,选择什么样的资金以及靠什么来吸引资金。

融资策略定位取决于企业的战略定位。蒙牛要做"世界牛",它需要借助一个平台释放自己的才智,整合全球资源实现自己的梦想。所以,它选中了大摩这样世界一流的风险投资,而不是"达能"这样的产业资本。

投、融资双方"联姻"的基础不仅仅是"漂亮的创业概念"和"富有成效的管理团队",更重要的是企业的市场盈利前景和盈利能力。双方的结合点也应该是在企业保持自身独立性与获得投资之间,寻找到的一个平衡点。

蒙牛就是这样用别人的钱干自己的事,用智慧、灵活的战略、战术在短短的五年时间里创造了乳品世界快速消费品生产企业的神话。蒙牛融资模式对胸怀宏伟之志的企业家不啻是一个鼓舞,同时也值得引起国内资本市场有志之士的反思。

二、维达公司的融资成长之路①

维达公司前身是广东省新会市一个只有几十个人名不见经传的镇办福利小厂,现在已发展成为我国生活用纸行业首屈一指的佼佼者,公司的发展在很大程度上是得益于其前后三次进行的企业转制。

(一) 维达公司转制中的融资安排

1. 第一次转制:增量资本的融资

(1) 融资原因

由于抓住了当时高档生活用纸的市场空当,维达产品供不应求。为了筹集发展资金,扩大生产规模,通过规模经营来降低生产成本,提高产品竞争力,增加市场份额,1993年维达公司进行了第一次企业转制,将镇政府拥有100%产权的福利厂改组为股份制企业。

(2) 融资方式

第一次转制主要是面向社会和企业内部员工筹集资金,进行增量资本融资,并不涉及存量资本产权的转让问题,也没有对存量资本的产权重新界定。

第一次改制后,镇政府持有了55%的股份,成为股份制企业绝对控股的第一大股东。其余45%的股份,主要靠增量资本的融资来实现。采用的融资方式,既有内部融资,又有外部融资;既面向个人(自然人)融资,也面向机构(机构投资者)融资。增量资本的具体构成是:当地工商银行和农业银行各持股12.5%,企业内部员工和其他社会公民持股20%。

第一次融资产生的个人股东和外部股东使企业的治理结构朝着现代化的方向迈出了重要一步。

2. 第二次转制:存量资本的融资

(1) 第二次融资的背景

国内生活用纸行业出现了异常激烈的竞争,新的厂商包括外商纷纷进入该行业,为了抢占市场制高点,企业需要注入新的资金,而镇政府因财

---

① 梁彤缨、陆正华、黄建欢:《乡镇企业转制中的融资安排与治理结构的改善》,载《乡镇企业、民营经济》2002年第3期。

政负担重,要拿出大笔资金对维达公司进行追加投资不是一件轻松的事情。

(2) 融资方式

镇政府决定完全退出维达公司。因中央政策的限制,在镇政府完全退出企业的同时,银行也退了股,将其拥有的企业股权转换为债权。

第二次转制面临的首要问题是存量资本的融资安排。维达公司的第二次转制首先考虑的是让在位的经营班子成员成为企业的大股东。但是,与众不同的是,经营班子只受让了60%的股份,另外20%股份由一家广告公司持有,因此,公司的股权结构不仅是多元化的,而且保留了开放性特征,排除了由"内部人"完全持股的情况。经营班子成员共有4人,其中,主要经营者持有30%的股份,其余3人持有的股份均不超过10%,也就是说企业法人——广告有限公司成了维达的第二大股东。于是,就经营班子整体来说是绝对控股,而就主要经营者个人来说只是相对控股。

镇政府的退出,使它分享竞争带来的好处形式由投资回报转变为税收,经营者接受了外部法人成为企业的第二大股东,外部股东的进入,注入了新的发展资金,也分担了一部分投资风险。

第二次转制直接促成了维达公司第三期工程的上马,使公司的生产能力在同行业中处于绝对优势地位。

3. 第三次转制:着眼于资本市场的竞争

积极酝酿参与资本市场竞争,为此不断完善内部治理结构。

第一,董事会建设规范化。公司董事会由7名董事组成,其中内部董事4人,均为个人股东,外部董事3人,由法人股代表和外聘专家即独立人士担任,董事会秘书聘请精通财务的专业会计师担任。另外,在内部董事中设执行董事2人,分别负责对公司财务、生产技术以及国际业务的指导和监控;第二,董事长和总经理两职完全分开。为此公司大胆启用了一批年轻的高学历专业人才担任公司及各子公司的总经理;第三,健全了经理考评制度。总经理及各部门经理的聘期为3年,受聘时需与公司签订合同,公司对经理的考评要求及奖惩办法均列入合同的相应条款。总经理负责对各部门经理的考评,执行董事负责对总经理的考评。

维达公司内部治理结构经过一番改造,公司控制权发生了裂变,分解为决策控制权和管理权,为参与资本市场竞争奠定了坚实的基础。

（二）小结

维达公司的融资之路伴随着公司的转制。同许多乡镇企业的转制一样，维达公司的转制也采取了股份制的形式，并按有关法规的要求建立了股东会、董事会和其他经营管理机构。但是，与其他企业不同的是，它在转制过程中并没有把注意力集中在产权的分割上，而是进行了相应的融资安排，着力于增强企业的竞争力。

第 7 章　中小企业融资问题的解决思路

本章将根据我国中小企业的融资状况,借鉴先进国家和地区的经验,就如何缓解我国中小企业融资难问题提出本书的观点。缓解并解决中小企业融资难问题,从长期看,需要必要的制度体系;从近处着眼,则需要找到融资瓶颈的突破点。

7.1　中小企业融资实践的启示

7.1.1　发达国家/地区的启示

由于中小企业的资产规模、经营能力、信用度参差不齐,这就要求金融机构设计出不同的金融工具,形成多层次的融资体系,以满足形形色色的中小企业的融资要求。

发达国家都积极发展面向中小企业的金融创新,制定专门为中小企业的特别融资制度,开发新的金融商品和各种金融新业务,尤其是在风险管理方面的金融创新十分活跃,为企业提供了丰富的可供选择的融资方式,中小企业可以根据不同的资金需要来加以选择。

中小企业的发展既要有国家政策的支持,更要有完善的企业机制和金融体系。而这一问题的解决,必须依赖政府、金融机构与企业的共同努力。国际经验表明,光靠内源性融资渠道,企业的发展将难以为继。随着公司规模的扩大和日益走向成熟,外源性融资渠道的重要性将会大大增加。提高中小企业的外源性融资能力不仅需要企业自己的努力,而且需要企业、政府、金融机构的通力合作，建立多元化、市场化的融资体系。这几方面的工作并不是彼此孤立的，而是相互促进和相互作用的，一个良好的借款人、一个运转正常的金融机构以及一个好的管理框架三者缺一不可。

中小企业随着存续时间的增长、规模的扩大、管理层经验的增加、市场的了解与信息透明度的提高，发展的不确定性下降。金融机构在解决企业融资中存在信息不对称、风险大小、规模经济及代理成本问题，所需要的手段与技能不同，其融资的形式与金融服务的内容也将发生变化。要想解决中小企业融资难问题，把希望全部寄托予银行贷款是不现实的。要真正地实现对中小企业的融资与金融服务，并不是单一机构就可以完成的。它需要一个多元化的融资与金融服务体系。从发达国家中小企业融资渠道来看，基本上来源也都是多渠道的，有自筹的资金，有直接融资、间接融资，也有政府补贴性的资金等多个来源。通过寻求分散的融资渠道，建立中小企业的融资体系。

7.1.2　发展中国家/地区的启示

格莱珉银行模式的成功，一方面，获得小额信贷必须达到特定商业领域的准入门槛。孟加拉国是个有着长期自给自足经济传统的国家，居民通过自主经营维持生计。大米、纱布、陶瓷……专于哪一行，他们就会自动进入这一行业。它带给我们的启示是，如果希望通过自主经营，改善生活和生存状态，就需要加强培训、技术支持等辅导，尤其是对那些具有企业家精神和才能，但物质上"一穷二白"的创业者；另一方面，借贷双方之间摒弃掉了政府的"行政干预"，并且借贷双方之间建立了"焕发"信任的机制。它带给我们的启示是，相信穷人是诚信的，这远远不够，还需要具备相信穷人的勇气、为穷人服务的信念和能力。

国内银行实践方面，各家银行热衷的供应链贷款，前提必须是大企业上下游有长期合作关系的小企业，小企业必须有大企业信用的保证才能获得融资。同样的，产业集群贷款模式虽然可以深入到最基层的小企业，但是要求银行必须要对每个产业都比较熟悉，就是对其系统风险判断得当。另外，要深入到小企业，业务批量大小是个关键。由于每笔数额太小，批量大才能降低成本。而银行的人力物力也是个问题，并非所有的银行都能做到。

我国中小企业信用担保体系构建整体上概括为"一体两翼",尚存在一些缺陷。以高科技中小企业为主的代表北京地区为例,中小企业信用担保机构的资本金由政府财政出资为主。以传统制造业中小企业为主的代表江浙一带,信用担保机构的资金主要来自民间。存在的问题,一是商业性担保机构发展还不稳健,隐含的经营风险较大,整个信用担保体系显得比较脆弱。二是政策性担保机构和互助性担保机构数量少,没有发挥其应有的作用,互助性担保机构数量也严重不足。信用担保体系的不足,会严重影响融资中的信用风险转移和保障。

从国外的一些实践可以看出,企业的融资方式选择实际上取决于企业与各种金融中介的关系,取决于金融中介在解决企业融资时所面临的信息和控制问题的能力。我国中小企业之所以融资渠道不畅,实际上是由于我国现有的金融中介,无论是商业银行还是证券市场,都无法有效地缓解中小企业融资时所面临的信息问题与控制问题。我国中小企业的融资约束问题实际上产生于企业与金融中介关系的不对称上。也就是说,真正需要资金的中小企业所面临的主要是为国有企业服务的金融中介,彼此之间没有建立一种紧密的联系,从而企业进行外部融资所面临的信息问题和控制问题无法得到很好的解决。

7.1.3 小结

我国中小企业大多处于二次创业阶段。特别是,当前很多制造业中小企业面临产业转移升级和转移扩张。二次创业是基于企业资源优势的发展过程,要求企业对内部、外部资源有能力进行充分的整合并加以高效的利用,这就要求融资支持的多元化。从企业资本结构方面来讲,只有提高融资多元化程度才可以使得资本结构尽量优化。融资多元化对融资支持提出了更高的要求,它要求融资市场的广度和深度上都应有所增强。

就我国目前情况而言,建立多元化、市场化的融资体系,重点应在中小企业信用支撑体系上进行突破。建立、改革和完善中小企业的内部和外部信用环境,是解决中小企业融资困境的切入点。

基于这样的分析,解决的办法就在于建立一种有机的融资关系,使得相应的金融中介能够有效地解决中小企业融资所面临的信息问题和控制问题。首先是在存量上做文章;其次是在增量上做文章。

7.2 中小企业融资困境的本质是信用困境

总体而言，美国式的中小企业融资模式适合于市场经济比较发达的国家。在这种模式中，中小企业经过长期的自然发展过程，在一个高度发达、高度社会化的经济体系中确立了自己的信用地位。

7.2.1 现行融资体制的基础是纵向信用

信用就像是国家经济系统高速稳定运转的润滑剂，也是社会和谐的基础和核心。一个信用的社会，无论是消费者个体，还是企业经营者，都在不知不觉中对信用产生了愈来愈多的依赖。

经过长期的制度演进，我国形成了一种由某种集权制或者国家权威维持的纵向信用联系。现行的融资体制的社会基础是一种纵向的信用关系，这种信用关系以国家信誉为依托，并通过自上而下的组织活动来体现。这种信用的指向是单向的，即自上而下。国家的信誉对于维持这种纵向的社会信用关系至关重要。事实上，也只有通过国家才有动力维护这种信用体系。国家极力控制纵向信用联系中的每个环节，为国有大型企业服务，将民营中小企业排斥在这种信用联系之外。迄今为止，国家通过维护纵向信用，大规模地吸收居民储蓄，并把储蓄中的绝大部分转化成为对国有经济的金融支持，从而保证了体制内产出的持续增长和社会稳定。

客观地说，这种纵向信用联系是已有渐进改革得以顺利推进的重要条件。然而，纵向信用联系处处都体现着一种软的预算约束。国有金融机构和外生性的金融市场成为国有企业便利的"提款机"。国有企业几近全面亏损，但是由于国有企业承担着就业和职工养老、福利等大量政策性负担，再加上残留的"赶超"思想的影响，国家不愿看到这些企业走到破产的境地，所以只能加大对它们的支持力度。政府的不当干预和对亏损国有企业的政策性支持已经成为国有银行的政策性负担。而且，纵向信用缺乏牢靠的社会基础，因为它不植根于社会成员的自律，也不依赖于社会成员之间的相互约束，而是依赖于国家权威的外在强制。但国家的外在约束要受到信息成本等因素的制约，如果社会成员预期到国家约束的缺陷，就避免不了机会主义行为的盛行。所以，在这种信用体系内，内生出了大量的不良债券。赖债风气的盛行不仅加剧了金融风险，同时也增加了维护纵向信用体系的成本。

而纵向信用联系的维系本身是有限度的，那就是国家对由这种信用联系所内生的国有银行不良债权和由此带来的金融风险的最大承受能力。纵向信用联系在改革中的确立依靠的是高储蓄与高投资，当国有银行的信贷从渐进改革的支持效应转变为对进一步改革的抑制效应时，维系纵向信用联系的成本将上升。这里存在一个政策困境：若继续维持纵向信用联系，则会伴随着不良债权和金融风险额不断积累，国家承受能力有限，因为这种信用联系实际上是由国家信誉维系着的；若以暂时中断这种信用联系来遏制不良债权的继续积累，则又会出现信贷萎缩与经济增长的下滑。其要害在于，经济增长所需要的几乎全部支持与激励因素都牵系于这种纵向信用联系。

现行融资制度对中小企业所能提供的金融支持极其有限。客观上说，为了解决中小企业融资难的问题，有关部门和地方政府都下了很大的力气，也出台了一些具体政策措施，如组建民生银行和地方商业银行、鼓励和支持大商业银行增加对中小企业贷款、建立担保体系等。但是，从实施效果来看，这些措施并未解决中小企业的融资困境。目前已出台的中小企业融资支持的政策和办法主要是靠行政力量推行的，不可否认，在金融体制和融资制度很不完善的情况下，政府运用行政力量着手解决中小企业融资难问题是一种现实的选择。但是问题在于，由于政府财力有限，这种以政府财政资金为保障的政策不可能是普惠性的。因此这种做法，一方面不利于培育企业竞争力，容易形成新的不公平，为政府官员创造新的寻租机会；另一方面驱使中小企业想方设法与政府建立某种联系。种种迹象已表明，不少中小企业极尽所能游说地方政府给其优惠。

很显然，中小企业在现有制度环境下迫于成长压力，具有挤进现有融资体系分得"一杯羹"的无奈。

7.2.2　中小企业融资以民间信用为主

中国作为一个文明古国，信用活动产生较早。从历史上看，随着剩余产品、贫富差别和私有制的产生，具有借贷意义的信用活动便产生了。这种信用是一种最古老的信用形式，可以简称民间信用或民间借贷。它是分散在社会个体之间自发形成的借贷行为，一般表现为两种极端的形式，即友情借贷和高利贷。

从西周时期到新中国建立前，民间信用一直在不断地发展变化。主要形式是友情借贷、高利贷和商业信用。发展到清代的时候，旧式的民间金融机构主要有"钱庄"、"票号"、"当铺"、"民营银行"等，但最终都走向了衰亡。

新中国建立后，我国的民间信用经历了建国初期以农村信用合作化为主要形式的短暂发展后就转向了衰落。在计划经济下，民间信用虽然没有完全消失，但其规模非常小，并一直以"地下"形式的扭曲状态存在着。

改革开放后，市场的期望和需求重新呼唤信用。于是，内生于经济的非正规制度安排的民间信用开始复兴，出现民间借贷、民间合会、私人钱庄、民间集资和私募基金等形式，但多潜伏于"地下"。银行信用依托国家信用，信用投放主要面向国有企业，产生大量不良贷款；商业信用引发三角债等信用危机。

在多种经济快速发展的过程中，社会信用活动以民间信用活动为主。

一、民间信用的内生逻辑

信用是经济交往过程中积极互动的产物。当嗅到社会中的资金需求而正规的融资渠道难以满足时，民间信用就应运而生了。可见，民间信用充当的是一种金融中介角色，肩负着资金供需双方的需求与期望。民间信用作为社会经济运行中的内生产物，随着交易水平的变化，有时繁荣，有时衰落。

（一）民间信用的交易圈子

民间信用的交易主要局限于由血缘、地缘或业缘组成的圈子内，很少拓展到圈子外。圈子内存在一种排外的倾向，"本能"地规避信息不对称带来的逆向选择和道德风险。从经营方式看，民间信用一般采用的是封闭型互动，信用信息一般只在这个封闭的圈子内呈放射状流动，没有形成一个全国性的大圈子。由于交易发生于特定的范围，信用的规模和影响力都非常有限。如同双刃剑，独特的信任模式反过来却成为信用交易范围拓展的"敌人"。高昂的信用成本无法通过大规模的扩张降低，于是，只能选择"熟悉的圈子"来降低交易成本。

（二）民间信用的交易主体基础

因为民间信用是基于个人之间或以个人为基础的单位之间的信用交易行为，民间信用在一定程度上说就是以私有制为基础的。当私有财产只剩下数量很少的家庭财产时，民间信用的所有制基础变得薄弱。特别是建国初期，"一大二公"，人们被组织到各种"单位"中，作为个体人的身份被大大削弱，几乎所有的活动都是集体、有组织的活动，个人自发性的经济交往就很少。

（三）民间信用交易频率

在交易圈子内部，成员坚持小额和重复的交易模式，因而交易的机会较多、交易频率较高；在交易圈子之间，信用交易频率则取决于圈子的交叉重叠程度。

二、民间信用的外生逻辑

（一）传统文化的"潜规则游戏"

建立在亲友与熟人之间的深度互动是民间信用得以维系的重要保证。信用交易者之间的关系之所以得以维持，靠的是伦理和道德的力量而不是契约。在某些时候，体现为"族规"、"家规"、"行规"等方面的道德风俗，对信用交易者具有极强的教化作用，是人们必须遵守的"游戏规则"，是一种隐性的失信惩戒机制。在传统的文化氛围中，这是一种行之有效的运作模式，是民间信用自我保护、自我发展的次优级制度安排。

在发展市场经济的过程中，民间信用本身的"体制外循环"，决定了其不能运用法律来制裁违约者，必须强调道德约束和社会约束，来确保偿还机制的顺利实现。

但是，对关系与情感的过分倚重是民间信用扩展的大敌。对关系与情感的畸形倚重不可避免地造成对信用要素的破坏，基于关系与情感基础上的关系放款与人情放款便很难得到契约甚至是法律的保护。一旦民间信用出现支付危机，单纯的道德约束根本不堪一击。

（二）纵向政治格局下的"惟我独尊"

我国历史上实行的是强中央集权制的纵向体系，人们的交易活动习惯于借助强有力的政府或权力来维系和保护。一方面，人们做事喜欢论关系，讲究"贵人提携"，所以，中国的民间信用从萌芽时期开始就与官僚和政治有着密不可分的关系；另一方面，由于缺乏分权制的抗衡和制约，没有监控机制，"首领"的行为根本不会受到约束，所以存在着很大的道德风险。这种风险一旦发生，就会降低自发社会力，破坏社会信任程度，对信用发展的破坏性极大。

7.2.3 社会信用的制度危机

从制度经济学的角度来考察，信用是由民间自发产生的。但是，内生的信用却一直没有内生出相应的制度来保障其"与时俱进"，不具有内在的契约关系和产权保护因素。整个社会的信用结构主要依靠关系纽带和伦理道德来进行控制，没有形成社会的普遍原则，无法节约社会信用交易成本，从而无法使社会的信任结构与合作秩序得到扩展。

显然，由于"一切普遍的标准并不发生作用，在每个小的信任系统内部，成员彼此之间的信任感十分强烈，信用的交易成本相对较低；而在信任系统之间，却表现出同样强烈的不信任感，信用的交易成本很高，妨碍了整个社会的信用信息流动与信用交易。

基于此，经济资源被人为地分割成无数小块，相互之间的流动与组合往往因需要支付高昂的信用成本而无法实现，整个社会难以享受信用扩展所带来的巨大好处。

一、信用价值变迁中的道德约束单一性

民间信用除了国家的控制外，基本借助于意识形态这一非正式制度安排。

自发产生的民间信用是建立在相互信任的基础上，这种相互信任就是以儒家思想为指导的道德伦理约束，是一种建立在信任基础上的"君子协定"，并以此启动信用交易的链条。民间信用借此力图建立失信的惩戒机制。当一个人做坏事，就会受到良心的谴责，被交易圈子内的其他成员排挤，进而丧失掉交易机会。这与现代信用完全不同。现代信用是借助信用的货币化价格，主要依靠社会道德伦理与法律来约束。我国民间信用约束因素仅剩下道德约束一项。以至于现在很多人对信用的理解仍停留在传统的道德范畴上，衡量信用的标准，要么是具有符合道德规范的行动，要么

是养成某些符合道德的习惯。而依托于国家信用的银行信用和商业信用甚至连单一的社会道德伦理都难以约束,更显其信用价值取向的脆弱性。

失信惩戒机制的道德约束单一性容易造成信用价值的外部性。一方面,交易圈子之间的信用信息流动不顺畅,失信者不能及时受到惩戒,守信者反而受损;另一方面,社会惩戒失信者的成本高昂,损失波及交易圈子中的其他成员。

二、结构变迁中的产权制度不完善

中国历史上一直没有完善的产权制度,信用产生的社会经济基础薄弱,自发性的社会交往不发达。

中国的社会制度是家族制度。儒家思想在很大程度上便是这种家族制度的理性化。宏观上的皇权至高无上和微观上的家庭中心主义造就了中国"二重"的社会结构:一边是强大的政府组织,另一边是原子化的个人和家庭,独缺社会中间阶层(诸如行会、商会、工会、企业家、银行家等)。社会经济力量的分布极为松散,几乎没有什么阶层在交易中能拥有足够的谈判能力,这样,社会经济中就不会有广泛而有效的产权保护需求。

在这种社会结构中,政府是社会规范的制定者和维护者,也是权威,家庭及以此为基础建立起来的各种"单位"必须服从。社会的隐含契约是借助强力规则而不是依靠信用来推动经济运行。久而久之就形成了这样一种社会观念:社会秩序与个体自由是互相冲突的,要保持社会秩序,就必须限制个体自由。

三、信用约束机制中的法律治理执行力弱

信用的确立离不开道德的教化,更离不开法律的威慑。信用所处的环境一直是道德有余,法律不足。

法律作为一种产权保护装置,它一定是内生于产权的。若不是如此,它不仅不能对产权形式提供保护,而且还会导致对产权的侵损。根据诺斯的考察,西方的法律是确立在要素和产品的排他性个人产权基础上的。可是,在中国历史上,几乎不存在旨在保护产权与调整经济生活的法律结构。

法律约束交易行为需要交易双方就未来各方的权力、义务都有明确的规定,而且双方当事人都可以观察到对方行为,或为第三方所见证。只有

同时满足这两个条件的契约才能通过法律约束强制执行。此外，法律约束的有效性还取决于法律执行者自身的信用问题。执法者是否可信，大大影响到法律约束的实际实施范围和效果。

四、信用风险控制机制

信用风险主要是到期不偿还风险。从前面的论述我们不难推出，民间信用发生的假设前提是交易圈子内交易双方都是守信之人。基于这样的假设，授信方对信用风险不做过多的识别和评估，更谈不上对信用风险的转移。信用风险的控制机制是保险型，而不是经营型。所以，这也在一定程度上回答了，为什么几乎所有的风险管理技术方法不是源于信用起步很早的中国，而是源于英国早期资本主义工业的发展和北美大陆的开发。

7.2.4 中小企业融资的信用困境

目前，中小企业的发展既受横向信用短缺的制约，又受纵向信用负面的牵制。如果让中小企业挤入纵向信用体系，则不仅会加剧纵向信用体系的恶化，还会妨碍横向信用的发育和成长。中小企业乃至中小企业经济的融资困境从根本上说是一种信用困境，走出信用困境需要国家逐步退出纵向信用体系，以便为横向信用的发育和成长提供空间，这无疑需要一个漫长的过程。

与国有经济不同的是，支撑中小企业经济外源融资机制的是一种横向信用体系。这种信用体系根植于社会成员的自律，主要依赖社会成员之间的相互约束。现行的融资体制与中小企业经济不相兼容，从信用关系上说，是指纵向信用并不构成支持中小企业经济发展的因素。中小企业金融支持的局限性显示，中小企业融资困境不能指望通过在国有金融制度与民有企业之间建立某种直接联系得到根本解除。因为，一方面，中小企业与国有金融体制处于不同的信用联系之中；另一方面，如果那样的话，软的预算约束因素便会被引入。

如果不从制度上增加中小企业融资的制度供给，必将严重制约中小企业经济的发展。如果仍坚持国有金融一统天下，并控制金融资源向国有经济倾斜，将导致投资萎缩，经济增长缓慢。所以，构建多元化金融产权格局的融资体系，以适应不同经济成分的融资需要，已成为经济增长的应有之意，也是使中小企业经济走出融资困境的一种长远策略。

7.2.5 信用发展的路径选择

虽然从古到今中国社会就不乏各种信用形式，比如当铺、亲戚朋友间借款、互助会、信用合作社、高利贷等，但现代意义的信用出现得比较晚，大约始于20世纪80、90年代。一经出现，问题比较多，有人称其为"信用危机"。

一、信用危机源于制度危机

中小企业总体信用状况并不令人满意，主要表现在以下四个方面：第一，中小企业与其他企业之间的货款、债务拖欠严重，"三角债"现象普遍，甚至出现商业欺诈和伪劣行为；第二，中小企业对银行金融机构贷款拖欠，逃废债务。2001年，中国人民银行对在工商银行、建设银行、农业银行、中国银行和交通银行等五家银行开户的62656户工商企业进行了调查，发现有32100户企业，共逃废银行贷款本息1851亿元，逃废债务的企业占到被调查企业总数的51.3%，逃废贷款本息占贷款本息总数的32%。当然这些企业中有一部分大型企业，但中小企业所占比例较大；第三，中小企业对消费者个人的失信行为，包括生产出售假冒伪劣商品、商标侵权、专利技术侵权和价格欺诈等，由中国消费者协会组织关于商业欺诈问题的调查结果表明：全国一年有60%以上的消费者受到商业欺诈行为的损害，其中多为中小企业所致；第四，中小企业对国家的失信，包括逃避税收、违法侵占国家资源等。

信用危机的实质是信用制度供给不足的危机。中国传统社会关于信用的制度供给是建立在熟人之间的人格化交易规则，以及建立在权威控制基础之上的纵向交易。中国"马鞍型"的社会经济结构，决定了信用的纵向结构，也就是说，存在着一个特殊的获益机会分布结构。资源主要集中分布于社会的上层结构（即官的层次）。这种分布状态决定了各种社会个体的行为选择与社会资源的流向，即只要疏通与上层结构的各种渠道，就有获益的机会。

计划经济继承和发展了这种纵向交易模式，整个社会经济资源由自上到下的行政命令在社会各单位之间配置，信用只是资源配置的一种微不足道的辅助性手段，而且被上层机构控制，企业之间的商业信用是被严格禁止的。这种纵向的信用结构，摧毁了中间层形成的社会基础。中国并没有像西方那样，诱导出像企业家、银行家等许多类型的经济组织，成为经济增长的主要贡献者和社会结构稳定的中间层。

所以，民间信用的发展并没有在市场上最终演化为大量的生产、频繁的交换，没有把与信用有关的信息加工成信用产品，卖给需要它们的企业家、银行家等中间层，使正面信息积累成为扩大信用交易的动力，负面信息传播成为约束失信人的震慑力，从而形成经济运行机制的重要组成部分，也使人们的信用理念发生着历史性演化。

随着现代交易的扩大、日益复杂，买方市场的力量成为市场的主导力量。现代信用需要在民间信用强调传统道德约束的基础上，导入一个好的制度来维护，实现信用的货币化流通。

二、塑造横向信用关系

多元化金融产权格局，就是要塑造一种横向信用联系。在渐进改革中，国家总是希望把金融资源的配置过程牵系到自己可以控制的链条上，并且，当中小企业经济对改革的贡献度上升时，又试图在纵向信用联系的框架中兼顾对中小企业的金融支持。比如，国家就试图鼓励自己所控制的国有金融机构向中小企业提供信贷，同时把曾经向中小企业经济提供信贷并在此过程中逐步成长的非国有金融机构纳入到其能控制的限度之内。之所以如此，那是因为国家处于两难困境：若继续通过集中的国有金融体制给国有经济提供信贷，其效率注定是十分低下的，金融风险的积累已不堪重负，但社会稳定与就业压力又使国家一时难以做出选择。可以说，在改革进入到伤筋动骨的阶段以后，各种利益矛盾与社会压力都会附着到纵向信用联系的链条上，而贯穿这一链条的关键要素便是国家信用。一旦国家退出，就会在很大程度上导致社会信任结构的解体。因此，在横向信用联系一时难以建立起来的情况下，国家不可能迅速而全面地退出纵向信用联系。

近几年，在正规资本市场急剧萎缩的情况下，一些民间资本筹集的机制得到了很大程度的发展。民间"非法集资"活动的禁而不止，在很大程度上是金融体系缺陷造成的。现实中大量存在的"非法集资"活动是现有货币市场和资本市场狭小、缺少层次和行政垄断的必然结果。有需求就会产生供给，由于金融市场既不能满足投资者的投资欲望，也不能满足融资者的资本需求，资金的供求双方只能自己创造市场，在法律和制度的规范之外从事投融资活动，因此，民间融资活动具有相当的合理成分。而且，大量地方性中小企业仍然是今后相当长时期内经济发展的主要动力，地方政府对大量"非法集资"活动必然会采取非常宽容甚至庇护的态度，因此，在正式金融体系未能有效地解决这类企业的融资问题之前，民间的非正式金融在中小企业的发展过程中仍将起到不容忽视的作用。

这说明，一方面，正规的体系是股票市场，包括 A 股、B 股、H 股、N 股等等，要继续发展下去，稳步地扩大；另一方面，要清楚地认识到现在游离在体系之外的资本筹集机制和市场。

三、信用制度变迁的路径选择

增加信用制度的供给，需要解决产权不明晰的问题，培育信用制度的创新主体；需要形成顺畅的信用信息传导机制；需要解决法律治理机制不健全。但从根本上来说，信用制度的供给需要在市场交易发育的基础上不断演进。

国内发展现代信用的路径应该首选征信服务业的发展。征信业的发展会促进信用信息的传递，并进一步完善契约关系中的失信惩戒机制。

（一）扶植信用信息的产业化发展

信用信息传递机制可以说是信用制度的"基础设施"。在农业社会，产品绝大部分是自给自足，交易的频率很低，交易的范围很小并且相对固定。现代社会，随着社会分工的深化，现代交易无论从频率上，还是范围和规模都得到了扩大。技术的进步则通过降低交易成本进一步放大了这种趋势。交易的扩大会提高信息不对称的程度。如果信用制度和信用管理体系的基础设施建设落后于这种要求，信息不对称的程度会越高，信用问题会越严重。

1. 培育征信机构，降低信用交易成本

征信机制可以说是自动控制理论在经济和市场运行环境下的成功运用。征信机制引入第三方信用服务机构，极大地提高了社会个体信用信息的透明度，可使信用危机得以有效解决。信用信息采集和管理机制将扶植一个新兴的产业——征信业的发展。

根据欧洲的贸易发展史，早在 13 世纪，从事异地贸易的商人就开始对客户进行最基本的背景调查，客户记录经常被用于收账工作。在英国工业革命以后，随着殖民化速度的加快，英国的国内外贸易迅速发展，贸易变成没有季节性和国界的贸易，而且使用多种产品赊销方法。当时，世界上的主要资本主义国家的市场秩序非常混乱，通讯技术落后，没有有效的企业资信信息传播渠道，市场交易的信用状况恶劣。许多企业有了解贸易对方企业基本情况的强烈需求，但是自己获取信息的成本很高。因此，企业征信服务应运而生。1830年，世界第一个征信机构创立于英国伦敦，它是一家企业征信类公司。该机构帮助贸易商调查交易对方的资信状况，评价贸易商的信誉。

在国际上，第三者征信机制，从其起源到目前的成熟完善，不过百余年的历史，而以单个贷款人为主体的征信活动可追溯到千年之前。第三者征信之所以得到发展，主要是因为经济交易的地域、规模不断扩大和信用结算方式的普及，经济活动中信息不对称的问题日益严重等。第三者征信，究其内涵，不过是通过采集、整理和分析自然人、法人或其他组织的信用信息资料，帮助客户判断和控制信用风险、进行信用管理的活动。所以，征信是信用资源管理的一种手段，是信用制度的基础设施。征信的服务主要有个人信用调查、企业资信调查、资信评级和商业市场调查，相对应的征信产品有信用报告、信用咨询、信用评分、信用评级等。

我国目前还属于非征信类国家，最主要的原因是还没有培育出市场化程度比较高的信用服务企业主体，特别是信用信息的采集和管理机构。在一个缺乏征信数据的环境中，信用交易者无力承担信息成本以做出足够的判断和分析，只好一视同仁，导致了"劣币驱逐良币"的现象。

2. 信息联防，形成失信惩戒机制

失信是信用交易发展的大敌。如果失信行为成本很低，甚至获利累累，它会降低社会信任程度，恶化信用交易环境。

为了打击失信行为，就得使采集的信息"流动"起来。也就是说，征信机制除了消除信用交易中的信息不对称以降低交易成本外，另一个重要的协同效应就是"失信惩戒机制"。如同价值规律作用于市场经济，"失信惩戒机制"也是一只"看不见的手"，起到调节作用，使失信者付出代价，甚至不能在社会信用环境下生存，而守信者则不断受益，将其良好的信用转化为潜在的财富。

失信惩戒机制产生的信用记录是实现失信惩戒的物质基础，所以，失信惩戒机制必须依托于通过授信机构"信息联防"而形成的征信数据库集群。在这个集群内，失信"黑名单"可以在各个数据库之间实现及时的交换，不良的信用记录可以传播到全国（甚至全球）。这种信息的流动不是简单的自上而下的纵向流动,而应该是频繁的横向流动,把每一个交易者的信用信息都编织到社会信用大网络中来。

失信者信息"联防"的工作方式,以加大"失信成本"为目的,使得有失信行为的企业难以在市场上立足,有失信行为的消费者个人生活不便。当然,失信惩戒机制的"量刑机构"是各种授信机构,对失信行为的打击必须是物理性质的,决不是轻描淡写的道德谴责。

3. 营造视信用为第二生命的机制

仅仅靠制度的约束和道德的教化无法解决全部问题,还必须营造一种让社会个体都视自己的信用为生命的机制,潜移默化地改变包括企业文化和个人价值观在内的社会文化,使社会个体对社会的信托责任深入到其血液中。

(二) 培育信用制度的创新主体

社会信用网络的编织取决于社会中的个体信用的发展与需求。社会信用的基础是个体信用,个体信用的社会基础是经济生活中的企业和消费个人。企业和消费者信用交易的活跃是信用制度变迁的前提和经济基础。信用制度的创新主体应该是这些活跃的市场信用交易主体。

政府应该放弃视自己为制度唯一供给者的思维惯性,转而密切注意市场诱致下的次级制度安排。也就是说,社会需要在产权制度与市场环境方面为这些个体的信用销售和信用消费创造条件,扩展信用交易的边界,提高信用交易的频率。

(三) 牵引出法律维度的建设

信用发展的商业前景,会促进信用管理业务的发展。随着信用信息的使用越来越广泛,随之将会产生许多与法律有关的问题。由此出发,牵引出法律维度的建设,对获取或者使用征信数据的许可和界限从法律上进行界定,明确操作规范。

7.3 中小企业信用的可持续机制

无疑,合理的金融机构以及信用担保体系的建立,有助于解决我国中小企业面临的融资难问题。但是,从实践来看,中小企业依旧缺乏信用,金融机构仍然不愿意向它们贷款。

我们知道，民间信用是依靠血缘和地缘范围之内的"口碑"来维护和运行的机制。但是，随着市场交易半径不断扩大、交易主体流动性不断增强，信用信息传播及控制问题成为信用评估的瓶颈。

中小企业融资困难的信用问题只是表象。我们不妨设立这样的假设前提，即中小企业是愿意讲信用的，中小企业融资的核心问题应该是如何彰显中小企业信用，即中小企业融资困境不是信用困境，而是信用制度困境，即缺乏一种针对中小企业的信用传递和信用增级机制。为此，需要建立一种机制，鼓励良好信用行为的可持续，约束"劣币驱逐良币"的"取巧"行为。

7.3.1 基于征信的SMEs融资信用孵化机制设计

这种机制需要以征信为基础进行中小企业信用的孵化。从目前征信业的发展情况来看，征信体系采取金融联合征信方式，中小企业融资中的征信供给滞后，影响中小企业融资获利能力。为了建立基于征信的中小企业融资信用孵化机制，一方面，基于互惠制采集非银行的中小企业信息，形成全社会的信息互动，建立信息共享的现代化征信数据库；另一方面，改变以抵押为主的信用基础和信用增级方式。

中小企业征信体系，包括中小企业信用信息数据库、中小企业信用评级体系、中小企业失信惩戒机制三个重要组成部分（见图7-1）。

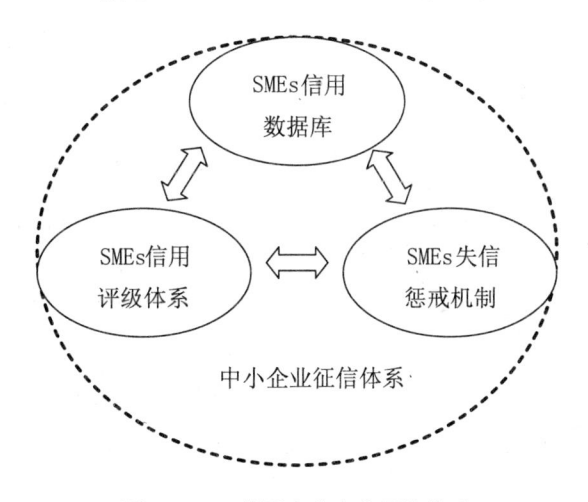

图7-1 我国中小企业征信体系

既然中小企业融资的现实选择是商业信用和银行信用,那么相应的征信机制设计应该克服现有征信系统的不足,把中小企业所需的商业信用和银行信用都纳入到应有的运行框架中,基于产业价值链和企业集群价值链两个维度,实现中小企业和中小企业经营者两个视角相结合,建立"两个信用、两个维度、两个视角"的征信机制,从根本上解决中小企业融资中的信用制度供给不足(见图7-2)。

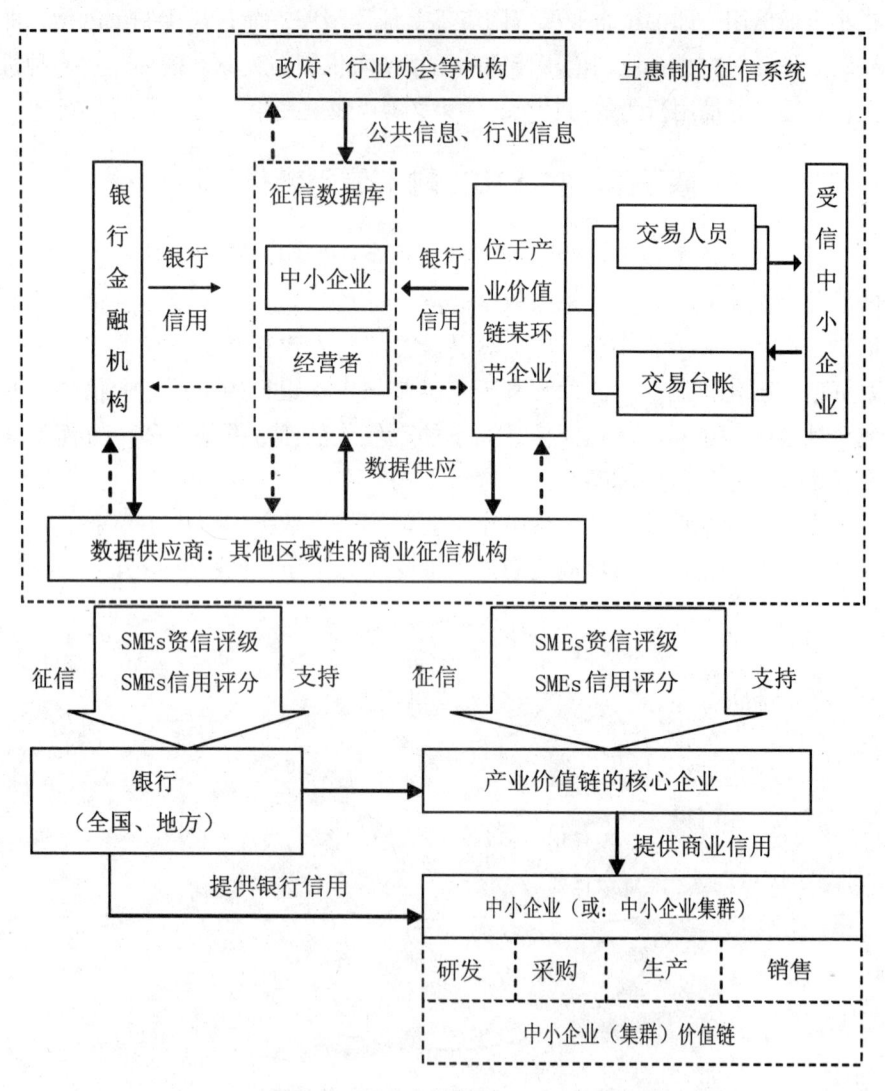

图7-2 基于征信的中小企业融资信用孵化机制设计

一、征信机构需要采集非银行的中小企业信息，形成信息互动

理想的征信系统应该是数据覆盖面广、信息完整，能够提供多层次、多方位服务的，具有社会公信力的第三方信息平台。通过该平台，数据可以共享，信息可以流动，授信方的信息处理成本和决策成本可以降低，受信方的失信成本可以提高。

（一）建立互惠制的数据交易系统

信用共享是商业银行有效进行客户信用风险管理的前提。尽管每个商业银行都有自己的"信息自留地"，但是整体上缺乏客户的完整信息。同时，社会上各行各业长期形成各自的专业数据库，但信息很难共享。技术层面的原因不是主要的，更主要的是各部门之间的各自为政和利益纠葛，市场还没有发育出能够统协各方信息数据的强有力组织。

在这个过程中，人民银行要加快企业和个人征信系统的建设和应用，要与掌握企业和个人信息的工商、税务、司法、海关、质检、电信等部门建立互惠合作机制，尽快将这些部门的信息纳入到征信系统中，加快非银行信息采集的步伐，消除信用体系建设中的条块分割和信息垄断，实现部门之间信用信息的共享，提高系统的使用功能和利用率。

在商业往来中，交易商通过其交易人员和交易台账，掌握了价值链中许多受信企业的付款记录、欠款记录等。但是，很多企业横跨不同的价值链，交易商需要了解对方在不同价值链条上的信用信息，这对于预测受信企业的违约率非常重要。

征信行业需要引进适度的竞争机制。如果市场上只存在一家征信机构，其在投入产品开发、价格降低、提高服务质量等方面不可能很好满足市场的需要。在中国条状管理的情况下，如果市场允许其他数据供应商存在，它们的信用信息取向很可能是互补的。考虑到过度竞争也会造成资源浪费，数据供应商应该是区域性的、提供特色信息服务的第三方。

建立信息共享的制度安排是由市场自发产生，还是政策干预强制性产生？这取决于信息披露各方是否具有共享的利益机制以及最终的社会效率。显然，在我国目前的市场发展状态下，政府更容易协调好这样的利益机制，在使各方让渡"信息自留地"实现共享的同时给予其足够的补偿性

转移支付；同时，以制度安排形式疏通信息传输渠道，欢迎社会各界以认真负责的态度随时向征信机构提供交易中出现的任何影响信用状况的正面和负面信息，从而实现社会各方信息共享的帕雷托最优。

（二）促使社会各方使用征信习惯的培养

这要从制度安排上以某些形式提出明确要求，一方面，促使全社会充分应用企业和个人的信用记录。例如，商业银行在贷款决策时，应充分利用征信系统信息进行决策，并注明信息来源的路径和时间；各单位和企业在录用人员和聘任高级管理人员时，应将其在征信机构的信用记录作为考核的必须程序和重要依据。另一方面，促使企业和个人关注自身的信用记录。逐步扩大企业和个人征信系统的查询范围、查询对象，通过制度安排对市场经济活动中的合法参与主体予以开放，使其通过征信系统来维护自身合法权益。将企业和个人征信系统建设成为维护社会信用、促进经济金融秩序正常发展的征信系统，进而形成全社会"言必讲信用、行必用征信"的风气和习惯。

二、改变抵押为主信用增级方式，实现经营者信用评分和中小企业资信评级的嫁接

从国际惯例来看，为企业信用进行信用评估是资信评级，为消费者个人信用评估是信用评分。考虑到中小企业可供抵押的东西不多，商业银行可以把中小企业主个人和企业信息综合起来，在一个更为广泛的基础上为中小企业信贷评分。中小企业信贷评分涉及对企业经营者个人消费数据的分析，并且与中小企业有限的数据相结合，用统计方法预测中小企业未来的信用状况。

一些银行，特别是中小区域性银行使用基于"软"信息的关系型借贷方式来解决信息不透明问题。软信息主要来源于与企业的长期接触，比如，与企业主、企业经理，以及当地的社团组织。软信息通常需要花费大量的时间来收集，也不容易核查或传递。并且，随着国家征信系统建设的加强，强制性信息分享无疑会扼杀银行的关系型贷款。

中小企业信贷评分的技术处理基础主要是"硬"信息[1]。这些"硬"

---

[1] 其他服务于信用评分的技术有基于财务报表的借贷、基于资产的借贷、保理和租赁等，中小企业信贷评分技术只是这些技术中的一个。类似的统计方法，包括 discriminate analysis，同样被用于大企业信贷中，但是这种方法的特点是并不聚焦于业主个人的信用历史。

信息易于被观测、核实和传递，即使不与企业直接接触，也可以被快速采集到。中小信贷评分所需要的"硬"信息，主要是企业主的个人消费信用信息和企业信用信息，前者可以从个人征信系统获得，后者则可以从企业征信系统获得。

当中小企业信贷把企业经营者的信用信息作为考查中小企业信用的晴雨表时，这种变化在某种程度上能反映业主和企业财产之间增长的协同性，反映业主与企业信用之间的相关性。把这些信息直接汇总到中小企业信贷评分模型中，可以提高预测水平，产生更为准确的信用政策。

这里关键的问题是如何利用现代计算机技术，提高数据的有效匹配和整合，发挥数据的规模效应，适应不同征信需求，提高多层次、多方位的征信服务。同时，创新使用数据挖掘工具，采用数量分析手段，开展信用风险评级等数据增值服务活动。

三、替代抵押物的信用基础，从对中小企业主体的评价转向对交易债项的信用评估，建立基于产业价值链的融资征信模式

（一）基于产业价值链的授信方式

1. 核心企业综合授信

产业价值链是一个有机整体，各个环节相互影响。核心企业是指在产业链中规模较大、实力较强，能够"掌控"或"鞭控"整条价值链或价值链某些环节，拥有很强谈判能力的企业。链条上的中小企业融资难问题，会给核心企业造成供应或分销渠道等环节的不稳定。

银行通过给产业价值链中核心企业的综合授信，链接起链条上下游众多的中小企业。核心企业可以为中小企业融资提供相关的担保。核心企业依靠自身优势地位和良好的信用，通过担保和承诺回购等方式帮助供应链中的中小企业进行融资，维持链条中各企业的合作关系，也有利于自身的发展壮大。

2. 中小企业集群的群体授信

中小企业集群是中小企业发展的重要模式和战略选择，也是块状经济、区域经济或范围经济中很重要的表现形式。中小企业在集群内部建立会员制，会员之间彼此监督，维持集群的群体信用。银行基于产业价值链考察中小企业集群的融资需求，配合中小企业产业链的位势和活动领域，

进行群体授信，并且针对应收账款、应付账款、企业存货等量体裁衣，设计金融服务产品。

（二）这种授信方式是有别于以抵押为主传统信贷业务的创新

从对单个中小企业信用风险的判断，转为对中小企业所处价值链中的风险判断，风险控制的核心在于商业信用中的"自偿性"特点，即买入是为了卖出，卖出一般都能赚钱。据此，银行可以建立自偿性商业信用评估体系，从对企业主体的信用评级转为对交易债项的信用评估。这就需要在以下几方面进行创新：

1. 产品创新方面

（1）建立战略行业信息储备

根据地方主流经济特点和重点产业价值链情况，沿着产业链上下左右纵深拓展，由点及线到面，积累产业信息。通过信息汇总，形成全国性全行业性的网状信息，并实现信息共享和操作控制。

（2）掌握交易环节信息

通过产业价值链中核心企业或中小企业集群的信用，掌握价值链条中的物流和资金流，尽可能掌握链条各节点企业信息，比如存货、应收账款等情况。通过综合考察，掌握价值链中的交易可信度、交易风险大小、企业组织交易能力、交易对方资信、交易环节控制等完全信息，实现对中小企业"量体裁衣"的信贷模式，甚至为成长型中小企业提供财务顾问和资本市场对接等服务。

（3）培养产品专家

这些专家不仅仅是传统意义上熟悉金融市场的专家，更是熟谙商业市场的产业专家、企业专家、产品业务专家，可以为价值链中的企业提供金融、行业、物流、市场、产品资讯等全面一站式服务，在基于商业信用的融资方案设计、营销效率提升和风险管控等方面提供技术保障。

2. 组织结构方面

现有的组织架构不利于推行零售业务。目前大多数银行采取总、分、支行模式，在分行层的权力挂钩、资源调度、交叉销售配合等方面是有一定优势的。但从长远来看，需要按照事业部的方向去推动。

按照原有的管理模式，基层经营单位既做公司业务，又做销售业务，考虑到短期效益，肯定把主要精力放在公司业务上，那么，发展零售业务便无从实施。所以,要让专业人做专业的事情,防止短期行为,必须按照流程化而不是部门设计组织架构,从而实现基于事业部制下的企业银行、零售银行、投资银行和私人银行业务单独核算。对于每一个业务单元按照流程设置机构并进行相应核算和考核。流程化改造不仅仅是某个业务部门或者某条业务线的事情,而是涉及到整个银行。

3. 营销模式方面

在营销模式方面,总行先找准目标行业,根据标准进行分类,筛选出目标客户。在营销渠道上,利用政府部门、协会、中介机构等组织开展批量营销,流程是将客户名单进行分类,分给销售团队。销售人员从单个的随机营销,变为有组织的批量营销。

四、建立基于企业价值链的信用孵化模式

虽然中小企业可抵押的东西不多,但是交易双方凭借掌握即时信用信息的优势,可以利用信用保障方式改善中小企业融资困境。

(一)采购环节的信用孵化模式

这种征信模式主要针对原材料采购阶段的资金短缺问题。该模式的具体操作方式是由第三方担保机构提供担保,银行或交易方向中小企业授信并垫付货款,以缓解中小企业的货款支付压力。

(二)生产环节的信用孵化模式

这种模式主要针对中小企业生产阶段。该模式的主要特征是从中小企业整体信用基础转变为资产信用基础,即以动产质押贷款的方式,将存货、仓单等动产质押给银行或交易方而取得授信额度;或者将资产转化为证券并将其出售给投资者。这种模式将"死"物资向"活"的资产转换,加速动产的流动,缓解了企业现金流短缺的压力。

(三)销售环节的信用孵化模式

这种模式主要针对企业产品销售阶段,具体操作方式是中小企业将应收账款抵押或卖给保理商或银行,将中小企业的应收账款变成保理商或银行的应收账款,利用保理商或银行的征信优势,最终实现资金回笼。

7.3.2 基于 SMEs 自身的信用管理机制设计

信用作为经济交易行为，其产生的作用是双向的，这就对中小企业的管理能力，特别是信用管理能力提出了较高的要求。信用管理的成效直接关系到中小企业的信用评级状况。

建立企业信用管理机制，可以提升企业的信用价值和规避信用风险，维护资信评级的级别。全方位地建立企业对外的信用形象，将信用转化为企业的无形资产，提高企业的赊购能力，提高企业在国内外的融资能力。

中小企业信用管理建设机制设计涉及两个方面：一是建立企业守信制度，解决企业对外信用形象类问题；二是建立对客户的信用管理制度，解决客户信用风险控制和转移问题。

一、中小企业守信制度

企业守信主要体现在遵守国家的法律法规和信守商业合同两个方面。遵守国家的法律法规是企业和公民的基本行为准则，是企业对宪法精神的尊重和对国家守信的表现，例如照章纳税。信守商业合同是对交易对方守信的具体表现，树立企业在市场上的形象，是商业道德水平高的体现。

企业守信应该制度化。制度将权利授予各个环节的管理，使企业的日常管理工作有一套流程，非常规的决定是不能轻易得到贯彻的。制度不接受也不执行临时出现的非正常管理决策。

这样的制度建设，可以保证企业对外的诚信形象，征信机构对企业的资信评级级别会逐步提高，也必然能够达到政府相关监督管理部门的监管要求。

二、客户信用管理制度

将企业对客户的信用管理目标、功能制度化就成为企业信用管理制度。

信用管理制度的建立，可以确立信用管理部门在企业中的地位，赋予信用管理部门帮助和协调企业内部各部门的相关业务活动，实现企业信用管理的功能。

在操作上，企业内部的信用制度建设要以建立健全信用管理功能为"纲"。通过流程化的信用管理工作来强化信用管理的操作，再通过企业规章将信用管理工作流程各个环节的操作制度化。

（一）信用管理的阶段性

在买方市场环境下，赊销是很多中小企业扩大销售、应对竞争的一种选择。针对不同的发展阶段，怎样在扩大销售的同时降低风险，是企业必须予以解决的问题。

1. 赊销起步阶段

产品市场从无赊销过渡到赊销状态，企业开始采用赊销的营销方式，但是没有建立相应的风险管理，没有形成系统的信用管理体系。

2. 风险管理阶段

由于赊销带来的风险，企业开始尝试建立信用体系。但是，信用管理是由赊销促发。销售在前，信用管理只是被动应付，发挥着滞后的效应。

3. 信用营销阶段

进入这一阶段，信用开始独立于销售。企业的信用管理进入由信用促发赊销的阶段，信用早于销售做好准备，为销售做好铺垫工作。即：先有信用，后有销售。

4. 金融投资阶段

商业信用和金融信用开始结合。商业信用上升为金融信用，信用管理可以为企业带来销售。

（二）信用管理的职能定位

企业信用管理最主要的职能就是赊销管理。管理的宗旨是将风险控制在可接受的范围内，同时充分发挥资金优势支持业务增长，提高资金使用效率，把资金优势转化为市场竞争优势，最大限度地扩大销售。实现的目标既有市场目标，也有财务目标。

1. 最大可能促进企业营销产品

企业信用管理人员的职能与具体任务均应遵从所属机构的目标与战略。在大多数情况下，企业的最根本的目的就是最大可能销售企业产品与服务，最大可能实现销售利润，这是企业生存与发展的生命线。企业信用管理人员就是要利用自己的专业知识与专业技能，设计、制定与实施有效的信用政策与信用管理手段，不断开发与增进新客户，稳定与维护老客户，最大可能促进企业营销产品，扩大市场占有率。

2. 最合理控制信用风险

企业信用管理人员与企业其他工作人员的最大不同在于企业信用管理人员必须最合理控制信用风险，包括尽职调查、合理授信、管理应收账款等，必须时时刻刻控制信用风险，保障利润确实实现。最大可能促进企业营销产品、最合理控制信用风险，就是剑的双刃，企业信用管理人员就是执剑的人。

所以，企业完成这一目的需要企业内部有关部门的配合。

（三）信用管理的部门设计

惯有的做法是，在企业的组织结构中，企业信用管理职能是通过财务部门或者市场销售部门发挥出来。如果把信用管理职能放在财务部门，是完全可以理解的。因为企业产品到底能不能"赊"给客户，最基本的评价手段都是基于财务数据的，可以说，基于财务数据的信用分析是信用评估的基础。但这种模式如果处理不好，可能过于强调财务数据的作用，而忽视了对市场环境、业务特点等诸多因素的把握。反之，如果信用管理职能放在市场销售部门下，企业对业务特点、市场环境等会有较好的把握，但可能忽略对应收周转、成本、风险等财务领域的考虑。

仅仅依靠企业原有销售部门的力量和旧的管理思路很难做好赊销管理。企业需要建立一个新的部门来对赊销的全过程负责，包括在相关部门之间进行协调、在技术上支持销售部门，使赊销顺利推进。所以，可以采用第三种模式，建立独立于财务部门和市场销售部门的专业部门——信用管理部门（见图 7-3）。这个部门对风险的评价，涵盖了财务和市场双重要素。

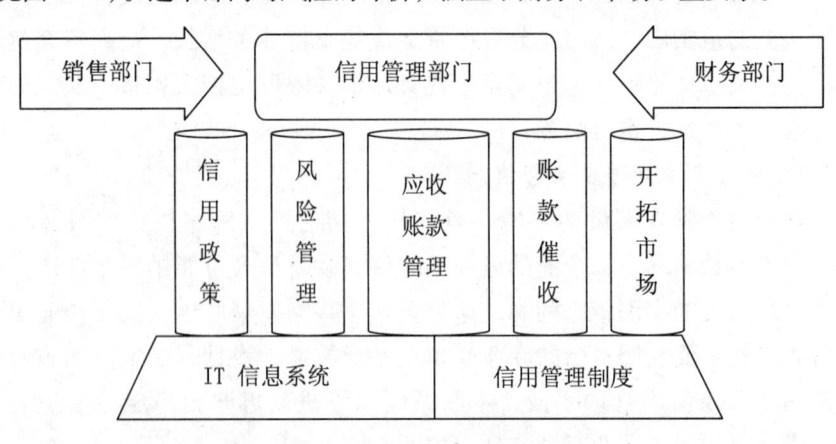

图 7-3 企业中的信用管理部门

信用管理部门的设置可以突破由销售部门负责销售的传统，引进信用管理功能。

企业信用管理的基本功能包括：客户风险/信用档案管理、客户授信、应收账款管理、商账追收和利用征信数据开拓市场（见图7-4）。

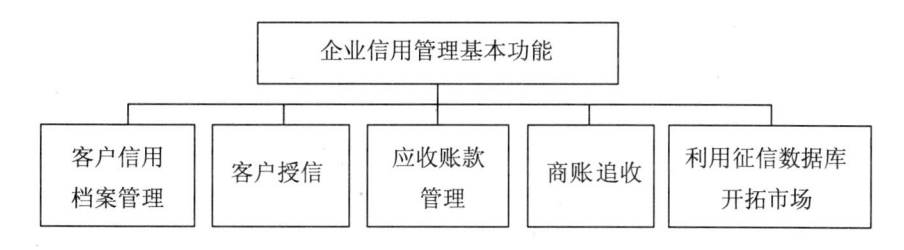

图7-4 企业信用管理的基本功能

1. 客户信用档案管理功能

该项功能的指导思想是以事前防范为主，其内容包括在与客户签订赊销合同以前，对客户进行资信调查、统一管理客户和客户信用档案的本企业内部服务等。

2. 客户授信功能

主要内容包括接受客户信用申请、客户信用分析、授信额度确定、给客户复信、受理客户投诉，客户授信工作的技术性和政策性非常强。

3. 应收账款管理功能

工作的重点在于：控制应收账款发生的总体和个体规模；抓住资信品质优良的客户；对合同期内的应收账款做技术处理；防范逾期应收账款的发生；转让债权。

4. 商账追收功能

主要任务包括：执行催账程序；国内外商账追收；将失信客户付诸法律；逾期应收账款的转让；申报注销坏账。

5. 利用征信数据库开拓市场功能

指信用管理人员利用征信机构的企业征信数据库资源，向本企业的销售和供应部门提供开拓市场的咨询服务，特别是开拓国际市场的服务，帮助销售部门开拓市场。使用这种方法，可以帮助企业快速全面地掌握目标市场的潜在客户信息，找到一定比例的潜在代理商，大幅度节约开拓市场的成本。同时，还可以配合本企业的客户信用档案来挖掘老客户的潜力。

（四）信用管理部门的组织结构

中小企业信用管理部门都不应该是一个庞大的机构。大多数企业是依据信用管理的基本功能来设计信用管理部门组织结构的（见图7-5）。

```
          信用管理部门
        ┌─────┼─────┐
      商情科  授信科  商账科
```

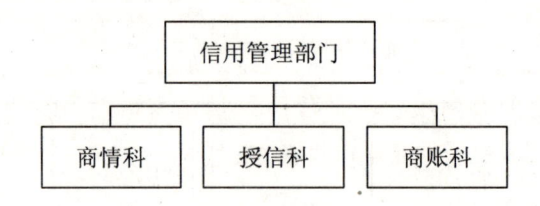

图7-5 中小企业信用管理部门的基本组织结构

1. 商情科

商情科负责客户档案管理与服务，并利用征信数据库开拓市场服务。商情科的工作一般被分成三个部分，即：征信数据库中的信息维护和使用、系统与网络的硬件维护、面对企业内部的客户信息和咨询服务。负责前两项工作的属于技术人员，负责企业内部客户信息传递和咨询服务的属于信用管理咨询或顾问人员。如果得到一些经核实的客户的变化信息，或者收到从征信公司订购的客户资信调查的后续报告以后，商情科需要尽快将改变了的数据输入客户档案，并自动经过统计处理分析客户经营状况的变化新趋势，尤其重要的是企业核心客户的变化情况。同时，要做好客户的跟踪、拜访和接待工作，随时解答业务部门有关信用的问题，参与企业信用销售合同的起草，向管理层提出建议性的分析。所以，商情科也被称为企业的情报部门。

2. 授信科

授信科的核心工作是科学地做好客户授信工作。在信用管理部门，授信工作十分重要，技术性强，也比较敏感。从操作角度看，客户授信工作包括资信评级、确定授信额度、信用审核、授信额度调整、授信通知、书面答复客户的申诉等。技术科的信用分析人员不仅要有商业统计工作经验，还要具有财务分析经验和信用管理的有关法律知识。

一个比较精干的企业信用管理部门可能不设置授信科，而将这一部分工作一分为二。其中涉及客户授信的资信评级或信用评分工作划分给商情科，客户投诉处理工作则划分给商账科。

3. 商账科

商账科主要负责应收账款管理和控制，涉及商账追收和坏账处理。通过对应收账款进行账龄分析，决定收账的措施。对于账龄比较长的逾期应收账款，应该在征信部门或征信公司的配合下进行诊断。商账催收工作分内外勤，以内勤工作为主。对于内勤工作，主要在执行标准的催账程序，保持与客户企业的财会部门和主管经理的联系。内勤工作以电话催收为主；外勤工作主要有两项，一是拜访一些拖欠账款的客户，实地收取付款；二是联系专业公司的商账追收服务。

在进行信用管理部门组织结构设计时，中小企业应该根据自身的特点，考虑若干影响因素，灵活设置信用管理部门的组织结构。企业所处的行业不同，其面对的市场就不同，客户群的特点也自然不相同，信用部门服务的内容以及服务的客户数量也就不同。在设置组织机构时，还应该考虑的一个重要因素就是企业的规模。不同规模的企业，对信用部门的信赖程度各不相同。大中型企业对信用管理的要求较高，信用部门的设置也很完善，而一个小型企业，就无需细化信用部门的内部分工。

虽然有些因素应该考虑，但建立企业的信用管理部门没有固定模式。由于商业企业和制造业企业的客户群差别非常大，信用管理部门在组织结构上会有很大的不同。一般来说，商业企业同时面对消费者个人和企业法人两类客户且客户数量巨大，必须具备客户窗口服务，其信用管理部门的组织结构会相对复杂。

（五）信用管理部门的运行

评价信用部门工作是否有效有多种办法，最重要的一种是将信用部门的实际业绩与企业对它的要求作比较。做好信用管理工作是有指标检验的，这些指标就是对信用管理部门应完成任务的度量。

这些指标涉及到一些比数的运用，而且，这些标准应该是企业所在行业具有广泛代表性的数据。企业用这些指标就可以评价本企业信用部门的工作业绩是低于、高于还是等同于同行业其他企业信用部门的工作。

1. 坏账率

坏账率＝注销的坏账/销售总额，是考核信用管理部门业绩评估最常用的评价指标之一。它反映在某一销售时期内坏账与销售额的比率。对企业信用管理部门的业绩考核时，同时作纵向和横向的比较。纵向指比较企业内部近年来坏账率的变化；横向指与同行业企业的坏账率进行比较。国际上通用的坏账率是2‰以下。

2. 企业的销售变现天数（Days Sales Outstanding，简称 DSO）

DSO 表示每笔应收账款的平均回收时间，即把赊销转化为现金所需要的时间。对于信用管理部门，DSO 几乎是衡量其工作效果的最重要指标。DSO 可以按年、季度或月时间段进行计算，计算方法有三种，包括期间平均法、倒推法和账龄分类法。使用"期间平均法"计算，DSO＝（期末应收账款余额/本期销售额）×本期销售天数。在国内，中资企业习惯使用的年平均法的公式为，DSO＝（当年年末应收账款余额/当年总销售额）×365 天。

信用管理部门有责任将企业的 DSO 降低到行业的平均水平以下。通过 DSO 的测算，可以了解客户群体的实际付款速度，DSO 指标直接关系到企业现金流量充足与否，应收账款管理水平的高低。

3. 逾期账款率

逾期账款率＝期末逾期账款/总应收账款，该指标是一个相对稳定的数值。在一定时期内，如果该指标上升太快，信用经理就必须采取措施阻止这个趋势。考察该项指标，需要几个时期的连续纪录，以显示逾期账款是上升趋势还是下降趋势。

4. 信用批准率

信用批准率＝被批准的信用申请额/提交的申请额。该项指标一般和坏账率、逾期账款率等指标参照使用，以全面确定信用管理部门的工作状况。

此外，还有回收成功率和逾期借款结构等指标，但这些指标还停留在理论阶段，仍需要在实践中继续考察。

（六）信用管理的流程设计

信用管理是一个动态的过程，具备明确的流程目标、完善的规章制度和相应的组织机构。工作的起点是对客户的授信决策及其前期的准备，终点是货款收回或形成坏账，以及后期客户信用额度的调整和客户关系维护。信用管理过程分事前、事中和事后三个阶段。事前管理是指授信以前阶段的工作，主要是筛选合格的信用交易对象；事中管理是指授信和赊销合同有效期内的管理，主要在于避免客户纠纷、客户预警和转移风险；事后管理是出现了逾期应收账款以后实施的管理，主要是追回货款，处置失信客户。

信用管理的工作流程的各阶段由一系列单项任务组成，体现了对信用销售业务流程全过程的信用风险控制和转移（见图7-6）。

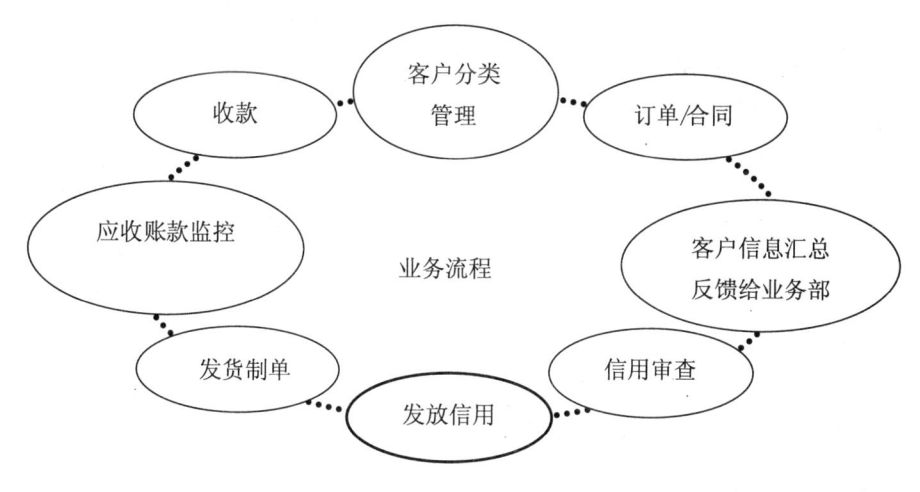

图7-6 企业信用管理的工作流程

（业务流程：客户分类管理 → 订单/合同 → 客户信息汇总反馈给业务部 → 信用审查 → 发放信用 → 发货制单 → 应收账款监控 → 收款）

1. 当业务部与客户达成销售意向之后，以赊销方式交易的业务应转到信用管理部门处理，信用管理部门负责对客户进行资信调查。

2. 信用管理部门将收集到的信用信息反馈给业务部，以确认是否与业务部门所掌握的客户情况一致。

3. 在第2步进行的同时，信用管理部门利用掌握的信用信息资料对客户的信用价值分析，以确定是否对客户进行授信。

4. 如果信用管理部门核准该客户的信用申请，确定客户的信用额度，赊销合同就可以进入执行阶段。

5. 货物发出后，信用管理部门要确认发货单、发票等凭据，对单据寄出和送达客户的时间做详细登记与跟踪。在到货后，要求客户出具书面的确认文件，证明货物已运达，并且符合要求，以保证客户不会因单据问题或货物质量问题而拖延或拒付货款。

6. 在信用期限内，信用管理部门要在适当的时候与客户进行联系，一方面提醒客户按时付款，另一方面及时了解客户的经营状况。

7. 信用期限过后，如果客户没有按时足额付款，信用管理部门应将该客户和业务置于收账流程之中。信用管理部门将利用各种可能的手段来针对货款的回收，包括内部催收和外部追讨。

8. 收到货款之后，作为一项销售业务已经结束了。但是，信用管理部门的工作并没有结束。信用管理部门应对整个业务过程中取得的有关客户的信用信息整理归档，例如客户付款习惯和拖欠的行为等。据此，一方面可以对现有客户随时做出信用审核；另一方面可以在现有客户的基础上找到良好客户的特征，作为今后业务拓展的依据。

9. 定期审查客户，调整对客户的授信额度。

其中，在信用管理工作中，客户授信决策是技术性最强的部分，它集中体现了信用管理的核心理念和技术水平，图7-7简单地说明了授信决策的流程。

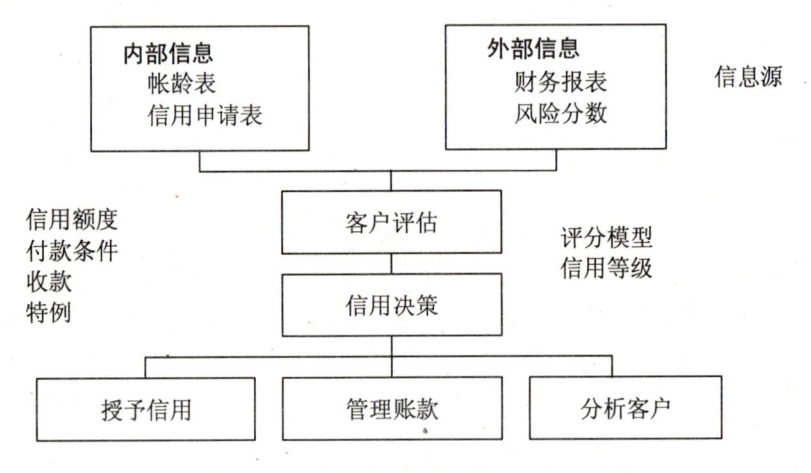

图7-7 信用管理业务流程中的授信决策

7.4 系统提升中小企业的融资能力

在中小企业融资问题上，我们发现政府、企业机制和金融体系等方面都存在着不同程度的缺陷。那么，问题最终的解决，也需要几个点上共同着力。

7.4.1 提升基于信用的 SMEs 融资能力

一、拓展社会资本

中国的历史文化，使得社会信任主要存在于有血缘关系的社会，企业靠个人、家族的信用建立了一张内源融资网和亲熟商业网。在这张网络中运行的是类似于格雷夫所说的多边声誉机制和多边惩罚机制，即某个企业的诚信或欺诈行为都会很快地变成信息通过这张网络组织得到传递，诚信者的贸易圈得到扩展，而欺诈者受到组织的集体惩罚。但是当市场规模扩大、交易的范围超越了血缘、亲缘与地缘网络关系时，该机制的效率也因此下降，此时就需要企业与社会一起积累社会资本、提高社会信任度，培育新文化制度背景，以实现企业管理模式的实质性转变。

中小企业发展的一般规律是从家族制转向现代公司制，但这一过程需要经历相当长时间，有一个复杂的社会信用制度逐步建立、健全的过程。中国随着经济转型、市场规模的扩大，对社会信任资本的需求也日益增加，企业应该顺应时势，自觉转变意识形态，培养社会信用意识，积累社会资本。

有关社会资本[①]的概念很多。本文认为，社会资本包含社会资源（包括物质资本、金融资本、人力资本）以及掌握获取资源关系的能力，即社会资本是行动主体与社会的联系以及通过这种联系摄取稀缺资源的能力。信任、规范和网络普遍被看做是社会资本的关键要素，支撑着广泛的经济关系和经济过程。

从一个企业的视角出发，我们可以把中小企业的社会金融资本从静态上解析成这样一个网络关系：1. 横向企业间的社会金融资本关系，包括动态网络、血缘关系、非血缘关系，比如熟人关系、友情型关系等；2. 纵向价值链上的社会金融资本关系，包括产业价值链上的关系和资金供应链上的关系。这涉及到企业与上游供应商的关系、企业与下游用户之间的关系；涉及到企业与资金所有者、资金持有者的关系；3. 与企业界外实体之间的社会金融资本关系。企业界外的实体很多，但是其中影响最大的莫过于企业与政府的关系。企业从政府那里不仅获得某些信息、资源，而且更重要的是政府通过一系列政策有力地影响企业发展（见图7-8）。

"人无信不立，企无信不兴"。信用也是一种资本，而且是融资最重要的资本。出于成长的愿望，企业创业者和经营者应该以更开阔的视角，准备好接受更多的信息披露和外部控制，树立和培养企业的信用意识。

[①] 社会资本的概念有许多不同的来源，很多知名学者都在努力寻求更有用的社会资本概念。社会资本近来的用法甚至更加多义，最近研究更多地涉及到社会网络而不是社会结构的语言。哈佛大学的 Jane E. Fountain 认为，社会资本是一种多方向的联系水平，这种联系包括与各企业之间的横向联系，与供应商之间的纵向联系以及与其他外部群体组织的联系。本文的研究借鉴此概念。

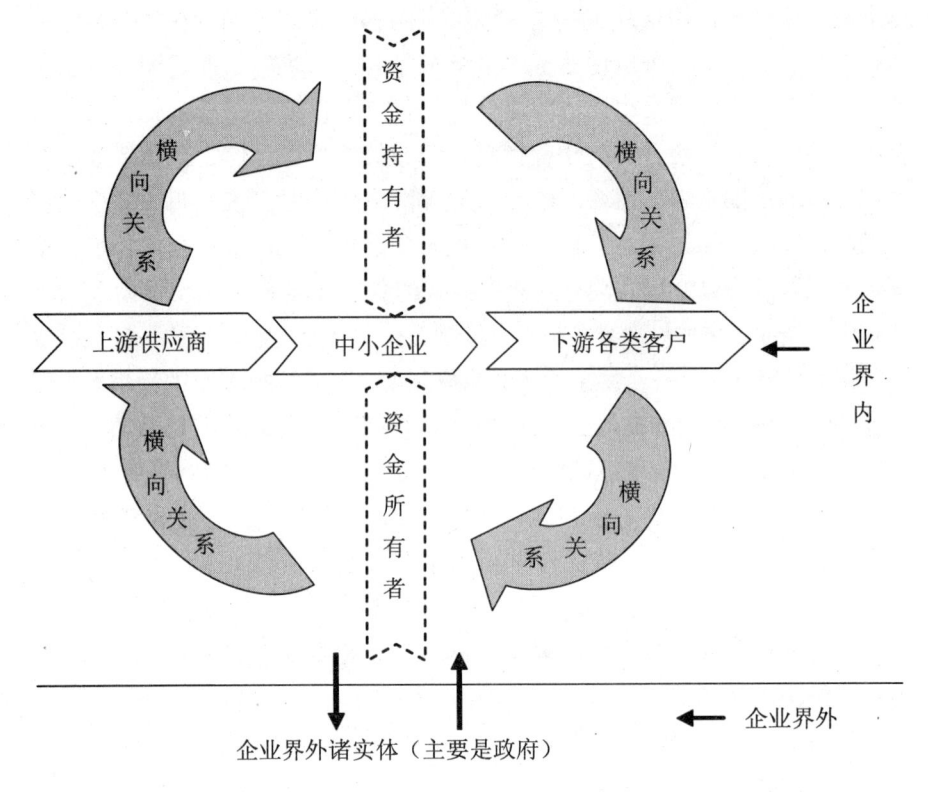

图 7-8　中小企业社会金融资本解析

在创业的初期，企业可以针对资金所有者，利用横向关系中的亲缘或非亲缘关系募集创业所需资金；在进入业务拓展的成长期后，企业可以针对资金供应链中的资金供应者（主要是银行贷款和资本市场）和产业链中的上下游，利用横向关系中的关系型融资、商业信用融资、战略联盟等形式进行融资。

无论采取哪种途径，个人信用和企业信用都是基础。银行贷款作为企业融资最常见的一种方式。银行信贷要求较好的企业资信，中小企业要让银行相信自己的信用、得到银行的贷款支持的确不是一件容易的事，但是从企业融资的长远考虑，再难也不能放弃向银行贷款的途径。中小企业应加强与银行的沟通，及时将企业的生产、经营、财务状况等信息反馈给银行，增进相互了解，实现信息对称，建立互相信赖的银企关系。

中小企业若能在银行建立起良好的信用基础，则其未来不仅在银行借贷融资毫无问题，而且对其选择其他途径、其他方式进行融资也必将是大有裨益。

二、提升融资管理水平

（一）战略牵引企业融资

战略是对企业未来的规划。从金融的角度看，战略是一项长期的投资计划，所以，战略思维应该有金融思维相佐，金融思维应该由战略思维牵引。

融资战略不是具体的资金筹措实施计划，它是为了适应未来环境和企业战略的要求，确保企业长期资金来源的可靠性和灵活性，主要解决战略期间内企业筹集资金的目标、原则、方向、规模、结构、渠道和方式等重大问题。中小企业的资金供需矛盾突出，企业融资的渠道、数量、时间都受到各种客观条件的限制[①]。要像大企业那样灵活地运用多种手段来自由调整资本结构，对中小企业来说是不现实的。

融资战略决策在中小企业财务决策中并不具备独立性，它应该是企业战略决策的一部分，融资必须直接为战略投资服务。这就是说，中小企业的融资决策必须通过战略投资决策这一环节才能通向财务管理目标。这是因为中小企业的财务目标是企业价值最大化，隐含在企业的战略中。从长期来看，只有战略投资活动才能为企业带来利润，既满足了股东的利益，也满足了债权人和其他利益相关者的利益。

1. 融资前的准备

融资前的准备工作一般包括：（1）融资目标的确定；（2）融资时机的选择；（3）企业价值的评估；（4）融资结构调整；（5）融资契约的安排。

企业融资的目标是以最小的代价获得对企业业务发展有利的资金。当投资方向确定以后，接下来要做的是估算投资数量，避免融资不足而影响企业的投资效果或融资过剩而降低资金的效益。一旦确定了资金需要量，企业就应在充分利用内部资金来源之后，再考虑外部融资问题；考虑到目前我国资本市场的症结，融资时机的把握应从外部资本市场周期和企业内部发展状况两方面把握；企业价值评估是融资谈判中最关键的问题。中小企业要想在融资谈判中处于主动地位，必须理解投资者评估企业价值的标

---

① 刘志远、刘超：《中小企业财务战略与控制》，天津人民出版社2001年版，第43页。

准和操作方法，从而在短期内进行相应的调整，使企业价值获得公平的评估。

由于企业融资可以采用的渠道和方式多种多样，不同的融资渠道和方式其融资的难易程度、资金成本和财务风险也是不同的。既然要从外部融入资金，企业就必须考虑融资以后应当保持一个良好、合理的财务结构和资本结构，使得财务风险处于安全水平，同时综合资金成本又有所降低。在这种总体的融资战略下，设计多个融资方案，对这些方案进行财务上的优劣排序，以便在具体的融资实践中实施动态选优。

当然，总体的融资战略又必须与具体的融资实践结合起来。由于我国目前还存在很多法律法规上的限制，手续复杂。如何合理地规避风险同时简化手续，提高效率。融资契约的安排，主要包括运作契约、投资者保护条款、对人力资本的保护等。

2. 基于环境分析的融资策略选择

战略的核心是企业与内外环境的协调。进行环境分析的目的是为了使融资战略进一步分解到可操作的层面。环境分析无非包括外部环境分析、内部条件分析两大块，据此，我们可以得出这样一个分析框架（见表7-1）：

表7-1　中小企业融资的战略环境分析框架

环境分析 企业发展阶段	外部环境： (1) 产业链条分析 (2) 资金链条分析	内部条件： (1) 经营管理水平 (2) 财务比率分析
1. 种子期		
2. 初创期		
3. 成长期		
4. 成熟期		

（1）种子期的融资策略

在种子期，由于投资风险很大，正规的风险投资家、大企业、商业银行等缺乏投资欲望，因此很难吸引外界投资的介入。因此在这个阶段，创业者必须做大量的攻关工作，宣传产品和技术的发展前景和盈利潜力，千方百计地筹集必需的资金。此阶段，创业者"血缘"型的资金可在一定程度上弥补此时的资金缺口，融资的主攻目标是政府的技术开发创新基金和那些擅长以小搏大、追求高风险高收益的产业基金。

（2）初创期的融资策略

在初创期，企业投入加大。因产销量不大，单位成本较高，企业财务一般处于亏损阶段，这一阶段投资风险依然很大。因此，在资金链条上，以强调稳健经营著称的商业银行一般不愿意首先提供贷款支持，企业更不可能从资本市场上直接融资。这样，企业的融资重点就是自致型的社会资本，主要表现为熟人关系、友情型关系以及其他关系；同时，依靠可行的经营计划、卓越的产品功能和市场前景来吸引风险投资资金的进入，使风险投资成为企业的战略伙伴或战略控股者；另外，政府设立的扶持基金也是这一段企业应努力争取的目标。

（3）成长期的融资策略

这一阶段企业的销售额和利润明显增长，企业的发展前景明朗，但还达不到上市条件，这时仍会有大量的风险投资（成长基金）涌入。一些实力雄厚的商业银行也愿意向企业提供抵押担保贷款。同时，企业留用利润也可作为一项重要内源性资金来源。此外，产业链条中企业间的合作也是非常值得考虑的途径之一。这一阶段，企业可以从自己利益的需要出发，确定合理的财务杠杆比例，采用多种形式的融资组合。

（4）成熟期的融资策略

企业选择融资的方式更趋多样化，主要包括：商业银行各种信贷、资本市场的产权交易和证券融资（在资本市场完善的情况下）、货币市场的资金拆借、企业留用利润等等。在成熟阶段的上半期，由于企业仍在较快增长，其规模和盈利水平又达不到主板市场上市的要求，可以考虑到低层证券市场。

（二）把握企业快速成长的融资策略

企业的成长需要资本的扩张。资本扩张有企业内部的资本积累和外部的资本筹资两条途径，但是资本积累是一个比较缓慢的过程。中小企业为了实现快速成长，在资本积累的基础上采取资本集中的方法，进行资本运营。按照集群效应的原则，选择自身的产业及战略，在企业内部、外部、时间、空间上形成有机的要素整合，以达到降低相关成本，实现信息共享。

总体思路如下：（1）利用资源杠杆，进行资源整合，使各类要素内部化,成为企业可以掌握和控制的对象;(2)积极融入到大产业和国际产业链中,抓住关键环节,构建企业核心能力,从而获得在市场竞争中不可替代的位置;(3)进行制度提升,建立以产权制度为保障的分配体制,实现强有力的激励。

结合具体情况,中小企业一般可以采取以下具体策略:

1. 剥离资产,调整业务模式

因为目前没有其他更好的途径来替代现有融资市场,中小企业必须通过剥离资产等方式,调整它们的业务模式,提升它们的内部效率,尽量满足融资市场的要求。

业务剥离的方式,可以采用出售、资产置换等方式。出于企业未来成长所需资金需要,企业可以考虑转让非主营业务、非经营性资产、无利可图资产以及已经达到预定目的的资产;或者把自己的优质资产注入到某一上市公司,置换出该上市公司原有的劣质资产。

转让交易中的付款方式可以采用现金、换股、卖方融资的任意一种或者组合。现金的支付当然是最迅速而清楚的支付方式,但是对买方而言,是一项重大的即时现金负担;而对卖方而言,当期交易的所得税税负亦大增。换股一般与现金支付结合使用,即在买方难以一次性现金交易时,可以转让一部分股票给卖方,以抵补现金的缺口。卖方融资是指企业在业务获利不佳、急欲脱手的情况下,所产生的收购者对卖方所承诺的固定的未来偿付义务。

2. 联盟融资的战略对策

随着信息化的发展,企业间的竞争与合作达到了更高的水平,超越了纯粹竞争的思维方式,而选择与竞争对手的有效合作。在资金短缺、竞争激烈的金融市场中,势单力薄的中小企业更应摆脱纯粹竞争的思维桎梏,通过有效的合作形式形成相对强大的融资力量。

由于支持中小企业发展的金融环境大大地滞后于中小企业发展的速度,可以考虑若干中小企业按区域、按行业、按资金需求的共通性等结成融资联盟,共享融资的战略资源、共享融资的信息资源,共同承担融资风险、共同开拓融资途径;通过资产重组、挂靠联合、发展配套产品及服务等方式实现与大企业的对接,参与大企业的产业链分工,充分利用大企业的商业信用和内部融资能力,提升中小企业信用,促进中小企业组织结构的调整和融资结构的优化。这是中小企业融资的一种可行的战略对策,是一种适应外部融资环境、规避自身弱势的战略选择。

中小企业的联合融资要在一定的组织层面上运作与完成，战略联盟理论的实践为中小企业的联合融资提供了多样性的选择方式：战略联盟（strategic alliances）、动态网络（dynamic network）和虚拟组织（virtual organization）等。中小企业通过某种形式的联合，形成一个融资的共同体，或与大公司联姻探索上市融资之路；也可共同出资成立互助基金、担保基金等，建立信用担保机构，为参加联合融资的中小企业在向银行等金融机构申请生产费用贷款、商业周转贷款等周转性贷款或中长期贷款时提供信用担保。无论直接融资，或是间接融资，中小企业都可以其融资的战略联盟为依托实现其融资的意愿。

发展大企业配套融资。国家鼓励中小企业为大企业配套，银行支持为大企业配套。只要有大企业的生产订单、有效委托合同，大企业又提供担保的，商业银行一般可给予优先的信贷支持。

与大公司组建联盟。如果中小企业可以提供大公司所需要的高质量产品及服务，将有更多机会从大公司获得财政资助。这种联盟可采取转包公司、子公司或独家代理等多种形式。加强与大企业之间的联合，借助大企业的信用，保持和金融机构的联系，争取得到金融部门的大力支持。

3. 进行股份制改造，改变治理结构

鼓励股份制改造，促进中小企业的健全治理结构。股份制本身就是一种融资制度，其实质是令企业的治理结构规范化，以利于股权的转让与交易，从而有利于外部融资。如果企业非常自信自己在未来可获得稳定的收益和现金流，这样的企业可以鼓励职工持股或经理层持股，用ESOP（雇员股票期权计划）作为另一项潜在融资资源。ESOP是一项让雇员成为企业投资者的计划，由此创造内部融资资源。采用此方式，节约了企业设立成本和改制的费用，保持了企业发展的连续性和稳定性。在我国资金市场不发达的情况下，这种方式能够迅速筹措和集中资金，用于企业生产和发展，缓解了资金短缺的矛盾。同时，有利于引导社会游资流向生产领域，有利于控制消费资金的膨胀，同时又可以调动员工积极性，提高企业的凝聚力和竞争力。

同时，加大股份制改造的力度。结合"国退民进"战略、"国有股减持"的时机，有实力的中小企业以买断经营、兼并收购等方式，置换国有资本；对现有中小企业的一些新建及技改项目，可以实行股份制项目法人

投融资方式,鼓励项目法人在产权明晰的基础上,采取包括产业投资基金在内的多种直接融资方式以股份形式吸纳各类社会投资;鼓励科技人员以技术入股,积极在中小企业中进行股票期权制度试点,探索建立使投资人与经营者权责利更加紧密地结合起来的公司制度,如建立有限合伙公司即两合公司,经理人员负无限责任,其他投资者负有限责任,既防止投资人权益受损,又便于创业者能够充分利用投资人的资金优势等。通过中小企业制度创新,建立起一种将创新者、创业者和投资者的利益同企业发展前景紧紧绑在一起的激励机制,调动各方面的积极性,促进中小企业的发展。

运作规范的股份制中小企业争取国家有关机构批准,通过向社会发行股票、可转换债券等方式,直接从国内市场甚至是海外市场融资。

4. 私募资金的战略对策

对于不能上市的中小企业来说,私募资金是一项很有吸引力的筹集股权资本的来源。如果企业的目标是短期内筹集到一定数量的资金,这项股权资本来源可能有帮助。在这项交易中,企业向一些私人投资者发行股票,而不是向公众公开发行股票。私募资金与 IPO 相比,需要的书面工作极少。另外,这种私募资金方式花的时间也少。

如果企业的管理团队充分了解投资者,那么私募资金就可以在一小群朋友、家人、亲戚或熟人中间进行。

企业也可以让某一中介在一些有兴趣投资于中小企业的投资者中传播私募资金的建议,以下四类投资者可能对私募基金感兴趣:(1)了解并尊重企业的供应商和客户;(2)熟悉或看好某一行业的专业投资者,他们总是在观望者,以求购买一家处于形成期的好的小企业,再驾驭它驶向成功;(3)认为企业不久就能上市的投资者,他们总是在寻找购买成长型企业股票的机会,通常着眼于企业上市的可能性;(4)风险投资家,他们的技能和经验帮助企业达到它的发展潜力[1]。

(三) 培养日常管理中的融资意识

"打铁需要自身硬",企业融资问题说到底是管理问题。产品市场占有

---

[1] The following examples are drawn directly from Daniel R. Garner, Robert R. Owen, and Robert P. Conway, The Ernst & Young Guide to Raising Capital (New York: John Wiley & Sons, 1991), P. 51~52, Financing Entrepreneurial Ventures.

率越高,销售情况越好,银行和投资者的投资信心也就越高。如果企业产品有一个好市场,没有资金可以创造资金,赢得资金;相反,即便有充足的资金,产品市场不好,也会逐渐消耗殆尽。所以,企业要注重自我积累,自我完善,量力而行,实现滚动式发展,不要盲目求大求全。

中小企业必须加强以下几方面的工作,练好"内功",用实际行动赢得融资市场的信任和支持。

1. 中小企业应改变分配过程中留利不足、自我积累意识差的现状

为了适应市场风云的变幻莫测,中小企业必须具有经营灵活、变化快的特点,因而在时间上和数量上对资金的需求具有不确定性,这就要求企业自身提高积累能力,以便对市场变化做出快捷的反映。在市场经济发展中,只要企业不是处于简单再生产状态,对资金的需求将是一个不断的扩大值。一个企业如果仅有极少量的创业资本而把大量的资金需求寄托于银行贷款或其他,那么这样的企业生命力是难以持久的。

2. 完善企业财务制度,提高财务信息的可信度和透明性

中小企业要切实完善内部财务制度,保证企业的财务报表数据真实、可靠;建立健全多项规章制度,强化内部财务管理,规范经营、自我约束,确保企业的各项活动和财务收支在国家的法律及规章允许的范围内进行。提高生产经营的透明度,保证会计信息的真实性和合法性,中小企业应严格按照银行贷款程序要求,及时、如实地提供有关财务报表和资料,如能同时附上纳税申报表等资料,定可以提高企业的可信度。

3. 学习金融尤其是国际金融知识,提高融资知识水平

中小企业经营者要加强学习国家出台的各项融资政策和金融机构相关融资的规定、程序和条件等方面的知识,积极了解金融机构的运作环境和程序,增强与金融机构沟通和交往的能力;要结合企业实际,用足、用活、用好各项有关中小企业的融资政策;要积极开拓直接融资渠道,不断提高企业自身融资水平。

7.4.2 拓展 SMEs 信贷融资体系

我国的金融资源的集中程度高,银行竞争的焦点在于争夺中心城市的优质资源。银行业的改革应该按照市场细分原理重构中国的银行体系,形成多层次多种类型的金融机构并存和竞争的局面。

一、打破银行业的垄断,改变信贷格局

中国经济已经形成了多种经济成分并存、多层次发展的所有制经济结构,但是,金融体系基本上仍是以国有银行垄断为基础的一元体系,已难以适应经济成分多元化的市场经济的要求。如果不真正着手建立金融运行所必需的微观经济基础和信用基础,现行的增量改革也会走上低效运营的老路,不可能形成市场机制下的良性循环。

打破国有银行垄断金融市场的格局,使资金从国有银行中分流出来,探索建立新的区域性、小型金融机构。

中小金融机构应由民间发起、民间参股的区域性股份制银行。中小银行战略选择的基本思路可以是:一是靠中小企业合股联办;二是大银行的分支机构通过股份化改制,注入民有成分。将股权部分或全部卖给民企或银行职工,业务范围不变,改变的是产权结构和核算方式。

为此,鼓励(至少不限制)中小金融机构在民间资金相对充足的东部经济发达地区试点,并逐步在有条件的地区推广。虽然中小金融机构的出现可能会带来由于规模小、资金有限、自身运作失当等引起储户挤兑造成社会动荡的风险,但是在渐进改革中,随着法律法规的不断健全,市场机制的不断完善,衡量利弊得失,逐步放开对中小金融机构的市场准入仍不失为明智之举。

这些金融机构生存的基础就是控制风险。之所以能够有效控制风险、成功地为中小企业服务,就是对借款人各方面信息的掌握,缓解了信息不对称问题,通过产权清晰化,解决了现代企业制度和信贷责任问题。

区域性中小银行取得信息的途径完全不同于大银行,它适用于以区域为单位的基层。区域银行的服务对象必然是那些中小企业。这些金融机构扎根于基层,将经营地区划为若干社区。他们的信贷员都是来自于社区的,有一定社会经验,对社区的情况非常熟悉,稍加训练,实施报酬和业绩挂钩,就可以担负起搜集金融信息的职责,而且所支付的劳动力成本非常低。这些信贷员的作用就是为银行提供信息,然后将这些信息整理归类,输入计算机,建立社区信用档案。正是这些信息使得中小银行能够迅速地对借款人做出反映,无论贷款额大小,都能够从容应付,在避免不良贷款的同时创造了非常可观的利润。

例如,泰隆信用社以为中小企业融资为己任,他们的不良贷款率只有

2.33%。泰隆城市信用社员工总数 300 人，信贷员有 120 人。他们不仅调查客户的经营状况，还要通过各种渠道了解客户的家庭结构、人品、社会信誉、不良嗜好等。将贷款质量与信贷员的效益工资、贷款管理工资、奖金、风险责任金直接挂钩。他们要求每一个信贷员对自己经手的每一笔贷款的每一个环节负责。绝大多数信贷员手上都没有发生过不良贷款。

类似泰隆信用社这样优秀的区域性中小金融机构还有不少。例如，浙江台州的银座，义乌的信用联社，江苏靖江的长江信用社等等。这些优秀的金融基层机构在发放信贷的过程中，也要求抵押，也要看贷款人的信用历史，但是，它们绝不局限于抵押和查信贷历史，它们更看重资金的流量，看重中小企业的发展前景，因此，它们能够非常灵活、有效地为当地的中小企业服务。

当然，中小民有金融机构同样存在着经营风险，需要有关部门加强监管。监管的重点主要是：第一，制定严格的出资人和高层经营管理人员资信标准，设立档案并定期审查，防止资信不良，防止有劣迹和黑社会背景的人员进入银行业；第二，严格审查和禁止股东的过多分红和抽逃资本金情况，防止因银行股东的利益冲动而引致银行短期行为；第三，设置资本金分类标准，限制地方性银行的业务范围和活动地域范围。

二、培育适宜于 SMEs 的金融产品

（一）利用金融工程技术创新提升信用

信用增级技术一直以来都被广泛应用。它是通过来自内部或外部的保险机制来提高信用等级的方法。金融工程在信用增级方面可以运用的主要工具有：资本、抵押、担保、保险等。这些技术通过某种信号显示机制或激励机制，为债务人的信用状况寻求内部或外部的保证，从而在一定程度上降低信用风险，进而降低债务人的融资成本和提升其融资能力。传统的间接融资正是运用信用增级技术在一定程度上平衡中小企业高风险性与金融机构"三性原则"之间的矛盾。

（二）信贷方式创新

中小企业贷款难表现为抵押资产少，也难以获得有效的担保，同时其财务制度不健全，因而必须寻求其他有效的解决办法。这就要求解放思想

和创新信贷方式，总结归纳出适合中小企业的有效贷款方式，如保全仓库业务（动产质押贷款）、仓单质押贷款、出口退税专项贷款、应收账款质押贷款、保付代理业务、联保协议贷款、法定代表人抵押担保贷款等。

商业银行可以选择适合自身的创新贷款方式，并进一步加以完善。即使银行发展了业务，控制了风险，又在一定程度上缓解了中小企业融资难问题，实现了银企"双赢"。如保全仓库业务，突破了抵押品一般是不动产的界限，企业可以将拥有的较为通用的流动资产作为抵押物向银行申请贷款，不但解决了中小企业贷款缺乏有效固定资产抵押和担保难的问题，而且促进了商品流通。应收账款质押业务和保理业务则加快了应收账款周转，有利于中小企业缓解资金紧张状况。融资租赁无须大量的资本积累便可扩大生产经营规模，具有投资少、风险小、见效快的优点，尤其是当企业直接融资资信不足时，这种方式就更为有效。保理是指将企业的应收账款卖给金融机构，用现金余额来代替账面债务从而增加企业的流动性资金。融资租赁和保理是解决中小企业低效率的抵押和抵押物的强制执行问题的有效办法。

（三）积极拓展票据等中间业务

开办信托、委托、保险代理、担保、咨询、保管和投资银行业务等中间业务和贴现业务，对中小企业发行的商业票据提供承兑担保。在条件成熟的地区，可对中小企业开办承兑担保。在条件成熟的地区，可对中小企业开办承兑汇票，信用证等结算业务，并为中小企业的票据办理贴现、再贴现提供方便，使中小企业能迅速筹措到生产经营所需的短期资金。但我们的票据等中间业务市场发展相对迟缓，仍然需要中央银行和商业银行具有创新的思路和政策措施。

（四）开展金融合作业务

在分业经营的框架下，商业银行可以通过金融合作，以"网络互联、产品互动、服务互补"的形式把不同的金融市场联接起来，为客户提供广阔的金融服务。我国商业银行开展金融合作的两种主要方式是：一是开设多功能的物理网点及金融超市。在银行的物理网点和金融超市中增设证券、保险、期货业务，使其在提供原有银行服务功能的基础上，增加非银行业务品种，为客户提供综合性、多功能的一站式服务。二是利用金融电子化的手段，实现银证、银企、银保等金融领域的电子合作，虚拟的网络将成为主要的金融业务办理渠道。实现银证、银企、银保等金融领域的电子合作，关键在于业务系统的连接。因此，商业银行在设计和完善自身业务系统的同时一定要考虑到与其他金融企业业务系统的衔接问题，预留充分的系统接口。

7.4.3 建立多层次的资本市场

向中小企业开放资本市场，应着眼于建立多层次的资本市场体系，满足中小企业的直接融资需求。

资本市场的发展是要有战略分工的，形成与自身的资源相匹配的市场分布结构。只有通过面向需求的最大可能细分，最大限度地满足多样化的市场主体对资本市场的供给与需求，才能高效地实现供求的均衡，这样的资本市场才可能是全面、协调和可持续发展的。

参照发达国家证券市场发展的经验，并结合我国具体的情况，建设中小企业证券化产权交易市场体系的设想是，按照中小企业证券上市交易门槛的高低、风险性的大小及证券流动性的强弱，其证券化产权交易市场体系可形成三个层次的发展框架，即创业板市场、现代场外交易市场和分散的柜台市场（产权交易市场和代办股份转让市场）等几个层次。在这样一个完整的证券化产权交易市场体系中，中小企业有可能递进上市或递退下市，充分实现市场的"优胜劣汰"功能。

因此，这一资本市场体系至少应该包括两个层面：二板市场和区域性小额资本市场。就其分工来看，二板市场主要解决处于创业中后期阶段的中小企业融资问题；区域性小额资本市场则主要为达不到进入二板市场资格标准的中小企业提供融资服务，包括为处于创业初期阶段的中小企业提供私人权益性资本。在一定意义上，我国更需要后一层面的资本市场。因为构想中的二板市场仍位于证券交易所的框架内，很难摆脱现有证交所内存在的各种问题和限制。同时由于容量有限，上市成本也相当高昂，众多中小企业将难以进入该市场进行融资。

所以，中小企业多层次资本市场的建立，主要依赖区域性的柜台交易市场的设立和有效运作，以及企业债券市场的开放。

一、推进二板市场

二板市场是整个资本市场非常重要的一部分，是将储蓄转化为直接投资的有效手段之一。二板市场的真正功能体现在引导、催化我国中小企业的改制规范，激励创业精神，构建社会创业机制，鼓励中小企业按照资本市场上市的标准要求自己。二板市场对中小企业规范化发展的示范作用是不可替代的，对满足我国中小企业强烈的直接融资需求的作用是不言而喻的。

不可否认，中小企业板带有过渡和权宜的性质。从市场角度看，发行小盘科技股后，上市公司"壳资源"将不再是"稀有资源"，越来越多的科技类中小企业可以通过直接申请上市，得到发展所需的资金，没必要再花高额成本去收购一些"垃圾"，从而使市场的投机性炒作减少。由于中小企业板块是一个过渡性的板块，其最终归宿将是创立我国的二板市场。

基于此，我们可以依照"一大一小"的原则对上交所和深交所的功能重新定位，上交所的定位应该是专门为大企业融资的，而深交所的目标则是中小企业，构造中国的纳斯达克模式雏形。在深交所专门设立中小企业板的主要原因，一是对我国证券市场分类，深交所要和上海证券市场进行战略分工，另外一个就是要使我们的金融服务业在某些方面形成竞争。

二板市场有其特殊的服务对象定位，主要为那些具有成长潜力但尚处于幼稚阶段中后期和产业化阶段初期的高成长性中小企业提供上市融资的机会。另外，创业板不再有公众股、国家股和法人股的划分，应该是一个全流通的市场，从而更能满足风险资本对流动性的要求。

但是，目前建立二板市场的时机还不成熟，主要是内部原因。一方面，风险投资发展的几个基本法律、市场前提不存在，尤其是我国对直接投资者，无论是对上市公司的股权投资还是非上市企业的股权投资基本上没有一个可以在具体运作中操作的法治体系。如果过分强调放宽创业板上市规则，则意味着向上市公司让步，牺牲小投资者利益，增加市场风险；如果过分强调上市公司的短期盈利能力，片面提高上市的条件，又会阻止海内外公司的上市兴趣。同时，二板市场内在的专业性、风险性，决定了其投资者结构应当是充分了解市场风险状况和相关专业知识、承担风险能力较强的专业机构投资者，而不适合众多散户的大量介入。否则，投资者结构错位容易造成投机过度，而二板市场在分散风险方面是无能为力的。另一方面，二板市场需要足够量的有实质盈利内容、增长前景良好的主导性优质企业来支撑。但是，现实的情况是，我们缺乏足够的量，而且一些成长企业发展速度开始陷于持续低迷。

所以，二板市场的推出不可能一步到位，但我们可以尽快研究，创造条件，逐步降低上市门槛，建立真正的二板市场。

二、筹划三板市场

（一）三板市场[①]是中小企业进入资本市场的平台

扩大风险投资市场容量、拓宽风险资本撤出渠道，仅靠二板市场远远不够。而且，即便二板市场获准设立，中小企业仍然难以在"千军万马挤独木桥"的竞争中抢到稀缺的上市资源。如果有一些地方性的市场，就比较容易解决信息不对称的问题。所以对广大中小企业而言，还是需要一些地方市场，这对资本市场体系的建设很重要。

三板市场是整个资本市场体系中的基础板块，主要扶持初创后期的中小企业。同时，也可为从主板市场和二板市场退市的企业提供缓冲危机的平台，弥补风险投资退出机制不完善的缺陷。

从国际上看，发达的市场经济国家都为中小企业设立了一个低标准的股权交易市场，使大量的中小企业得以利用资本市场直接融资。国外的实践表明，区域性的柜台交易市场的存在，不仅使众多的中小企业获得进入资本市场的平台，同时也是促使主流证券市场健康发展的重要基础。

因此，我们借鉴国外的成功经验，在中小企业经济发达的地区设立区域性的柜台交易市场，在更大的层面上为中小企业进入资本市场创造条件，并计划从柜台交易市场上市企业挑选经营良好的成长型企业，推荐到主流证券市场上市。

（二）三板市场可以整合民间资本

资本市场结构的单一化，同时也影响到民间资本的进入。相对于持币观望的庞大民间资本来说，现有的资本市场还远没有将其充分激活，尽管政府多次通过降低存款利率的"挤出效应"诱导民间资本入市。

近年来地下金融暗潮涌动，说明过分的金融抑制会诱致交易成本较高的资本流动。就我国金融市场的现实需求而言，应该尽快推出三板市场，并使与之相适应的金融工具——私募基金的运作公开化和规范化，为中小

---

① 三板市场，主要是指场外交易市场和柜台市场。

企业的直接融资和民间资本的投资建立门当户对的资本市场。

就投资者而言，在三板市场上少有大的基金与机构投资者，参与投资的主要是一些小基金与个人投资者，一般为有一定财产基础而又富有冒险精神的人。在一些国家，由于三板市场与二板市场甚至是主板市场有一种升降对接的机制，企业如果在三板市场私募成功后，其生产规模和效益提高，则有可能升入上一层次的资本市场。因此，总有一批风险投资商和投资者愿意到三板市场捕捉有潜在价值的黑马。

（三）三板市场的设计思路

三板市场的目标，就是要弥补主板市场和二板市场不能充分有效配置民间资本的不足，把最大限度激发民间资本的创值能力和促进企业股权流动作为主要目标。

三板市场的主要职能是，孵化具有高成长性的中小企业和帮助从上层资本市场退出的上市企业缓冲危机。需要指出的是，孵化高成长性中小企业是三板市场的第一职能，缓冲上层资本市场退市企业危机则是其第二职能。

三板市场应采取超低门槛加保荐人的市场准入制度。对企业没有规模和盈利的要求，一般只要有若干名做市商愿为企业发行证券做市就可上市融资。与主板市场和二板市场交易规则不同，三板市场采用非标准产权单位、利用谈判机制进行交易。三板市场虽定位于为中小企业融资服务的资本市场，但由于目前信用制度上不完善，应该要求具备一定的生存能力和信用记录，避免三板市场上市企业挂牌与摘牌过于频繁，出现无人问津或交投不活跃的挂牌企业占三板市场上市企业总数比例过大的局面。

在组织层次上优先发展地域性场外交易市场（分散的柜台交易市场）。地域性场外交易市场作为最低层次的证券市场，在一段时间内肯定是分散的，以地域性证券柜台交易为主要形式，主要为发展地域性经济服务。可以选择一些较为成熟、具有相当规模的区域性证券交易中心，通过整顿、规范，逐步实行电子联网。为那些不够条件在主板和创业板市场上市的中小企业（主要是处于初创阶段和幼稚阶段的企业）提供融资服务。其上市标准应比二板市场更为宽松，以适应更广泛层次的中小企业的发展要求。

正如商业信用是银行信用和证券信用的基础一样，地域性场外交易市场是整个证券市场的市场基础。它不仅为众多无法在上述三个市场挂牌的本地中小企业提供股权流通即融资的渠道，而且更重要的，它在证券市场体系的发育中将起着试验田的作用。

（四）三板市场的监管

政府有关部门一般是通过监管做市商来规范市场行为，对上市公司本身的监管比较松弛，甚至对其信息发布也不作强制性要求。

为了防止可能引致的信用危机和道德风险，弥补三板市场上市企业流动性较差的先天不足，企业申请到三板市场上市必须先争取到两家以上的做市商为其做市。一旦做市商同意为申请企业做市，也就意味着其必须按照三板市场规定的有规律的间断报价或连续报价的规则为流动性较低的企业的股权双向报价，随时可能以做市商的自有资金为交投不活跃的股权造市，以保证三板市场的运作相对公平和效率。在监督方面，对于主要是面向特定的投资者（如某些基金、企业等）私募的三板市场而言，应采取各交易所、做市商等制定同业公约，以及各市场参与者自律为主的非集中调控模式。

三、培育创业投资市场

在创业投资的主体中，除了政府风险投资机构及创业中心的风险投资外，还应当鼓励中外合资风险投资基金和风险投资等，加大政府风险基金对中小企业"孵化器"的支持力度。

（一）培育私人风险投资市场

私人风险投资也称非正式风险投资（天使投资），是指私人风险投资者向新成立的无关联企业提供风险资本的行为。私人风险投资市场是不需要中介机构及其咨询，直接由富裕家庭或个人以股份或类似股份的形式向融资企业进行股份投资的市场。它是融资企业初级阶段形成的主要融资方式，在高科技企业的种子期发挥着重要的作用。

目前，我国私人风险投资市场很不发达，尚未建立私人风险网络。虽然在投资决策能力、企业投资后管理能力、监控力度等方面，私人风险投资者不及风险资本的实力，然而，在政府的正确指引和扶持下使私人风险走上市场化的轨道，充分发挥富裕阶层的个人和家庭的消费潜力，承担高成长企业的"天使投资"的职能，应该是我国的私人风险投资的发展方向。

(二) 发展风险资本

风险资本,是一种以长期股权投资方式投资于某一产业,特别是尚处于创业阶段的新兴产业,以追求因企业成长而获得长期收益为目标的一种投资资金。此类资金最直接的受益者是从事高新技术产业的中小企业,其功能之一在于将成千上万份分散的中小风险投资资金集聚起来,形成一定规模的风险投资。虽然风险投资的成功率一般只有 20%~30%,而一旦获得成功,投资收益率就会很高。建立风险资本有助于加快高新技术的产业化,有助于区域性科技型中小企业集群的形成,具有很强的外部经济性,是一种较适合科技型中小企业特点的直接融资方式。

(三) 发展创业投资基金市场

创业投资基金是指由职业金融家向尚未上市的、新兴的、迅速发展的、有着巨大竞争潜力的企业提供融资的基金,其经营方针是在高风险中追求高回报。近年来我国居民存款呈稳步增长趋势,且存款利率多次下调,促使居民投资日趋多样化,这为基金吸收居民手中的闲置资金提供了有利的条件。从国外方面看,目前国际金融市场有数十亿美金正在寻找投资对象,中国的基金市场有望成为国外资本关注与投资的焦点。

制定各种优惠政策,鼓励和带动保险资金注入基金。国外成熟的创业投资基金的资金供给者主要是期望取得股权转让价值的长期投资者,包括退休基金、保险基金及其他基金和富裕的家庭和个人。它们以分阶段方式投入基金事先确定的规模。随着居民保险意识的增强和保险品种的日益发育完善,还会有庞大的资金进入保险市场。综上,政府加紧制定各种优惠政策,带动和鼓励保险业资金注资于创业投资基金。

无论哪一种形式的风险投资,都需要培育和造就一支高素质的投资专家队伍。风险投资对专业人员的知识与管理能力的要求就比其他类型金融从业人员的要求更高。因此,培育与造就一支高水平的风险投资管理人员队伍是风险投资能够在中国发展成功的根本保证。

7.4.4 加强信用保障体系建设

无论企业还是银行,都希望实现资金的良性循环,信用就是一个必不可少的基础和条件。就目前的情况而言,建立完善的信用体系无论是对银行或者企业都是迫在眉睫的。

从西方发达国家的经验来看,信用体系是涉及到企业、商业银行、中介组织、政府以及整个社会的一个完整的体系。对我国而言,在政府、社会、中介机构和商业银行这几个主体中,银行将来会发挥主导性作用。因为根据布鲁塞尔的新资本协议,这些新的协议要求或是鼓励商业银行和一些国际化的大银行,主动建立一个内部评估体系,鼓励银行对自己所有的客户建立一个内部独立的评级系统。中国信用体系的基础,就是个人信用基础。个人信用体系的建设,从当前金融业务发展来说,也是银行大力发展金融业务的基础和前提。

信用担保制度是许多发达国家对中小企业提供金融支持的有效途径。在信用链条的环节当中,担保公司承担信用强化的作用。中小企业依靠本身的信用去贷款是不够的,担保公司起了一个强化作用。但是在这个过程中,风险并没有消失,只是从原来的银行转移到了担保公司,担保公司同样承担风险。

由于体制和机制存在缺陷,很多担保公司的代偿率一直居高不下,甚至成了滋生腐败的温床。有鉴于此,我们应该发展小担保公司。所谓小担保公司,就是指由民间资本组合形成的信用担保机构。担保公司的成立在一定程度上能够起到降低银行风险、增加企业信用,为中小企业取得融资的作用。由于担保公司是股份制的、自负盈亏的,是大家的血汗钱凑拢来的,所以担保者慎之又慎,被担保者不敢掉以轻心。再说,担保公司为谁担保,它们心里有数,企业主从小到大品行怎么样,信用程度如何,它们也了如指掌,被担保企业的资产质量如何,发展前景如何,偿还能力如何,它们也会掌握得一清二楚。这种担保公司与政府办的担保公司相比,一是由于与自己利益息息相关,所以积极性比较高,主观能动性好,责任意识强。二是由于信息掌握得准,失误少,风险小。三是在手续费的收取上可以根据其风险性灵活浮动;四是与银行之间的关系会十分融洽。

在银行短期贷款和循环贷款中,虽然仍然要求设置抵押品,但不硬性强调房地产,可以考虑选择存货和应收款作为抵押品。企业的应收账款是一种较好的抵押物。以应收款质押融资为例,其质押率一般是应收款面值的50%~90%,企业将应收款质押给银行后,可以不通知相关的客户,当客户偿还应收款后,偿还款项自动冲减企业向银行的贷款额。

7.4.5 厘清政府支持的思路

国际经验证明,在中小企业发展中,政府的作用是至关重要的,而且各国政府对中小企业提供支持是普遍现象。政府通过优惠贷款、贴息贷款等对中小企业投入资金,不仅可以直接缓解中小企业的融资困难,而且对其他社会资本也起到了良好的示范作用。另外,政府的各项政策法规建设、中小企业辅导体系建设都会为中小企业创造一个良好而宽松的融资环境。

一、政府支持的指导思路

每个国家都有它的政策组合来支持中小企业,特别是高科技中小企业。政府在向中小企业提供融资支持时往往面临很多问题,结合我国具体情况,本文提供一个分析这些问题的矩阵结构(见表7-2),作为政府制定正确政策的路标。

表7-2 政府支持中小企业融资的矩阵分析模型

战略环境特点 \ 融资支持	政府支持的战略选择
1. 经济发展阶段引发的问题	1. 资产和运营补助:这些补助可以降低资产成本,比如资产购买(资金成本)补助和投资税率优惠;能够降低运营成本的补助,比如对产品研发、最终产品的市场营销等的补助。 2. 负债补助:这些补助用来降低融资成本,比如对贷款本金的担保、利率和分红的补助;或者降低融资风险(比如共同融资、保险、担保等)、降低货币和通货膨胀风险。 3. 资产发展补助:这些补助是为提高固定资产和人力资本的价值,比如对劳动力的再培训和R&D融资的补助。 4. 对公共基础设施的支持:这些补助具有公共产品的特点,比如为基础设施和市政规划提供贷款。
2. 政治经济形势带来的影响	
3. 宏观经济政策引发的问题	
4. 银行主导的融资模式引发的问题	
5. 企业主经营意识引发的问题	
6. 中小企业自身引发的问题	

表的横向是不同的环境特点,纵向是政府针对环境特征所采取的融资支持战略。环境特点大致可以归为以下六类:

1. 由经济发展阶段引起的问题是指:国内市场规模小、劳动力市场缺乏流动性、不发达的资本市场、退出渠道的缺乏、缺乏对小股东利益的保护等问题。

2. 由政治经济形势带来的影响是指：与大企业相比，中小企业更容易受整体经济状况的影响，主要是因为它们固定资产少，更容易受到通货膨胀和货币风险的打击等问题。

3. 由宏观经济政策引起的问题是指：在资金获取的市场交易方面，政府政策通常是取悦于大企业，而不是小企业等问题。

4. 由银行主导的融资模式引起的问题是指：风险资本缺乏；能够提供资金的机构大多不喜欢高风险；政府直接或通过金融中介来指导金融产生了逆效应；对资金供应者缺乏必要的监督等问题。

5. 企业主经营意识引起的问题是指：企业主不愿意被控制、缺乏成长的理念、缺乏对人力资本的重视、缺乏企业家精神等问题。

6. 由中小企业自身引起的问题是指：企业缺乏用于担保的固定资产、缺乏信用记录、企业经营的失败率较高、道德风险、与大企业相比的规模不经济、需要一个互动的周边环境等问题。

根据以上的思路，如果在银行主导的融资模式中，政府可以考虑贷款补助和利率返还的政策，允许银行与私人权益共同筹措资金。前两个政策针对银行不喜欢高风险和中小企业资本短缺问题，第三个政策主要针对银行监控乏力；在金融机构不喜欢高风险的情况下，政府采用的策略应是鼓励贷方，比如通过债务补助、贷款本金担保、利率补助或银团融资来降低贷款风险。在个人权益资本增长缺乏投资动力的情况下，政府可以通过共同融资来支持；在中小企业缺乏信用记录的情况下，政府可以通过债务补助来降低贷方风险；在中小企业缺乏担保的情况下，政府可以通过对资本成本进行直接补助来鼓励中小企业增加资产，或者是进行贷款担保以鼓励贷方贷款给担保不够的中小企业；在中小企业固定资产很少，但是拥有不可替代的人力资本情况下，政府可以针对最终产品进行补助；在中小企业主不愿意分享控制权的情况下，政府可以鼓励中小企业的权益融资；在金融中介机构缺乏对中小企业的监控情况下，政府的策略就是鼓励共同融资结构中引入私人投资；在贷款利率较高的情况下，为了减少对中小企业营运成本和贷款成本的影响，政府可以考虑对中小企业 R&D 进行支持、对负债进行补贴；在缺乏风险资本的情况下，政府可以通过以下途径来引出权益融资：税负、共同融资、股息补助；在中小企业缺乏高成长项目的情况下，政府可以通过对产品研发进行补贴来刺激研发，鼓励协作进行共同融资、R&D 融资、劳动力再培训和基础设施贷款；在中小企业集群成长不充分的情况下，政府建立风险机制鼓励大量被动的投资者一起承担风险、共同投资于产业集群，并且政府对此进行补贴；在区域性产品市场不发达的情况下，政府可以考虑在该地区进行基础设施建设，以激发新市场的诞生；在资本市场缺乏对小股东保护的情况下，政府应该建立资本市场的有关规章制度。

二、突出政府支持的重点

（一）明确支持倾向

（1）明确融资受益主体；（2）考察扶持对象的财务能力；（3）坚持融资支持的项目要具有发展效益和/或示范作用。在当前，最稳定的高质量项目来自 IT 产业和生化技术产业；（4）坚持项目符合国家产业战略。政府通常采用的策略是保护某一产业的中小企业，具体方案只是"施恩"于某些"精挑细选"的中小企业。同时，金融支持的策略应该考虑产业的差别，并且根据特定的产业量体裁衣，制定特殊产业的发展策略；（5）偏重能推动经济发展、提供具有附加值的服务。如果政府有更多的支持计划给予普通的中小企业，那么在这种情况下，融资支持应该尽可能给予那些建立多年、有良好纪录的企业，主要用来进行技术升级，向高附加值细分市场进军。

（二）依法打造信用环境

健全、完善的法律法规体系是中小企业健康发展的基本保障，可以从不同的侧面直接或间接地改善中小企业的融资环境。

我国虽然也为中小企业制定了一些法规，却是按所有制的不同分别立法，其最大缺陷是导致各种经济成分的中小企业法律地位和权力上的不平等。同时，有关中小企业内部管理和市场行为的法律规范不健全，也使中小企业的经济行为缺乏必要的法律秩序，不利于其健康发展。中小企业国民经济发展的重要地位和作用决定了政府应该把扶持、促进中小企业的发展作为一项长期的基本政策。因此，应该打破所有制界限，尽快制定统一的《中小企业基本法》，为中小企业发展的各项政策提供法律依据，为中小企业的发展提供国民待遇。

尽快出台"商业和消费者信用法"，明确规定个人和企业信用档案建立的内容、信用标准、信用信息披露机制、失信惩戒措施及相应管理职能部门等内容。通过立法，建设与国际接轨的诚信体系，打造信用社会。只要资金融出方和中小企业都能依法使用信用资源，双赢的状态最终肯定能够实现。

（三）提升社会金融服务水平

1. 组建区域性金融机构

政府不可能像以前一样用行政命令的方式要求商业银行给中小企业贷款，因此应组建专门的中小企业区域性银行。根据我国情况，在资金来源上，可以考虑由中央财政拨款，也可以与地方财政共同出资，还可以考虑发行一部分金融债券。在融资方式上，要以长期的信贷资金融通为主，也应考虑设计投资性机构，通过认购中小企业股票、可转换债券等方式向中小企业融资。

2. 组建中小企业贷款担保基金

政府设立专门的贷款担保基金，以减少银行对中小企业还款能力的质疑，提高其信誉，改善其贷款环境。做法可以是，政府贷款担保基金的行政主管部门，根据中小企业信贷担保计划，对符合条件的申请者，按贷款性质、多少和期限的长短，提供一定比例的担保，并签订担保合同。一般说来，贷款担保额小于贷款总额，以免企业在有能力时不履行还款义务。

还可以考虑由政府、企业共同出资组建担保机构，实行会员制，只对会员的短期资金需求提供担保，贷款总额应控制在基金的 5~10 倍以内；对单个会员贷款，一次不应超过其有效净资产的 80%，会员必须在规定的银行建立基本账户，由该银行充当财务顾问并提供必要的金融服务；担保机构负责监督企业的经营活动，具有辅导义务；接受贷款的会员企业应按担保机构和银行的要求及时报送相关的信息资料。在担保收费方式上，为体现风险的差异，避免对企业的"逆向选择"（即只有风险过高的企业申请担保），应根据企业不同的信用等级规定不同的差别费率。

3. 制定优惠政策

税收优惠。税收优惠是最直接的资金援助方式，有利于中小企业资金的积累和成长。通过降低税率、税收减免、提高税收起征点等措施增加企业的税后利润，将税后利润中的一部分资金用于企业的研究开发和技术改造；通过提高固定资产折旧率，增加"闲置资金"以补充企业再生产资金的不足等。

财政补贴。补贴是政府为使中小企业在国民经济及社会的某些方面充分发挥作用而给予的财政援助。财政补贴的应用环节是鼓励中小企业吸纳就业、促进中小企业科技进步和鼓励中小企业出口等。但是,政府的财政补贴是有限的,而且是非普惠的(与税收优惠不同),其功能在于引导。

贷款援助。政府帮助中小企业获得贷款的主要方式有:贷款担保、贷款贴息、政府直接的优惠贷款等。贷款担保的环节是中小企业的初创、技改和出口等最需要资金的地方。贴息贷款是一种政府对中小企业贷款的利息补贴,能以较少的财政资金带动较多的社会资金参与对中小企业的援助,特别适合资金缺乏的发展中国家。解决中小企业长期贷款难的问题要靠政府优惠贷款,这种贷款一般比市场利息低 2~3 个百分点,具体做法是,政府设立长期低息贷款专项基金,或建立专门的金融机构,按一定的要求选择中小企业,发放贷款。

4. 推动资信评估市场化运作

为有效防范金融风险,规范金融市场运作,必须鼓励建立独立的按市场化运作的企业资信评估和项目评估机构,对进入各类金融市场的企业和项目进行评估,向金融机构和投资者提供明确、全面的信息,帮助金融机构和投资者做出决策。同时要制定严格的评估机构行业规范,落实监督措施,保证评估信息的公正性和准确性。

参考文献

1. ［孟］阿西夫·道拉、迪帕尔·巴鲁阿：《穷人的诚信》，中信出版社2007年版。
2. ［孟］穆罕默德·尤努斯著，吴士宏译：《穷人的银行家》，生活·读书·新知三联书店2006年版。
3. 林钧跃：《企业与消费者信用管理》，上海财经大学出版社2005年版。
4. 白雪洁：《日本产业组织研究》，天津人民出版社2001年版。
5. ［英］希克斯（Hicks）著，厉以平译：《经济史理论》，北京商务印书馆1987年版。
6. 萧灼基主编：《2002年金融市场分析与预测》，经济科学出版社2002年版。
7. 刘红梅：《中国企业融资市场研究》，中国物价出版社2002年版。
8. 赵志军：《资本流动与中国经济增长》，中国物价出版社2002年版。
9. ［美］罗伯特·卡普兰、戴维·诺顿等：《综合计分卡》，新华出版社2002年版。
10. 夏若江、涂人猛：《当代资本再构：企业营运的最高境界》，华中理工大学出版社2000年版。
11. ［美］斯蒂夫·哈蒙：《零重力的赢家：中小企业融资指南》，电子工业出版社2002年版。
12. 朱宝荣：《现代心理学原理与应用》，上海人民出版社2002年版。
13. 王忠明等：《大企业定位国际竞争力》，中国财政经济出版社2002年版。
14. 孙天琦：《产业组织结构研究：寡头主导，大中小企业共生》，经济科学出版社2001年版。
15. 王竞天等：《中小企业创新与融资》，上海财经大学出版社出版2001年版。

16. 佟光霁：《中国中小企业融资问题研究》，黑龙江人民出版社 2001 年版。

17. 应惟伟：《中国企业融资研究》，中国金融出版社 2000 年版。

18. 王少豪：《高新技术企业价值评估》，中信出版社 2002 年版。

19. 厄威克·弗莱姆兹：《增长的痛苦》，中国经济出版社 1998 年版。

20. 锁箭：《中小企业发展的国际比较》，中国社会科学出版社 2001 年版。

21. 大卫·格莱斯顿：《融资高手：获取风险资本的必胜秘诀》，中国城市出版社 1998 年版。

22. 韩光莉等：《北京市中小企业发展战略研究》，中国言实出版社 2000 年版。

23. 沈艺峰：《资本结构理论史》，经济科学出版社 1999 年版。

24. 刘彪：《企业融资机制分析》，中国人民大学出版社 1995 年版。

25. 张玉利：《小企业成长的管理障碍》，天津大学出版 2001 年版。

26. 陆立军：《科技型中小企业与区域产业竞争力——基于 1162 家科技型中小企业问卷调查及案例分析》，中国经济出版社 2002 年版。

27. 方加春：《金融托管经典案例研究》，经济科学出版社 2002 年版。

28. 陈俊坚等：《台湾金融机构财务业务咨询公开揭露之研究（上、下）》，中央存款保险公司，1999 年 6 月。

29. 彼得·杜拉克：《创新与企业家精神》，海南出版社 2000 年版。

30. 张维迎：《企业的企业家——契约理论》，上海三联书店、上海人民出版社 1995 年版。

31. 李元华：《温州民间融资及开放性资本市场研究》，中国经济出版社 2002 年版。

32. 周立群主编：《中小企业改革与发展研究》，人民出版社 2001 年版。

33. 易国庆：《中小企业政府管理与政策支持体系研究》，企业管理出版社 2001 年版。

34. 张军：《话说企业家精神、金融制度与制度创新》，上海人民出版社 2001 年版。

35. 万兴亚：《中小企业技术创新与政府政策》，人民出版社 2001 年版。

36. 欧江波等：《促进我国中小企业发展政策研究》，中山大学出版社 2002 年版。

37. 王竞天等编著：《中小企业创新与融资》，上海财经大学出版社

2001 年版。

38. 俞建国主编：《中国中小企业融资》，中国计划出版社 2002 年版。

39. 陈晓红等主编：《中小企业融资》，经济科学出版社 2000 年版。

40. 陆道生：《中小企业的创新与发展》，上海人民出版社 2002 年版。

41. 王晓敏：《成长型中小企业的运行模式》，中国经济出版社 2002 年版。

42. 《中华人民共和国中小企业促进法》，中国商业出版社 2002 年版。

43. 仇保兴：《小企业集群研究》，复旦大学出版社 1999 年版。

44. 陆立军等：《科技型中小企业：环境与对策》，中国经济出版社 2002 年版。

45. 商界杂志社主编：《创办中小企业成功模式》，广东经济出版社 2002 年版。

46. 张利胜主编：《中小企业信用担保》，上海财经大学出版社 2001 年版。

47. 张厚义等主编：《中国私营企业发展报告（1999 年）》，社会科学文献出版社 2000 年版。

48. 陈硕坚：《中小企业生存之道》，机械工业出版社 2003 年版。

49. 邱华炳：《中小企业融资通》，中国经济出版社 2001 年版。

50. ［美］菲利普·科特勒等著，罗汉等译：《科特勒看中国与亚洲》，海南出版社 2002 年版。

51. 李扬等：《中小企业融资与银行》，上海财经大学出版社 2001 年版。

52. 张兴胜：《经济转型与金融支持》，社会科学文献出版社 2002 年版。

53. 陈乃醒：《中小企业成长案例评注》，民主与建设出版社 2002 年版。

54. 齐力然等编著：《中小企业政策巧用》，中国经济出版社 2002 年版。

55. 周宝源：《中小企业理财策略》，天津人民出版社 2003 年版。

56. 张玉利：《风险投资与中小企业成长》，天津人民出版社 2003 年版。

57. 刘志远：《中小企业财务战略与控制》，天津人民出版社 2003 年版。

58. 徐春立：《中小企业经营财务分析》，天津人民出版社 2003 年版。

59. 潘道义等编著：《私募基金理论·实务与投资》，机械工业出版社 2002 年版。

60. 蒂蒙斯：《创业企业融资》，华夏出版社 2002 年版。

61. ［美］詹姆斯·柯林斯、杰里·波勒斯：《基业长青》，中信出版社 2002 年版。

62. 卡利斯·鲍德温、金·克拉克：《价值链管理》，中国人民大学出版社、哈佛商学院出版社 2001 年版。

63. 李怀祖:《管理研究方法论》,西安交通大学出版社 2000 年版。

64. 张厚义、明立志:《中国私营企业发展报告(2002)》,社会科学出版社 2003 年版。

65. 韦恩·贝克(Wayne Baker):《社会资本制胜》,上海交通大学出版社 2002 年版。

66. 岳军等:《公司金融》,经济科学出版社 2003 年版。

67. [美]斯蒂文·西瓦兹:《结构金融》,清华大学出版社 2003 年版。

68. 王凤荣:《金融制度变迁中的企业成长》,经济科学出版社 2002 年版。

69. 陈晓红等:《中小企业融资创新与信用担保》,中国人民大学出版社 2003 年版。

70. 王引:《结构矛盾:浙江民营中小企业融资难的新特点分析》,载《浙江学刊》2002 年第 4 期。

71. 邹新月、施锡铨:《非国有经济信贷融资困境的理性认识》,载《上海财经大学学报》2003 年第 4 期。

72. 张捷:《中小企业的关系型借贷与银行组织结构》,载《经济研究》2003 年第 1 期。

73. 李亚新:《对当前县域经济发展中融资问题的调查》,载《金融参考》2002 年第 11 期。

74. 巴曙松,徐滇庆:《民营银行——金融制度的创新》,国研网,2001 年 6 月 12 日。

75. 张军:《农村信用合作社改制之路该怎样走》,载《调研世界》2003 年第 3 期。

76. 张曙光:《为什么民营金融发展不起来》,载《中国经济时报》,2002 年 4 月 13 日。

77. 陈剑锋:《产业集群中社会资本价值模型及其影响因素》,载《学术研究》2003 年第 2 期。

78. 何圣东:《家族传统、社会资本与家族企业的演化》,载《中共中央党校报》2003 年第 4 期。

79. 边燕杰:《企业的社会资本及其功效》,载《中国社会科学》2000 年第 2 期。

80. 郑胜利、陈国智:《企业社会资本积累与企业竞争优势》,载《生产力研究》2002年第1期。

81. 曹祥涛、郭熙保：《社会资本与我国家族企业的发展》，载《武汉大学学报》2003年第3期。

82. ［英］弗兰·汤克斯：《信任、社会资本与经济》，载《马克思主义与现实》2002年第5期。

83. 李海波：《中小企业融资问题的要素禀赋理论分析》，载《物流科技》2002年第2期。

84. 周宏、程琦：《资本市场效率理论综述》，载《理论界》2002年第2期。

85. 张军：《金融多样化与经济增长》，载《上海金融》2002年第5期。

86. 钟伟：《对私募基金合法化的一些思考》，载《证券市场导报》2001年第6期。

87. 巴曙松：《中国企业海外上市面面观》，国研网，2002年3月14日。

88. 巴曙松：《香港利率市场化风景的现实背景与演变轨迹（上、下）》，载《金融与保险》2002年第5期。

89. 巴曙松：《利率政策：不能承受之重》，载《杭州金融研修学院学报》2002年第3期。

90. 王凤荣：《论新经济条件下企业成长的金融维度》，载《经济评论》2002年第4期。

91. 金朝晖：《以制度安排服务中小企业》，载《国际金融报》2003年第1期。

92. 严谷军、何嗣江：《制度扭曲、金融需求与路径选择——经济发达地区农村信用社的体制创新及发展》，载《浙江社会科学》2002年第3期。

93. 卞耀武：《促进中小企业筹措资金的立法依据和法律对策》，载《证券市场导报》2002年第8期。

94. 雄继洲、罗得志：《民营银行：台湾的经验和教训》，载《金融研究》2003年第2期。

95. 姜烨：《我国民营金融制度的内生性及其发展定位》，载《乡镇企业、民营经济》2002年第5期。

96. 周兆生：《中小企业融资的制度分析》，载《财经问题研究》2003年第5期。

97. 陈春根：《创设民营企业发展的金融支持平台》，载《数量经济技术经济研究》2003年第1期。

98．钱凯：《改善我国中小企业融资现状的政策建议》，载《经济研究参考》2003年第39期。

99．贝洪俊：《中小企业银行融资的国际比较》，载《生产力研究》2003年第1期。

100．张承德：《非正式融资：一个需要重新认识的问题》，载《体制改革》2003年第4期。

101．王宣喻、储小平：《资本市场的层级结构与信息不对称下的私营企业融资决策》，载《乡镇企业、民营经济》2002年第6期。

102．郑海章：《中小企业融资问题调查》，载《中国中小企业》2003年第5期。

103．张军：《借鉴美国经验积极推动我国中小企业发展》，载《中国中小企业》2003年第6期。

104．雷霆：《美国小企业如何获得金融支持》，载《国际融资》2003年第5期。

105．石军伟：《民营中小企业制度创新：一个基于企业家的解释》，载《财经研究》2002年第10期。

106．周宗章：《日本中小企业与我国乡镇企业比较的启示》，载《中国乡镇企业》2002年第2期。

107．范王榜、石红军：《财产与信用——兼论民营企业融资难问题》，载《西北大学学报》2002年第2期。

108．王丁丁：《民营企业发展中的金融支持分析》，载《金融与保险》2002年第12期。

109．郭斌、刘曼路：《民间金融与中小企业发展：对温州的实证分析》，载《经济研究》2002年第10期。

110．魏守华、刘光海、邵东涛：《产业集群内中小企业间接融资特点及策略研究》，载《财经研究》2002年第9期。

111．王元京、郑东、刘立峰：《民营经济投融资基本数量分析》，载《经济理论与经济管理》2002年第10期。

112．杨天宇：《我国民营企业直接融资的制度性障碍》，载《经济管理》2002年第20期。

113．夏小林：《非国有经济结构布局及政策》，载《中华工商时报》

2002年第11期。

114. 中国私营企业研究课题组：《2002年中国私营企业调查报告》，载《中华工商时报》2003年第2期。

115. 戴天柱：《投融资中的动态博弈分析》，载《财经论丛》2003年第3期。

116. 杨其静：《财富、企业家才能与最优融资契约安排》，载《经济研究》2003年第4期。

117. 孙早、鲁政委：《从政府到企业：关于中国民营企业研究文献的综述》，载《经济研究》2003年第4期。

118. 潘敏：《融资方式选择与企业经营管理者的努力激励》，载《中国软科学》2003年第3期。

119. 钟田丽、荆立晶：《中小企业融资市场失灵的原因及对策》，载《财经问题研究》2003年第2期。

120. 何建华：《国有中小企业民营化后融资方式的定位分析》，载《经济师》2003年第4期。

121. 中国技术市场管理促进中心：《2001年创新基金年度报告》，2002年版。

122. "科技型中小企业创新基金评估项目"课题组：《关于技术产权交易市场调研情况的报告》，2002年版。

123. 叶玮君、李红、谢华模：《货币政策传导链中的中小企业信贷剖析》，载《金融参考》2003年第6期。

124. 中国人民银行课题组：《对贫困地区县域经济投融资情况的调查与思考》，载《金融参考》2003年第6期。

125. 我国中小企业竞争力评价体系实证分析与多边比较课题组：《中小企业发展中所面临的问题——北京、辽宁、江苏、浙江、湖北、广东、云南问卷调查报告》，2003年4月。

126. 廖理、朱正芹：《中国上市公司股权融资与债权融资成本实证研究》，载《中国工业经济》2003年第6期。

127. 史东明：《我国中小企业集群的效率改进》，载《中国工业经济》2003年第2期。

128. 王晓辉：《"中国民营经济发展与企业竞争力"研讨会综述》，载《管理世界》2003年第1期。

129. 杨晔：《银企信息非均衡研究》，载《数量经济技术经济研究》2003年第1期。

130. 金雪军、章融、蒋攀峰：《关于浙江金融现象的思考》，载《数量经济技术经济研究》2003年第3期。

131. 龚明华：《发展中国家的金融制度设计：一个分析框架》，载《金融研究》2003年第5期。

132. 夏德仁、张洪武、程智军：《货币政策传导的"信贷渠道"述评》，载《金融研究》2003年第5期。

133. 林晓言等：《优化我国民营企业间接融资环境政策探讨》，载《数量经济技术经济研究》2003年第5期。

134. 祖洪涛、贺津：《支持中小企业的制约因素及改善措施》，载《金融参考》2003年第5期。

135. 张宗新等：《融资结构与公司治理结构：基于契约理论的研究》，载《经济理论与经济管理》2003年第3期。

136. 储小平、李怀祖：《家族企业成长与社会资本的融合》，载《经济理论与经济管理》2003年第6期。

137. 许晓明、吕忠来：《民营企业生命周期》，载《乡镇企业、民营经济》2002年第8期。

138. 林毅夫、李永军：《中小金融机构发展与中小企业融资》，载《经济研究》2001年第1期。

139. 根据中央财经大学课题组对全国20多个省份地下金融状况的实地抽样调查。

140. 白钦先：《走出政策性金融的认识误区》，载《中国经济时报》2003年12月31日。

141. 孙美和、钱缘：《物流银行：中小企业融资的新途径》，载《物流科技》2007年第4期。

142. 张文胜、赵爽爽：《新形势下中小企业融资创新方式》，载《中国集体经济》2007年第3期。

143. 郑晓丰：《探寻温州特色中小企业融资模式》，载《浙江经济》2007年第13期。

144. 何涛、翟丽：《基于供应链的中小企业融资模式分析》，载《物流科技》2007年第5期。

145. 戴根有：《中小企业融资与征信体系建设》，21世纪亚洲金融年会：http://www.jrj.com，2007年11月24日。

146. 许进：《社会信用体系建设中的政府监管》，载《宏观经济管理》2007年第11期。

147. 许进：《电子商务中的收入链信用风险管理》，载《中央财经大学学报》2008年第2期。

148. Acs. Zoltan J., Audretsch. D. B., Innovation and Small Firms, Cambridge: MIT Press, 1990.

149. Carlsson B., Flexibility and Theory of the Firm. International Journal of Industrial Organization, Vol. 7. 1987.

150. McClelland, Personality, Paperback Company, 1980.

151. Robert Howard, Can Small Business Help Countries Compete?, Harvard Business Review, Nov – Dec, 1990.

152. Mishkin, Freseric S., The Economics of Money, Banking and Financial Markets, Fifth edition, Addison Wesley, 1998.

153. Akarakiri, Joshua B. 1998. Equipment leasing: a strategy for technology acquisition in Nigeria, Asymmetry of Information and Financing Small and Medium Enterprises.

154. Avnimelech, Gil and Morris Teubal. 2002. Venture Capital – Start – up Co – evolution and the Emergence of Israel's High Tech Cluster, Paper presented at the DRUID Summer Conference, Copenhagen, Denmark.

155. Bahrami, Homa and Stuart Evans. 2000. Flexible Re – Cycling and High – Technology Entrepreneurship, In M. Kenney (ed.) Understanding Silicon Valley: The Anatomy of an Innovative Region, Stanford: Stanford University Press: 165 – 189.

156. Bechri, Mohamed, Tijani Najah, and Jeffrey Nugent. 2001. Tunisia's Lending program to SMEs: Anatomy of an Institutional Failure, Small Business Economics 17: 293 – 308.

157. Benjamin, G. A. and J. Margulis. 1996. Finding Your Wings: How to Locate Private Investors to Fund Your Venture.

158. Berggren, Bjorn, Christer Olofsson, and Lars Silver. 2000. Control Aversion and the Search for External Financing in Swedish SMEs, Small Business

Economics 15: 233 – 242.

159. The Silicon Valley: A Habitat for Innovation and Entrepreneurship, Stanford: Stanford University Press, 16 – 45.

160. Fu, Tze – Wei, Mei – Chiu Ke, and Yen – Sheng Huang. 2002. Capital Growth, Financing Source and Profitability of Small Businesses: Evidence from Taiwan Small Enterprises, Small Business Economics 18: 257 – 267.

161. Gallardo, Joselito. 1997. Leasing to Support Small Businesses and Microenterprises, World Bank Working Paper #1857 (December).

162. Hu, Ming – Wen and Chi Schive. 2003. The Family Firm in Taiwan, Comparative Social Research 12: 135 – 151.

163. Murray, Gordon. 2002. Early – Stage Venture Capital Funds, Scale Economies and Public Support, Unpublished paper. NSIC. com. 2002. www. nsic. in accessed website (July 11).

164. North, David, David Smallbone, and Ian Vickers. 2001. Public Sector Support of Innovating SMEs, Small Business Economics 16: 303 – 317.

165. Nugent, Jeffrey and Seung – Jae Yhee. 2002. Small and Medium Enterprises in Korea: Achievements, Constraints and Policy Issues, Small Business Economics 18: 85 – 119.

166. Riding Allan L. and George H. Haines, Jr. 1998. Defaulting on Loan Guarantees: Costs and Benefits of Encouraging Early – Stage Growth, In Frontiers of Entrepreneurship Research, 1998.

167. Wallsten, Scott J. 2000. The Effects of Government – Industry R&D Programs on Private R&D: The Case of the Small Business Innovation Research Program. Rand Journal of Economics 31, (1): 82 – 100.

168. Wang, Lee – rong. 1995. Taiwan's Venture Capital: Policies and Impacts, Journal of Industry Studies 2 (1): 83 – 94.

169. Wetzel, William E. 1983. Angels and Informal Risk Capital, Sloan Management Review (Summer): 23 – 34.

170. Zider, Robert. 1998. How Venture Capital Works, Harvard Business Review (November – December).

171. The Changing Competitiveness of Taiwan's Manufacturing SMEs, Small Business Economics 11: 315 – 326., 1998.

致　谢

本研究承蒙教育部人文社会科学研究项目"基于社会信用体系的企业管理创新及其机制研究"（批准号07JC630066）支持，特此致谢。

衷心感谢导师张杰教授，在中国人民大学财政金融学院读书期间，导师多次"一针见血"的批评，不断鞭策我前行；衷心感谢导师周绍朋教授，在中国人民大学商学院读书期间，导师的精心指导，使我确定了今后的研究方向；衷心感谢导师王伟副教授和包政教授，在中国人民大学商学院读书期间，二位导师兼收并蓄、锐意进取的精神，给了我巨大的支持及动力。

同时还要感谢汪海波研究员、郑明身教授、邓荣霖教授、王凤彬教授、黄津孚教授、卢东斌教授、郑海航教授、李海舰研究员给予全文思路和研究框架上的中肯意见；感谢林钧跃先生、吴晶妹教授的有益启发；感谢各位热心参与专家意见调研的专家所提出的建议，使得本项研究得以顺利地进行。

感谢中国人民大学求学期间同窗好友的热情帮助和鼓励，感谢中央财经大学同事在科研管理工作中认真负责的态度，感谢人民出版社编辑姚劲华先生和车金凤女士精益求精的工作精神，谢意尽在不言中。

感谢所有关心和帮助我的人。